普通高等教育通识课程系列教材

道西游

曹全全　孙　静　编著

天津大学出版社
TIANJIN UNIVERSITY PRESS

图书在版编目(CIP)数据

道西游 / 曹全全, 孙静编著. — 天津 : 天津大学出版社, 2018.7（2019.2重印）
普通高等教育通识课程系列教材
ISBN 978-7-5618-6191-2

Ⅰ. ①道… Ⅱ. ①曹… ②孙… Ⅲ. ①《道德经》－研究－高等学校－教材②《西游记》研究－高等学校－教材 Ⅳ. ①B223.15②I207.414

中国版本图书馆CIP数据核字(2018)第164087号

出版发行 天津大学出版社
地　　址 天津市卫津路92号天津大学内(邮编:300072)
电　　话 发行部:022-27403647
网　　址 publish.tju.edu.cn
印　　刷 廊坊市海涛印刷有限公司
经　　销 全国各地新华书店
开　　本 169mm×239mm
印　　张 16.5
字　　数 305千
版　　次 2018年7月第1版
印　　次 2019年2月第2次
定　　价 79.00元

千年共婵娟

第一次见到《道西游》的手稿，我被文中处处闪耀的智慧之光所吸引，当我见到作者本人的时候，虽然看过简历，已有思想准备，但还是有些惊奇，想象中作者应是饱经沧桑、腹有诗书的老者，但面前却是一位风华正茂的年轻人。作品完成时，作者尚不到三十岁，见面时，刚过三十岁生日。也是巧合吧，以一部《道西游》，作为自己而立之年的纪念。

虽然作者年轻有为，早已拥有最强大脑、世界记忆大师等称号，但我依旧相信《道西游》作为其而立之年的标志，其深远意义不亚于《最强大脑》栏目带给人们的震撼。此前若为立德立功，《道西游》则为立言。

作者另有上百万字的《〈道德经〉讲义》以及《大学》《孙子兵法》等国学著作解读已经完稿，我不太能想象一个年轻人怎样在短短时间内能完成如此分量的原创作品，但正如我无法想象他是如何捕捉二十四分之一秒的画面一样，事实在眼前，我只能接受。接受已知、接受未知，接受知见、接受突破，接受平凡、接受伟大，接受缺失、接受圆满……这也是我读曹全全作品的感触，学习接受、认可、融入。接受平凡的自己，认可不完美的自己，活出更加精彩的自己！

《道西游》带给我们的启示和收获，我简单归纳为两部分内容，一是文化传承；二是人生智慧。

一、读《道西游》，传承中华优秀文化

习近平总书记在纪念孔子诞辰 2 565 周年国际学术研讨会暨国际儒学联合会第五届会员大会开幕会上的讲话中提到：“文以载道，文以化人。当代中国是历史中国的延续和发展，当代中国思想文化也是中国传统思想文化的传承和升华，要认识今天的中国、今天的中国人，就要深入了解中国的文化血脉，准确把握滋养中国人的文化土壤。”

读《道西游》，我们能够了解中华文化的精髓，了解老祖宗的智慧，也能了解我们自己，因为我们与祖先一脉相承。也许有人会问：为什么《道西游》能够展现中华文化的精髓？实际上，优秀的经典都蕴藏着中华文化的精髓，没有中华优秀文化精髓的著作也不会流传千百年而成为经典。虽然每一部经典都是独立存在的，每个读者都有独特的视角，没有人能够真正读懂它的全貌；但所有的国学经典都蕴含着优秀中华文化，不管从哪一本入门，我们的心都能感受到。

每个读者的视角不同，对经典的理解也不同，每个人心里都有一本自己的《西游记》，《道西游》也有它独特的视角。《道德经》对世界的影响力很大，仅仅五千多字，但有多少人完整地读过一遍？又有多少人完整地读过《西游记》原著，了解它的内在精神？大部分人并没有读过仅五千多字的《道德经》，大多数人还是通过连环画、评书、影视剧接触的《西游记》。读完《道西游》，相信读者对《道德经》会有较为全面的理解。而对《西游记》，也不再停留在奇幻精彩的层面，更多的是体会其内在的逻辑、蕴含的正能量以及深刻的人生智慧。

二、读《道西游》，启迪人生智慧

首先，《道西游》有助于正确人生观、价值观的树立。《道德经》第五十四章说“修之于身，其德乃真；修之于家，其德乃余；修之于乡，其德乃长；修之于国，其德乃丰；修之于天下，其德乃普。”修身是基础，打好这个基础，才能更好地回馈社会、报效祖国、服务人类。《西游记》的主线是师徒五人为益利众生，历尽千难万险取得真经。当我们融入故事中时，自然会树立利国利民的更大格局的人生观和价值观。

其次，《道西游》有助于坚强人格的锻造。树立了更大格局的人生观、价值观之后，要树立具体的目标；实现目标，需要顽强拼搏、坚韧不拔的精神。无论《道德经》还是《西游记》，都给我们以启示，增长我们的智慧，塑造我们的人格。《道德经》讲“大器晚成”“千里之行始于足下”“明道若昧、进道若退、夷道若颣”；《西游记》中每一难，都是坚强毅力的呈现。

最后，《道西游》中的智慧，教给我们实实在在克服困难的方法，增强了必胜的信心。唐僧本是如来的二徒弟金蝉子，如来直接把经书给他可以吗？可以。他有能力、有资历讲经吗？他是大唐圣僧，他有这个实力。但是，经历这八十一难取得真经再讲经说法，他会更有信心！取经，取的就是经历。有了这份经历，才懂得团队合作的重要；有了这份经历，才懂得怎样做到心脑合一；有了这份经历，才知道只要目标是益利众生，总会有贵人相助；有了这份经历，才能识别什么是贵人、什么是诱惑、什么是妖怪；有了这份经历，才知道只要不忘初心，终究会成功。同样，《道西游》给我们的智慧，需要我们一篇篇阅读、经历、开启。

无论是上班族、学生族，还是管理者、基层工作者，或者是全职主妇、懵懵懂懂的小朋友，《道西游》都会给以人生启示。特别是对于在校大学生更有裨益，对他们人生观、价值观的树立，坚强高尚人格的塑造以及如何正确处理在择业中和未来工作中遇到的困难，都有直接的帮助。

人民有信仰，民族有希望，国家有力量。期待读者，特别是当代大学生，从《道西游》中汲取能量，实现中华民族伟大复兴的中国梦。

王洪礼于天津大学

2018 年惊蛰

于忽明忽暗处相见

《道德经》虽寥寥五千言，然辞微旨远。幼时我曾读此书，不及曹老师颖悟，未能领会，粗略读过便随意抛却了。然而此后数十年至今，偶有一事触及脑海中只言片语，往往有醍醐灌顶之感。至于《西游记》，童稚之时，每读此书常有兴味。大概是我一直在为全脑教育行业努力的缘故，虽然忙碌，身上总是会携几本书，仍旧觉得国学典籍甚众，诸子百家、先贤大师的智慧难以尽知，难得全解。曹老师的《道西游》刚完稿我便彻夜翻阅，读罢觉得心中的这点遗憾得以了了，以经典解读经典，以智慧诠释智慧，这样的巧思实在难得，而这本《道西游》中所蕴藏的见解，令我惊喜，不住掩卷而思。孔子云："四十而不惑，五十而知天命"，现代社会中谁能有这样的好运？多是不解之惑伏于心底挥之不去，否则现下哪来这么多关于"焦虑"的讨论呢？卡夫卡讲生之雾霭永不消散，若果然如其所说，我也无可忧惧了，因为人生若逢忽明忽暗处，我必与《道西游》相见，柳暗花明的境界也就抵达了。

我比曹老师年长十余岁，尊他老师不是什么"商业互吹"。曹老师自小熟稔国学经典，单《道德经》他便诵至万遍。他是世界记忆大师，眼下热播的《最强大脑》，他曾于第二季挑战"捕风捉影"，记诵国学典籍于他自是不在话下。我尊敬他不是因为"技"，而是他的"道"。适逢知识变现的大浪潮，为知识付费已经是种趋势，他本可以开知乎 live、做微博问答、搞新媒体……以他的才智可以轻而易举地收获世俗上的成功，可他偏偏关起门来写书，除《道西游》外，他还有解读《道德经》《大学》《孙子兵法》等国学典籍的著作。曹老师今年正好是三十而立的年纪，这个年轻人选择背起更重的责任——把国学典籍中先贤的智慧解读给众人，关心他者的人生，关心中华古典文化的传承。《道德经》讲"上善若水，水善利万物而不争"，曹老师是春风化雨，润物无声。因为国际青少儿脑力锦标赛形象代言人的身份，加之又是我集团特聘的国学讲师，所以我有幸见识过他在台上讲解典籍的风采。一支话筒、一个背板、一支笔，在方寸之地，幻灯交错迷离之间，他指引我们与先哲论道、与古人对谈，解读千年来中华民族所固有的"大道至简""道法自然"等哲思，为我们揭示百家思想的智慧与影响。一言一行，谈笑顾盼之间，眉眼间自有一份从容、平静。

习近平总书记在文艺工作座谈会上指出，要结合新的时代条件传承和弘扬中华优秀传统文化。开展国学教育是传承和弘扬中华优秀传统文化的重要途径。连续两年，两会谈及传统文化。在今年的两会上，教育部部长提出新编中小学教材会继续增加优秀传统文化的内容，特别是经典名篇的比重。优秀传统文化里包含中国人怎样看待世界、看待生命。先贤的世界观、人生观、价值观，有着非常丰富的资源，阐述得很系统。如果不能了解、继承，人生的方向就会偏离。而在传统文化走进校园的问题上，国家将大力提高覆盖率，争取覆盖教育的各个学段，同时将经典内容融汇到教材体系中，贯穿到整个人才培养过程中，这是国家的“固本工程”“铸魂工程”“底色工程”。

文化立国立人，以文化人，化成天下。我们骨子里本就有传统的情怀和气质。这是珍贵的财富，值得血脉相传。而《道德经》作为传统文化的精髓，它对中国历朝历代的政治、经济、军事等方面的影响颇深。在科技飞速发展的现代文明下，《道德经》仍在发挥巨大影响。这种影响是国际性的、全球性的。《西游记》作为中国古典四大名著之一 ，为各方人士所喜爱，关于它的解读也是说法不一。读完《道西游》，对于老子的哲学和《西游记》，每个人都可以收获另一种维度的理解，体会其中的能量和智慧。不管你是懵懂稚子、意气书生，还是上班族、管理层、基层，抑或全职主妇，都可以从《道西游》中得到启示。不管是塑造三观的方法，还是养成品格的秘诀，或者实实在在脱离困境的智慧、人际交往的哲学，我们都能从中得到。

而立之年，著书一部，拨开奇幻，留立身处世之箴言，继圣贤之学问，传国学之经典，曹老师有古风！唯愿中国传统文化的继承和弘扬之道，多一些曹老师这样的人。人生路漫漫，曹老师年轻有为，以其人之才智风华以后必然会给我们带来更多惊喜！我以曹老师自勉，多多研习经典，师法古人，为全脑行业的发展持续献力！

李长城

李长城：

中国著名亲子教育专家

国际青少儿脑力锦标赛组委会主席

国际全脑教育高峰论坛协会执行主席

国际巅峰大脑脑科学院研究院院长

北京家有儿女巅峰大脑教育集团董事长

用其光，复归其明

习近平总书记在中共中央政治局第十三次集体学习时的讲话中提到：“中华文化源远流长，积淀着中华民族最深层的精神追求，代表着中华民族独特的精神标识，为中华民族生生不息、发展壮大提供了丰厚滋养。中华传统美德是中华文化精髓，蕴含着丰富的思想道德资源。”

在纪念孔子诞辰 2 565 周年国际学术研讨会暨国际儒学联合会第五届会员大会开幕会上习近平总书记讲道：“不忘历史才能开辟未来，善于继承才能善于创新。优秀传统文化是一个国家、一个民族传承和发展的根本，如果丢掉了，就割断了精神命脉。我们要善于把弘扬优秀传统文化和发展现实文化有机统一起来，紧密结合起来，在继承中发展，在发展中继承。”

这是一个日臻伟大的时代，民族昌盛、文化繁荣。《道西游》正是在这样的时代背景下应运而生的。顾名思义，《道西游》以《道德经》和《西游记》这两部国学经典为基础创作，我们首先对两部基础经典做简单介绍。

《道德经》是中国传统文化的代表作品，相传为春秋时期老子所作。全文仅五千余字，在思想家眼里它是哲学经典；在军事家眼里它是兵法奇书；在修行人眼里它是修持秘籍；在执政者眼里它是治国纲要……据不完全统计，自古以来，研究注释、解释《道德经》的著作就有数千部。

孔子曾数次拜见老子，谓弟子曰:“鸟，吾知其能飞；鱼，吾知其能游；兽，吾知其能走。走者可以为罔，游者可以为纶，飞者可以为矰。至于龙吾不能知，其乘风云而上天。吾今日见老子，其犹龙邪!” （《史记·老子韩非列传》）

《西游记》更是一部家喻户晓的作品，是四大名著之一，相传为明代小说家吴承恩所著。以孙悟空、猪八戒、沙悟净、白马（俗称白龙马）保护唐僧西行取经为主线，一路降妖伏魔，经受八十一难，九九归一，终于取得真经，五圣成真。以《西游记》为主题的各类作品深受欢迎。

《道西游》旨在弘扬与传承中华民族传统文化，以《道德经》与《西游记》这两部国学经典为基础，以《道德经》的思想分析解读《西游记》，以

《西游记》的故事诠释《道德经》的道理，使读者通过《道西游》，同时理解《道德经》和《西游记》的精髓。首次对两部国学经典进行双解和互解，重在将中华文明的古老智慧融于现代社会实践中，是一部弘扬与传承中华文明的国学教育的优秀著作。

《道西游》有以下特色。

（一）以经典解读经典，用其光复归其名

一般对经典的解读，以经典本身为主线，旁征博引，引经据典。《道西游》将两部经典交织为一条主线，以经典解经典，如完整的太极，自成体系。用《道德经》解析《西游记》，实现对故事本身的突破，透过故事本身看其内在道理，从心脑合一的角度、人与自然天人合一的角度分析八十一难之间的关联，探索事物发展变化的规律。

（二）解读经典三部曲，分析、转化和破除

《道西游》是“全全论道”系列作品之一，“全全论道”系列对经典的解读分三步：分析、转化、破除。我们举例说明。

《道德经》第四十一章，“上士闻道，勤而行之；中士闻道，若存若亡；下士闻道，大笑之”，字面上是描述上士、中士、下士听到“道”的态度，引申到我们生活中，就像单位里有积极的员工，就会有消极的员工；一个班级里，学生的成绩必然分好、中、差，当我们认识到这一点，会多一分包容，坦然接受各种存在。这是分析。

一般情况，上、中、下会有些矛盾冲突，上可能会自负，下也许会自卑。上士、中士、下士的存在，也是辩证法对立统一的体现，没有下，哪有上？没有上，也就没有下。当认识到这一点，上士会多一份谦逊，多一份感恩，没有成绩差的同学的衬托，哪里有“好”成绩的学生？成绩差的同学也有优势，很容易进步，前进一名就是进步。没有永远的第一名，也没有永远的最后一名。其实，明白了道理，自然就转化了。当转化时，就已经破除了。

再举一例，《道德经》第二十三章，“飘风不终朝，骤雨不终日，孰为此者，天地。天地尚不能久，而况于人乎。”我们想象一下大自然，刮大风没有刮一早晨的，暴雨没有下一整天的。天地尚不能长久，何况于人呢？往往精进自律的同学，对于松懈很排斥。学习这一章，我们要接受自己（别人）松散的那一面，不能一直紧绷着冲刺，因为天地都做不到，何况我们？对人对己会有更多的接受和认可，这是转化。如果你能做到始终冲刺的状态，你会超越天地。因为天地都做不到，你做到了。我们想想，高考冲刺的孩子们，是不是都是超越天地的状态。

书中这样的例子，举不胜举，仅举两例，对书的特色做简单说明。

（三）重在结合实践，执古之道以御今之有

学习与弘扬中华文化，要学习经典的智慧、赋予它时代内涵。“以百姓心为心”“执古之道以御今之有”。将经典融入生活，在实践中运用经典，这是“全全论道”系列的另一个特色。

笔者另有一部百万字原创作品《〈道德经〉讲义》（尚未出版），在对《道德经》原文进行分析、转化和破除的三步曲解读后，均结合实践，落在日常实实在在的工作和生活中，将中华文明的古老智慧融于现代社会实践中，倡导正能量，以《道德经》的智慧照亮人生，“用其光复归其名”。

因为对《道德经》有专门的论著，《道西游》中不再对《道德经》进行分析与解读，只是做了文言文转白话文的简单解释，直接用《道德经》来解读《西游记》。《道西游》保持“全全论道”的一贯特色，重在实践，落在日常工作和学习生活中。在此举几个小例子。

提起《西游记》，很多人想起的是孙悟空大闹天宫。这个家喻户晓的美猴王的故事，并不是八十一难之一。《西游记》的前三难是金蝉遭贬、出胎几杀、满月抛江，从这几难的名字就能看出唐僧不易，出生前后就历经三难。告诉我们的道理是，但凡做大事的人，往往会经历更多磨难。

第八难是两界山头，过了两界山，就出了大唐国界。也就是说，唐僧取经还没出国界，已经八难了。到两界山的时候，唐僧真是不敢前行了，请镇山太保刘伯钦再送他一程。出城逢虎、折从落坑，一难接着一难，生生把一个寺院长大的文弱僧人，逼入走投无路的境地。“明道若昧，进道若退，夷道若颣”，《道德经》和《西游记》的故事，都是给我们智慧，立志做大事，一开始磨难就会很多，这一次次的磨难，就是在磨练我们的意志，坚定我们的信念，增强我们战胜困难的勇气和力量！

人人都熟悉的女儿国也是一难。温柔、诱惑，是最难战胜的。“天下莫柔弱于水，而攻坚强者，莫之能胜”，温柔的力量比刚强还强大。诱惑，比艰难困苦、妖魔鬼怪更难战胜。因为其他的困难，是你不想要的，只要你够强大，就能战胜。但诱惑，是你想要的。这一难，告诉我们在面对诱惑时，如何不忘初心，慎终如始。

相信这几个小例子，已经展现出《道西游》重在实践的特色，对帮助我们解决工作、学习和生活中的问题有一定作用。《道西游》对大学生会有更独特的影响力，能帮助他们树立正确的人生观、价值观，培养使命感、社会责任感，磨练他们坚韧不拔的性格、脚踏实地的精神，解决他们在学习中以及未来工作中遇到的实际问题。

凝聚着先人智慧与汗水的中华文化是一座宝库，就像黄沙不能淹埋丝绸之路，优秀传统文化永远闪耀光芒。希望《道西游》为您推开《道德经》和《西游记》的大门，通向中华文明绚烂无比的宝库。希望通过《道德经》，弘扬与传承中华文化，实现民族复兴中国梦！

曹全全

2018年春节

导读与说明

关于《道西游》章节顺序的说明。

《道德经》有八十一章,《西游记》有八十一难,《道西游》共八十一篇，以《道德经》每一章对应《西游记》每一难展开。《道德经》的八十一章因版本不同顺序也不同，我们以中华书局王弼版为主要参照。《西游记》八十一难的顺序，各个版本也有出入。我们采用人民文学出版社的版本，参考其第九十九回，观音菩萨手中八十一难的目录，以这个目录的顺序为基础，稍作改动。

正文和目录差异较大的有黑河沉没、棘林吟咏、稀柿拜秽三处，另外有六七处顺序虽有差异，但差异不大。这些差异是怎么形成的，我们不做学术探讨。经典在传承过程中形成数个版本是很常见的现象，我们要做的是了解其内涵、掌握其精髓。特别是《道德经》与《西游记》的双解，无论怎样对应，都不影响本书的主旨。在此做一简单说明。

读《道西游》，我们建议一天读一篇，读的过程中体会国学经典与现实生活的相通之处，真正让经典融入生活。同时，可以每天把对应的那一章《道德经》多诵读几遍，背诵下来，感受经典的能量。《道西游》的解读，并非标准答案，我们共同诵读经典，思考人生，感悟生活，希望《道西游》能为您的生活添一抹色彩。

作者简介

捕风者曹全全：

世界记忆大师终身荣誉称号

特级记忆大师终身荣誉称号

江苏卫视《最强大脑》第二季“捕风捉影”项目挑战者

国际青少儿脑力锦标赛道德监督委员，终身形象代言人

国家级非物质文化遗产“拦手门”武术第八代传人

中国武术协会会员，武术五段

中国武术段位考评员、指导员

天津科教频道《记忆梦工厂》节目专家

北京家有儿女巅峰大脑教育集团特聘国学讲师

北京华夏易理环境科技研究院副院长

孙静：

中国人民大学法学学士

中国人民大学经济学学士

北京大学经济学硕士

天津大学管理学博士

目录

第一篇　金蝉遭贬

金蝉遭贬是《西游记》九九八十一难的第一难。金蝉子是如来佛祖的二徒弟。不管金蝉子出于何种原因，是因为不遵守规则，又或是因为他主动请缨去弘扬佛法，抑或是下凡历练。不管怎样，总之，佛祖选定他去做西天取经这件事情。

我们看《道德经》第一章："道可道，非常道；名可名，非常名"。无论前面是哪一种状况，无论是他自己选择的"道"，还是别人给他选择的"道"，其实都是选择了一条"道"。这就和我们的人生是一样的，我们的人生无非两种状态，一种状态是我们自己选择属于自己的"道"，另一种就是让别人给我们指出适合的"道"。

按照《道德经》的解释，可以用言语描述的"道"，不是恒常之道。金蝉子选择了一个非常道。非常道的一个特点，就是别人没有走过。

取经，我们知道是取经之道。取经的道路上，他可不可以问相应的人寻求答案，问每一步应该如何去做？不可以。给他划道的人，是观音菩萨、如来佛祖，他们为了考验金蝉子肯定不会告诉他。其他人，他们都没有走过这条道，也回答不了。也就是说，"道"如果能够说出来的话，就不是一个恒久之道。

你只能自己验证，亲自实践，一步一个脚印地走下去，才能形成属于自己永恒的"道"。就好比我们现在的工作、学习，无论做哪项工作、学哪项专业技能，自己的经历都是唯一的。无论问多少人，如果自己不去走，最后只是别人的道，和自己的关系不大。

"名可名，非常名"。可以用言语定义的"名"，就是说，可以叫出名字的名，不是恒常之名。取经路上经历了八十一难，每一难都有每一难的名字。未来的难，叫不上名字；有名字的，都是已经过去的。如果执著于过去这些名，那么就很难向前继续行进。做过了，就要适当地放下。

所以人往高处走，一步一个台阶。每个台阶，它的纹理、纹路都是不一样的。虽然每个台阶看起来差不多，其实是有区别的，无论是高度还是内在的成分，都是有一些变化的。

有些人说，我一辈子就要做这个事业，可能他只是喜欢这个事业，没有看到这个事业能为人们带来什么样的帮助。那么当大势使这个事业遇到挫折时，有些人就想是不是选错了，然后一蹶不振、心灰意冷。这是因为最开始发心的时候并没有去选择，没有思考这个事业到底可以怎样帮助人们。

我们看金蝉子，无论他是怎么样遭贬的，他后来去取经，是为了让大众脱离苦海。

当金蝉子遭贬的时候，他就是“无”的状态，即使他有使命，在最开始的时候，他也是不知道的，这就是“无”的状态。“无名天地之始”，也就是说，他处于开始的状态。以前的种种，对于现在的他，只是无，只是一个开始。

金蝉子真真切切地有他的责任和使命，可以理解为“有名万物之母”。他的这个使命，其实是成就他的。就像母亲把孩子生出来，生出来的瞬间，母亲成就了孩子。那么，他自己有自己的使命，只不过后面他要去找到他的使命，要有找到使命的这个过程。

“故常无欲，以观其妙”。字面解释为，所以要常从无中去观察道的奥妙。这个无的状态，现在其实已经在进行了。从小到大的历练，自己也知道需要这些历练。这个过程，就好比咱们开始学习，听各位老师去讲，找咱们的兴趣点，然后在社会上历练几年，到达立业的状态。立业之前先立志，孔子说“吾十有五而志于学”，古时候，十四五岁就可以立志学习了。

他要从中找寻他应该去做什么，寻找他的使命，后来在大唐开坛讲经的时候，唐僧已经是位高僧了，这之前他肯定付出了很多努力。那时候的状态是不是他心中想要的？如果真是的话，当时观音点化他去取经，他就不会去了，当时他心中肯定还有疑问。每个人每天都在做的一件事，就是去除心中的疑问。

从“无”中一点点找到自己的奥妙以后，就变成了“有”，逐渐地就生出有了。哦，知道了，我要去做什么事情。这时候，就是“常有欲，以观其徼”。字面解释是常从有中去观察道的运行。也就是说，每个人开始有自己想去做的事的时候，就要按照自己的初心，按照自己的本心，矢志不渝地去做。这时候会发现困难重重；会发现，还没有做的时候，挺顺利的，刚开始想要去做，或者发心去做的时候，困难就来了。

从另外一个角度讲，这就是考验的过程。取经，要经历八十一难，八十一难都通过了，就成功了。同样，唐僧从小到大成长的过程，也是磨难的过程，是属于他自己要经历的磨难。这些难，也都归在九九八十一难当中。

金蝉遭贬是初始的第一难。经历最后一难，最终修成正果。也就是说，起始是什么，最后终结还是什么，这个圆就圆满了。

所以，从一开始，这难就已经开始了。你能不能一个一个去克服，你选择克服还是选择逃避，都在于自己的心。

开始和最后，这两者是一样的。“此两者同出而异名”，都是一样的道理，只是名称不同，一个叫开始，一个叫结束，最后都是让我们去领悟，意义是非常深远的。人都需要有经历，有经历就有经验；有经验，人生才会丰富；有经历，人生才会饱满。

对唐僧来说，当他找到相应的使命，发心开始去做事的时候，这个门就打开了。换一个角度说，当他接了这项任务，或者说有人选定他的时候，门就开了。有的是属于自己的门，有的是别人给他开的门。

生活中也是一样，当你发心做事的时候，你的门就开了。门里的世界，你需要自己去走，你需要有这个经历。每个人的经历，就是每个人取到的经。唐三藏取的经，是他的经历。如果门是别人给开的，也是同样的道理。

金蝉子从被贬的时候，他的门就已经开了，无论是他自己选择的，还是佛祖给他选择的。用《道德经》来整理，就是这样一个过程。

《道德经》第一章原文：

道可道，非常道；名可名，非常名。无名天地之始，有名万物之母。故常无欲，以观其妙；常有欲，以观其徼。此两者同出而异名，同谓之玄，玄之又玄，众妙之门。

《道德经》第一章释义：

可以用言语描述的“道”，不是恒常之道；可以用言语定义的“名”（道的外相形状），不是恒常之名。无（无形无名），是天地本初的状态，即万物之始；有（有形有名），是万物产生的本源，即万物之母。因此，要常从“无”中去领悟“道”的精深微妙，常从“有”中去认识天地万物的最终归结。无（始）和有（母），同出于玄，名称作用不同，它们都玄妙深远。玄妙深远啊玄妙深远，万物皆由“道”而生，“道”是洞悉一切的门径。

第二篇　出胎几杀

看过《西游记》的朋友都知道，书中唐僧的父亲陈光蕊和母亲殷温娇两人定情，在上任的路上被有歹心的船夫刘洪在船上暗杀。后来刘洪霸占了唐僧的母亲，冒充陈光蕊去上任。当时由于唐僧的母亲已有身孕，故忍辱把孩子生了下来，刘洪认为这孩子是祸根，有心除掉他。

那个时代的女子十分重视忠贞，发生了这些事情是很难承受的。她还要忍辱这么长时间把孩子生下来，她也知道以后肯定会出现相应的危险。这些情节我们会用我们的价值观去评判。

正如《道德经》第二章前两句所说："天下皆知美之为美，斯恶已；皆知善之为善，斯不善已"。

我们之所以知道天下有美的，是因为我们知道有恶的存在；我们知道天下有善的，是因为知道有不善的存在。很多读者看到这里非常气愤，之所以会有这样的心理感受，是因为我们从小所接受的教育，长辈或者社会给我们的教育，让我们有了是非观。

"故有无相生"，在这期间，"有"和"无"就相应产生了。因为"有"这件事情，她莫须有地担心，"无"就会随之显现。为什么会有这个"无"？是因为发生了刘洪暗害唐僧父亲陈光蕊这个"有"。现实中的事情也是一样，当我们遇到一件事，脱离了我们正常的观念或思考模式，自己就会莫须有地想着后面的困难和危险。

就拿跑步来说，假如有个人天天都坚持跑一千米，突然有一天有人告诉他："你明天要跑一万米。"他的第一反应是恐惧，因为他目前的体力只能跑一千米。其实对方并没有限定他在多长时间内跑完，他是以自己一千米的能力去想象一万米的困难。在一万米还没有开始跑的时候，他已经给自己设置了障碍，给自己限制住了。

生活也是如此，当我们选择进步的时候，会给自己设一个很高的目标，可是往往目标过高会很累，上不去、达不到。所以，给自己设目标的时候，比原来多一个台阶就可以了，不要一下子跨越很多台阶。平时跑一千米，把目标设成一千两百米或一千五百米，咬咬牙就会坚持下来。

这个例子和唐僧父母被害的事情，感觉有些挨不着，其实“理”是相通的。

在唐僧父亲陈光蕊被害以后，他的母亲温娇当时已经设想了后面的悲惨生活，虽然这些生活还没有来，但在她心中已经呈现出来了。那么当她的心中确信未来会是这种生活时，接踵而来的就是这种生活。这和我们的认知是一样的，一旦我们确信以后是什么样子，慢慢地生活就随着心去变化了。

“故有无相生，难易相成，长短相较，高下相倾。”当新的变化出现时，难易相成就出现了。无论我们给自己找的是什么样的生活，它都会有难和易的呈现，只不过我们的心情是不一样的。所以这时候就要做：“长短相较，高下相倾”。

长和短、高和下要互相包容。从故事情节来看，唐僧的母亲想要忍辱把孩子生下来，所以她一忍再忍。忍的背后也是包容，这和考试紧张是一样的。我们为什么紧张？越想不紧张，就越紧张。如果我们反过来想一下，之所以紧张，是因为我们重视考试，这么去想紧张程度就会降下来。同样的，我们选择包容，忍的状态就会放下很多，我们自身的状态也会发生变化。

这就是后面所说的，“音声相和，前后相随”，我们自身发生变化之后，音和声的和谐会发生变化，前和后的关系也会发生变化。

我们从故事中跳出来，想一下我们现实的生活。当我们教育孩子的时候，或是当孩子在我们身边耳濡目染我们所言所行的时候，他们就会产生相应的评价。他们的评价是怎么来的？就是源于我们生活中的一些习惯，父母、长辈以及其他社会上的种种风气，也就是“圣人行不言之教，处无为之事”。

当孩子看到一件事的时候，我们当下不用做任何评论，作为家长，对孩子来讲当下就是“圣人”状态，我们不用说什么，孩子就能有自己的判断。当他们看到更多的事，和自己的世界观、价值观相互佐证的时候，我们再加以支持和引导，他们就会更坚信自己的世界观、价值观。这是塑造他们性格最好的时机，“万物作焉而不辞”的状态。

“万物作焉而不辞，生而不有，为而不恃，功成而弗居”，“道”生养万物而不占有，孕育万物而不自恃，成就功业而不自居。我们仍以教育孩子为例，我们没有刻意去教他们什么。他们通过主动观察学习，在我们身边耳濡目染，会形成自己的种种观念。这种观念如果是正确的，会为他们以后的生活带来很大帮助。这个帮助是谁给的？是父母给的。父母虽然没有居功，但功绩是不会被抹去的。

第一难，开了门；第二难，有了阴阳。唐僧出生的时候，相应的一些难也就出来了。唐僧母亲也是一样，她既想随着唐僧父亲投江而去，又想要把孩子生出来，所以她的心左右为难，就像一阴一阳。同样，这个孩子在出生之前就忍受了这么多，注定以后会有非凡成就。

俗话说，"吃得苦中苦，方为人上人"。吃苦，也许是自己找苦吃，也许是苦来找我们，让我们去吃。在这一难当中，苦直接找上了唐僧，也就是说，他日后必然会有相应的使命。我们已经知道了后面的剧情，知道这些磨难代表未来的使命和成就。我们不知道自己未来人生的剧情，但我们可以从这章来分析一下自己，看看我们曾经在平时的生活、工作、学习中吃过哪些苦，这些苦给我们日后的生活带来了哪些帮助。也可以想一想，我们吃的苦，预示着我们怎样的未来。

《道德经》第二章原文：

天下皆知美之为美，斯恶已；皆知善之为善，斯不善已。故有无相生，难易相成，长短相较，高下相倾，音声相和，前后相随。是以圣人处无为之事，行不言之教，万物作焉而不辞，生而不有，为而不恃，功成而弗居。夫唯弗居，是以不去。

《道德经》第二章释义：

天下人都知道什么是美，是因为丑的存在；都知道什么是善，是因为恶的存在。所以有和无彼此相生，难和易相辅相成，长和短互为参照，高和下互为依靠，声音和声调谐和共存，前和后相互跟随。因此圣人以无为（顺应自然）处世行事，以不言（身体力行）教化万邦，万物随本性运行无碍，"道"生养万物而不占有，孕育万物而不自恃，成就功业而不自居。正由于不居功，万物依仰它而不离去。

第三篇　满月抛江

《道德经》第三章："不尚贤，使民不争；不贵难得之货，使民不为盗；不见可欲，使民心不乱。是以圣人之治，虚其心，实其腹；弱其志，强其骨。常使民无知无欲，使夫智者不敢为也。为无为，则无不治。"

先看简单字面解释：不崇尚贤能，使人民不争名；不看重稀有之物，使人民不偷窃；不显露会引发贪欲的事物，使人民心不乱。因此，圣人治理天下，使人们内心安静，温饱满足，斗志柔弱，体魄强健。使人们守其本真没有智巧和欲望，使那些聪明人不敢妄为。圣人按照"无为"的原则顺应自然，无所不治。

这里我们可以想一下，当年唐僧的父亲高中状元，奉旨跨马游街时，正好赶上殷丞相的女儿温娇（未来唐僧的母亲）抛绣球招亲。温娇看到陈光蕊，内心十分欢喜，把绣球抛向了他，相信看过《西游记》的朋友都记得这一情节。这里就像《道德经》第三章这几句所说的，是因为他们有相应的心，所以才有了后面相应的故事。

有了什么心呢？就是"尚贤、贵难得之货、见可欲"。我们都知道，任何事物都是有两面性的。《道德经》也是正反两面说，阴阳两面说，就和地球有南极和北极是一样的。在分析事物的时候，我们能看到一面，但也要去分析另外一面。

温娇把唐僧生下来后，南极星君在她耳边以类似托梦的形式告诉她，这孩子将被刘洪所害，让她尽快处理，护他周全。她醒了以后，思来想去，咬破手指写下血书，把孩子放在江边漂过来的一块木板上，放到江里，顺流而去。之后这孩子被金山寺法明长老救起，起名江流儿，就是应了他当时这种状态。

那么我们思考一下，唐僧的母亲为什么不放些珠宝，而是只放了一份血书？其实就是第二句话："不贵难得之货，使民不为盗"。我们试想，当孩子遇上了好心人救他的时候，是放珠宝让对方有感觉，还是放血书让对方有感觉？我们都知道，看到血书之后，每个人都会产生恻隐之心，会把他救下来，甚至养大。珠宝这种"难得之货"，则会令人升起贪欲。

唐僧正好被寺院的长老所救，这血书也是为唐僧后面的故事埋下了一个很好的伏笔。他虽然是状元之子，但是他生命的走向，其实已经被规划出来了。

我们可以对照自己的生活，有很多年轻人，他们学习某个专业并在相关专业领域工作很多年，后来因为某种原因，改行从事其他行业，在另外一个行业也做得很好。可是改行之前会有挣扎。虽然唐僧的父亲是状元，母亲是丞相之女，未来应当怎样怎样，但当这一幕发生时，他的命运已经注定了。就像我们经常说的："有心栽花花不开，无心插柳柳成荫"。所以，我们该做的就是顺着大势去走，然后把我们的生活尽可能过得美满幸福。也就是后面这句："是以圣人之治，虚其心，实其腹；弱其志，强其骨。"这句话就是说不要想这么多，心里多空一些，"虚其心"。按时去吃饭，"实其腹"。

上一难我们曾讲过，我们要有志向。志向必须树立，因为我们每个人都有相应的责任和使命。但是立完志向之后，我们要一步一个台阶去走，不要一下迈过去，一下又迈不过去。

"弱其志，强其骨"。"强其骨"，是说经常锻炼身体是必不可少的，先把身体照顾好。

当今社会，发展态势迅猛，我们要回归本心。尤其是有压力的人，要想一下为什么会有这种压力，其中一个原因就是不自信。我们可以左右的事物太少了，身体、疾病很难左右，事业很难左右。我们能去左右的就是当下，把当下做好，当下开心，当下做得让自己满意。

就像唐僧母亲能做到的，就是把她的孩子放到木板上，写封血书，咬掉孩子一个小脚趾作为日后验记，让孩子随波逐流，能漂到哪儿漂到哪儿。

我们的人生也是随波逐流，我们在一个木板上，就这样顺着大势而走。走到哪儿，我们也不太清楚。即使想走得很好，也没有办法按照自己的意愿达到。所以，我们可以选择放下，然后接纳现在的自己，反而会出现新的光明、新的生机。

《道德经》第三章原文：

不尚贤，使民不争；不贵难得之货，使民不为盗；不见可欲，使民心不乱。是以圣人之治，虚其心，实其腹；弱其志，强其骨。常使民无知无欲，使夫智者不敢为也。为无为，则无不治。

《道德经》第三章释义：

不崇尚贤能，使人民不争名；不看重稀有之物，使人民不偷窃；不显露会引发贪欲的事物，使人民心不乱。因此，圣人治理天下，使人民内心虚静，温饱满足，斗志柔弱，体魄强健。使人们守其本真没有智巧和欲望，使那些聪明人不敢妄为。圣人按照“无为”的原则顺应自然，无所不治。

第四篇　寻亲报冤

未曾满月的唐僧被母亲忍痛放入江中，在木板上顺江漂流，正巧被金山寺法明长老发现，抱回寺中，托人抚养。十八年后，已是佛门弟子的唐僧知道了自己的身世。得知亲生父母的重大冤情后，唐僧悲痛不已，决心为父母申冤报仇。他先是遵从师父的指引找到了身处忍辱中的母亲，随后又在母亲的告知下找到了祖母及外公。最终不但为父母申诉了冤屈，而且还见到了死而复生的父亲陈光蕊，一家团圆。

唐僧在寺院里度过了十八年，知道了他的身世，对于还没有经历世事的孩子来讲，是很难接受的。在这么多年中，他肯定见到了别人都有父母、被父母疼爱，他的成长过程，背负了很多痛苦。得知身世后，他决心为父母申冤报仇。

我们可以试想，我们的路很长，很多时候被自己心中的执念所限制。可是就是因为这种执念，才会让我们不断成长。

我们总说，当有执念的时候，要把执念放下，这样才能更好地前行。这句话本身没有错，因为有执念以后，所背负的东西远比常人要多得多。我们的身心会更加疲惫，甚至有人因此生出一些疾病。可是，当我们自己选择这条路的时候，这个执念如何才能放下？

很多人考世界记忆大师，一年考不上，要考两年、三年，这个过程会对工作产生很大影响，甚至有人辞掉了工作。他们扛着精神、生活、工作三重压力。笔者是一年通过的，那一年中有一段时间放弃了工作，专心训练。笔者见过很多人，他们一年没有过，两年没有过，三年没有过，他们所承受的压力是不一样的。

但既然选择了这条道，就必须靠自己通过。也许很多人会说，你别这样了，放下吧，后面会有更好的选择。这时候我们会衡量，我们选择的这条路和他指的那条路，哪条更好？

说到这里会发现，所谓执念，是因为我们还没有找到一条属于自己的道路。或者说，我们认为自己当下选择的这条道路就是最好的，这也是一个执念。别人跟我们说有一条路会更好，我们也觉得的确那条路会更好，那么我们会放下当下的路，走另一条路。

可是不要忘了，你的初心是什么，你的目标是什么，别人给你指的这条路是不是和你的目标相吻合或是相接近。

就像一棵树，它不是只有直直的树干，还有树杈、树枝、树叶，营养也不只是给树干，还要给树杈、树枝和树叶。

有的读者会想，唐僧既然出家，为何不放下？可以试想，当他十八岁那年，发现身世秘密时，他内心作何感想？同样，法明长老从顺着江河漂流的木板上把他抱起时，看到这份血书，会作何感想？他也很累。所以说，真正要放下，要等到他实现寻亲报仇的心愿后，那时他的心中再无牵挂。这以后，才是属于他自己真正的修行状态。

所以说当我们遇上相应执念的时候要如何选择，选择放下还是选择承担，这需要我们自己去选择。注意，前提是合理合法，不违反大的原则和规定，满足这个前提条件，可以选择把心中的执念了去。它是一种证明自己存在的方式，也会让人生有更多的回忆和价值。在这个过程中，我们完成了自己的一个经历，和取经是一样的。

“道冲而用之或不盈”。道是空虚的，但是它又无穷无尽。每个人选择的道都不一样，每个人想达到的目标也不一样。即使两个人的目标是一样的，他们想要达到的程度也不一样。就好比两个人都想吃苹果，有人想吃甜的，有人想吃酸的，所以我们要承认各种状态的存在。

同时我们去想，道是空虚的，比如吃苹果，想的这个过程可以理解为空虚的状态，因为还没有吃到。它无穷无尽，也就是说，具体实现的方法是无穷无尽的，我们要吃这个苹果，可以选择去买、去采摘、自己种、找别人要等多种方式。

“渊兮似万物之宗”，深远得很，好像是那万物的宗主。我们可以试想当时的唐僧，他心里应该已经有修行方面的目标了，但他觉得这件事是父母多年的冤情，为人子女必须去做，也就是说他是有人情的。

他去做这件事，其实也是为了他的师父。法明长老保守这个秘密十八年，也是很累的。这里我们可以思考，我们去做某件事的时候，或者说我们在心里思考某件事的时候，它的源头是什么？唐僧是为父母、为师父，我们的源头是什么？

找到源头，就有了根本动力。可问题又来了：唐僧在十八岁之前，一直在寺院生活，一直在培养着慈悲心、善心。现在猛地要他去报仇，真不知道报仇的路该怎样走。也就是说，报仇期间，他的每一步是怎样的，他是不知道的。那么他必须怎么做呢？就是“挫其锐，解其纷，和其光，同其尘。”

在报仇这件事上，他内心肯定产生了一种愤怒，愤怒的背后就是恐惧。

“挫其锐”，要把愤怒和恐惧的锋芒挫掉。要不然光想这件事就会非常累。

“解其纷”，要把相应的头绪理出来，因为当时唐僧是一个僧人，而刘洪是江州父母官。要把相应的头绪理清楚，必须选择智取。

“和其光”，然后找出一个光明的方案，就是可以往前走的方案。

“同其尘”，那些仍然存在的问题存在不存在呢？同样存在。但是在光明的道路上，它们可以是给我们铺垫道路的泥土。

根据《西游记》中的描述，唐僧报仇时，母亲温娇给他拿了信物，让他去找外公殷开山，也就是当朝丞相。后来皇上派了六万御林军把刘洪拿下。

这里给我们的启示是，做事时用脑是必须的，思考是必须的，我们要把一切有利的因素找出来。如果做这件事，无论内外，没有一丝对我们有利之处，仅凭一腔热血，也没有办法去做。

所以我们在选择目标和方向的时候，先要看自身的实力有没有达到。就像从一个地方到另外一个地方，可以选择乘坐交通工具，可以选择自己走着去。可是口袋里没有坐交通工具的钱，只能选择走着去。所以说要看自身的实力够不够。

当然，走着去仍然可以到达相应的地方，但是时间差得太多了。所以，随着社会的高速发展，智取是我们该选择的一种方式。

“似或存”，悠远得很啊，似亡或实存。当唐僧选择走报仇之路的时候，肯定先从脑子里预演了整个过程。预演的过程看似虚，其实也是存在的。因为这是他想达到的目标。就好像我们选择好方向以后，会先把结果想象出来。就是因为这个结果让我们满意，我们才会为它奋斗。

通过唐僧寻亲报冤这一难，我们可以明白，唐僧是在完成属于自己人生中的一个使命。《道德经》的第四章正好解释了，当我们去完成人生中某个使命的时候，我们应该如何去说、去做，如何去理清自己的头绪，如何一步一个脚印，坚实地、稳稳地，同时又不懈怠地向前行进。

《道德经》第四章原文：

道冲而用之或不盈，渊兮似万物之宗。挫其锐，解其纷，和其光，同其尘。湛兮似或存，吾不知谁之子，象帝之先。

《道德经》第四章释义：

道是绝对虚空的，所以能容纳万物，作用永不会盈满。深邃啊，好似万物的主宰。挫掉锐气，消解纷争，收敛光耀，混同尘世。清明啊，无形无相，又好像实际存在，我不知道它是谁的孩子，似乎是万物创造之前就存在了。

第五篇　出城逢虎

《西游记》第五难，出城逢虎。

我们先看《道德经》第五章："天地不仁，以万物为刍狗；圣人不仁，以百姓为刍狗。天地之间，岂犹橐籥乎？虚而不屈，动而愈出。多言数穷，不如守中。"

这一难，可以说是唐僧取经路上的初始难。主要讲述的是唐僧带领两名随从辞别长安之后，沿着观音菩萨所指的方向，一路西行，正式开始了赶赴灵山的取经大业。

由于唐僧取经心切，迫于求成，一心只想着早日到达灵山，取得真经，轻视了西行之路暗藏的妖魔鬼怪以及困难。结果因为赶路太急，一不小心跌入了"寅将军"，也就是老虎精的洞穴之中。

《西游记》中写道："长老心忙，太起早（蚤）了……迎着青霜，看着明月……拔草寻路，说不尽崎岖难走……忽然失足，三人连马都跌落坑坎之中。"两名随从被妖怪分食完毕，渐渐东方发白。从这里很简单就可以分析出，唐僧出发得非常早，走的是夜路。

"天地不仁，以万物为刍狗，圣人不仁，以百姓为刍狗"，字面解释就是，天地本无所谓仁慈，将万物看作刍狗；圣人无所谓仁慈，将百姓看作刍狗。这样解释不是太好听，这是简单的字面上的白话文解释，我们稍转化下思维模式来解释，它的意思是：天地看待万物都是一样的；修行到一定程度的圣人，看待百姓也都是一样的。

日常生活、工作、学习当中，我们有自己的喜怒哀乐，虽然这些构成了生活的缤纷，但是有些负能量的影响，的确给工作、生活、学习带来很大的阻挠，甚至是负担。如何保留正能量，慢慢驱除负能量，唐僧在这一难中，做了很好的示范。

我们之所以会心急或出现负能量，可以理解为是负能量找到了我们。之所以负能量来找我们，是因为我们没有遵守正常的规则。就好像唐僧，他带着随从走，天不亮就出发，他自己心急、心切，可是他的随从肯定会很累，这时就会有怨气产生。我们平时工作中，如果产生了怨气，或者让其他人产生怨气，工作就很难往前推进。

所以说，我们按照自然规律去做事，就可以很稳健地前进。做事如同把种子埋下，它需要生根发芽，然后成长，结果是最后的步骤。结果的瞬间也是重生的开始，在这期间至少经历了春天、夏天、秋天。同样，我们做事也要一步一步走，只要我们心不急，这件事情最终会成。心急了，这事情能成吗？也能成。但我们会发现，成的时间和不心急成的时间是差不多的。可是不心急的路反而会平坦一些。

再举个例子，比如爬山。如果心急往上跑，跑一段就会非常累，这时候不得不休息；另外一个人一步一步往上爬，不久就会爬到你休息的地方。这时候你又选择往上跑，跑了一段又累了；对方还在慢慢往前走。结果就是两个人的平均速度差不多，很有可能一步一步走的那个人，用的时间会更短一些。

“天地之间，岂犹橐籥乎？”天地之间不正像一个风箱吗？这里的风，我们可以理解为身体上的气。气动得多了，我们想努力了，想发动了，这时候风就会大。风大了，就会对我们产生一股阻力。所以动力有多足，同样的阻力也在等着我们。我们要用一种平缓的方式对待。

“虚而不屈，动而愈出”。虽然空虚，但不短缺，越拉动它，风就越大。唐僧做的这件事给我们一个启示：做事情不能着急。即使你能做到，可是你的团队不一定能做到，你要给他们充足的时间。也就是说做事情要一条心，注意不要落下团队的人。如果自己往前跑得快，其他跑不快的人必然会离开你。

外在的“风”和内在的“气”是相联系的，我们的心气很足，前进的动力就会很大。相对来说，困难也会很大。这股气里面还掺杂了一些别人的气，就是随从的怨气。该怎么做？《道德经》第五章最后讲：“多言数穷，不如守中”。说得多，不如调整成适中的样子。

我们可以想象一段情节，唐僧晚上出发的时候，他的随从是有怨气的。随从会建议说，晚上行路不方便、不安全，白天再走吧。可是唐僧不听，他会跟随从讲一些道理。随从没办法，因为他们是听命于大唐皇帝的，只能跟从着。那么从这里看，当我们违背别人的意愿做事时，会受到一些阻力，我们应该怎么做呢？不如保持适中。

所以说，唐僧遇上的每一难，其实都是成就他的。这一难告诉我们的就是，早晨之前的那段时间，我们可以好好休息，除非是特别重要的事情，否则不用急于那一时。

《道德经》第五章原文：

天地不仁，以万物为刍狗；圣人不仁，以百姓为刍狗。天地之间，其犹橐籥乎？虚而不屈，动而愈出。多言数穷，不如守中。

《道德经》第五章释义：

天地对万物没有偏爱，圣人对百姓没有偏爱。天地之间，不正像风箱一样吗？因为空虚所以无穷无尽，因为没有穷尽所以生生不息。话说多了就会穷尽，不如守住内心的虚静。

第六篇　折从落坑

我们先看《道德经》第六章："谷神不死，是谓玄牝。玄牝之门，是谓天地根。绵绵若存，用之不勤。"

字面解释，生养天地万物的道（谷神）是永恒长存的，这叫作玄妙的母性。玄妙的母体，就是天地的根本。连绵不绝啊！它就是这样不断的永存，作用无穷无尽。

《道德经》第六章，对应着《西游记》的第六难。看过这个故事的朋友都知道，唐僧以及随从一行人落入坑中之后，被小妖们擒住献给妖王，妖王把唐僧的随从吃掉了，唯独留下了唐僧，最后，唐僧被太白金星所救。

我们思考一下这一难给我们什么启示，或是给我们讲了一个什么道理。妖王为什么单独留下唐僧？《西游记》中说的是：唐僧"本性元明"，所以留下了他。

我们看《道德经》第六章。"谷神不死，是谓玄牝"，生养天地万物的道就是谷神，是永恒存在的，这叫作玄妙的母性。这句话说明，只要是可以永恒存在的，就可以达到长存的状态。也就是说，可以生养万物的，就可以达到长存状态。

唐僧本性元明，他和随从是不一样的，所做的事也是不一样的，他一旦成功，可以为千千万万的人谋得福祉，这一点咱们只是单纯从故事角度去讲。

我们用太极图来分析一下。见过太极图的朋友都知道阴中有阳、阳中有阴。图中一半面积是黑的，其中有个白点。唐僧本性元明，我们可以理解为他就是那个白点，黑的是他的随从。他的随从都是什么人？肯定都是些武艺高强的人，也是经历过打杀的人。我们再去想那些妖魔鬼怪，其实也是一种打杀的状态。那么打杀遇上打杀时，就看谁更厉害，这个道理大家都明白。

按照颜色理论，我们知道黑颜色可以包容任何颜色，无论什么颜色进来，黑的都能容纳，黑色进来后便看不到其他颜色，仍是黑色。绝对黑的时候，力量是很强的。唐僧的随从和妖怪都属于黑色，随从没有那些妖怪厉害，自然就被吞掉。

唐僧本性元明，在太极图中，黑中的白点是一个独立的存在。就是我们自己的本心，无论怎么样，“我”是不动摇的。这时候，无论黑的有多厉害，它都不能吞噬掉白的，哪怕白的部分只是个白点。

这就是太极图，这个图可以反映一个人心的状态。初心和发心被大众所认可，被心中重要的那个人所认可，然后你也知道这个发心可以帮助别人，就像唐僧，他发心去取真经，是为了度更多的人，为了让唐王更好地福泽人民，这时候出城就遇上这一难，正好考验他本心是否动摇，能否保持清明。他知道西行取经是利益众生的，无论有多少黑暗势力，他依然保持本心不动，所以妖王没有吃他。在许多影视作品中，保持本心的人，往往能够死里逃生。所以，做真的自己很重要。

我们继续看第六章下面几句：“玄牝之门，是谓天地根”。玄妙的母体，这就是天地的根本。应了刚刚讲的，我们保持自己的本心，我们的原动力就会一直存在，原动力就是我们的根本。

“绵绵若存，用之不勤。”连绵不绝呀，它就是这样不断地存在，作用是无尽的。当我们有一颗心，我们想要达到一定的目标，而且我们知道目标背后的意义是什么，我们就会持之以恒地去做。

当有了这颗心，有了原动力，必然就会比那些不是发自本心的人行进速度快得多。我们会发现，有些跟随我们的人会离去，因为他和我们并不是一条心。我们都知道，最后跟随唐僧的几个人，悟空、悟能、悟净，都是有大能力的，有大能力才能跟随大愿前行。

同样，不能保持一颗真心的人，终究会被淘汰。

所以说，这一难其实就是考验唐僧的心，在还没有遇上孙悟空之前，或者说在还没有出大唐地界时，他能不能保持一颗初心，保持一颗坚持自己的心。同样我们从这一难反过来思考，在做事之前，在真正开始发力之前，我们还要经历坎坷才能往前行进。

其实这些难，都是自己给自己设的。唐僧随从被吃了，那是担不起取经大业的随从，并无大碍，随后就会出现有更大能力的人一路护送他，这些难只是自己吓自己。从另一个层面看，这些难都是推进他前进的助力，压力也是动力。

在工作和生活中，如果有人跟随我们一起做事，因一些分歧而离去了，我们也不用苦恼。“我刚想去做些事情，然后你们就离我而去了。”这种怨气、怨言不用有、不必说。唐僧这一难，就是很好的诠释，不是一条心，真正去做的时候，他们也会离队。

《道德经》第六章原文：

谷神不死，是谓玄牝。玄牝之门，是谓天地根。绵绵若存，用之不勤。

《道德经》第六章释义：

生养天地万物的“道（谷神）”永恒长存，它是万物最初的生养者，是万物之母，通向它的道，是万物的根本。绵绵不绝，若有若无，生生不息。

第七篇　双叉岭上

双叉岭是虎狼巢穴之地，山路崎岖，经常有猛兽出现。唐僧刚出虎穴受完惊吓，随从都被吃掉了，又来到了这个凶险之处。我们试想一下，当人们受完惊吓以后，疲劳过度，无论精神还是身体，都会变得非常虚弱。当体力和精力已经耗尽的时候，独自走在非常危险的山中，对心理是一次重大的考验。

可是我们会发现这样的情形，我们自己也是如此，一开始信心特别足的时候，所有精气神都在上面。这时做事虽然有冲劲儿，但都是阻碍，外界一直给你阻碍，想要把你拉下来。

为什么会有这种阻碍呢？因为我们要保持平衡，阴阳相合，高下相倾，前后相随。平衡就是要立在一个中心点上。当你高的时候，就把你往下拉；当你低的时候，就把你往上推。

像心电图，往低走，还没到最低点时，还会低；低到限值，这时候开始反弹，高的就出现了。唐僧在双叉岭上又一次被毒虫猛兽所困，再次身陷绝境，身心疲惫的他，已经无力反抗或是不想再反抗，这时候人就容易绝望，绝望就是最低点。最低点之后就要反弹。果不其然，一个猎人正好路过，孤身驱走了毒蛇猛兽。此人就是号称镇山太保的刘伯钦。

他把唐僧请到家中做客，唐僧在他家待了两日。为什么待了两日？是应刘母的要求，因为唐僧是圣僧，希望他为刘伯钦的父亲念经超度。唐僧就去做了这件事情。

《道德经》第七章："天长地久。天地所以能长且久者，以其不自生，故能长生。是以圣人后其身而身先，外其身而身存。非以其无私邪？故能成其私。"

我们看这句话，"天长地久。天地所以能长且久者，以其不自生，故能长生。"天和地是实实在在存在的，它不自生，它又为什么而生呢？是为了天地之间的所有事物而生的。没有天和地，没有这个框架，万物将不复存在。

我们常用的一些词，"谈天说地""聊聊天儿"，其实可以往这方面理解一下。天和地，给我们生存的地方，让我们生生不息，它自己则是一个无私的状态。老话说敬天礼地，我们才能很好地生存。做事的时候，心中无愧于天地，这么做时，会产生一股正气，叫作浩然正气。

天地的职责，使万物生。就是因为有天地在，在它之间的万物才会生长。同样也是如此，他们之所以留住唐僧，为去世的父亲诵经超度，就是因为他们认为唐僧是有这个能力的，在他们的认知中圣僧是可以做到的。我们也一样，每个人都有价值所在。

笔者是记忆大师，在和别人交流、聊天的时候，对方问我做什么工作的，我说是记忆大师。那么基本上后面的话都不用去想，十个人中肯定就有一个人说："哎呀，我的记忆，现在越来越不行，岁数越大，记忆力越不行。"这是因为你是记忆大师，所以他才跟你说记不清。如果你是中医，一定有人说："我这身体，最近总是不舒服……"

你是什么角色？你是为谁而生的？你是为了有需要的人而生的，和天地的规则是一样的。也就是说，我们生在天地之间，其实做的也是和天地之间有关的事情，也就是人们所需要的事情。

像种地，需要雨水灌溉，以前科技没有现在这么发达，天时对农作物的影响非常大。人也一样，人立于天地之间，做事的时候要按照相应的规则去做。同样就是告诉我们，有价值的都可以绝处逢生。

"是以圣人后其身而身先，外其身而身存。非以其无私邪？故能成其私。"

我们看很多古圣先贤，他们完全把自己交给了社会，交给了国家，交给了大众，这是一种利众生的状态。对于他来讲，其实一直持续去行天地之道，我生，是为了天下人而生。

我们平常人和圣人的状态最大的区别是什么？我们也可以时不时地达到圣人的状态，因为圣人也带一个"人"字。时不时达到圣人的状态，不是恒久地达到圣人状态。跟跑步是一样的，圣人跑的时间，比普通人跑的时间长一些。长一些会出现什么情况？就像学习，只学一小时和每天坚持学一小时，收效是不同的。每天都学一两分钟和每天学习一两个小时，与每天学习三四个小时是不一样的，持续的时间长，就可以达到相应的标准。

想成为圣人，圣人有圣人的标准；想成为运动员，运动员有运动员的标准；想成为医生，医生有医生的标准。也就是说，按照相应的标准去做，定下目标，就是按照目标去执行。

当按照目标前进的时候，你的心是有跌宕起伏的，会发现各种阻碍会来。有高潮，有低谷，跟唐僧在双叉岭上遇到的困难是一样的。所以说我们遇上高兴事，然后准备努力去做的时候，不用太开心，老人讲“乐极生悲”，因为有高，就必然会有低。我们要处于最低的状态，我做这件事，是为了把大家托起来。

这时候一定要找一找你的初心是什么，不忘初心，才能做到最低的状态。如果这件事成就了你，让你更加自信，那么它可以成就你，也可以成就其他人。这时候你就把这件事交给其他人去做，它就可以托起别人的自信。

当有这种想法的时候，你会发现处于最低的状态。你是为了成就其他不自信的人。他已经不自信了，最低状态就是不自信，所以他是往自信上走，是往高走的一个状态。处于低的状态，然后去走，就都是惊喜。但是注意，我们每天要三省吾身，看一下自己是不是有骄傲和自负的地方，然后重新把状态拉回来，还处于低的地方。

当我们有一定成绩的时候，这些成绩是为了服务大家的，是为了让大家生活得更好。我们身边，无论是亲戚还是朋友，当他们的生活状态都很好的时候，给我们带来的也是一种美好。同样，他们怎么能好？当我们认为自己好的时候，就可以时不时地去帮助他们，但是不要逼迫。

为什么不要逼迫呢？我们想一下，福、富、逼，都有一个田字。一口田可以理解为，这个人是不愁吃的。“富”有个宝盖，就是把一口田放在家中。“逼”是一个“辶”，当你去逼迫，对方接受不了的时候，这个“福”就走了，不仅对方的“福”走了，我们自己的“福”也走了。所以不要逼迫对方，要在对方承受范围之内帮助他们，这样的话，相互之间都不伤和气。

唐僧是一位圣僧，念经超度是他的专业。超度完成后，刘伯钦的父亲当晚就给他们一家人托梦，说自己投生到了非常好的家庭，感谢圣僧，说他走的时候一定要好生相送。然后他们家人也非常感激，说明我们自身的修行有了价值体现。可以试想，他在超度的时候，用了一天的时间，加上这些天的疲惫，再去超度，应该会更累。可是当得到人们的认可，会让人更坚定，还要走这条路，不忘初心地去走，和我们的人生状态也是一样的。

当我们一直努力，一直在用最多的时间和精力去努力的时候，如果一直没有成绩，一直都是艰难险阻，突然有一个人认可我们，而这个人恰巧是我们当时认为最重要的人，就比如刘伯钦和唐僧虽然不认识，但是他是唐僧的救命恩人，这时候他们全家人对他的认可，对于普通人来讲是非常大的鼓励，何况唐僧自幼修行，心智比普通人更坚强。所以说，这个经历再次让他坚定信心，一定要去努力，去完成相应的使命。这个时候已经没有什么外在因素能阻止他了。

当外界不能阻碍我们的时候，谁会阻碍我们呢？自身会阻碍我们。自身阻碍是什么？我们共同欣赏下一篇。

《道德经》第七章原文：

天长地久。天地所以能长且久者，以其不自生，故能长生。是以圣人后其身而身先，外其身而身存。非以其无私邪？故能成其私。

《道德经》第七章释义：

天长地久。天地所以能长久，因为它们不为自己的生存而运行，所以能够长生。所以，圣人先人后己，反而无人能超越；厚人薄己，反而无人能加害。这不正是因为他无私吗？所以才成就了他的大私（利他）。

第八篇　两界山头

两界山又叫五行山，大闹天宫的孙悟空，被如来佛祖降服后，从天而降一座五行山，把他封压在山下。快到五百年的时候，观音菩萨指引他，一心等候取经人，共同西行，以求正果。五百年后，唐僧在刘伯钦的护送之下行至两界山，命中注定的师徒二人终于相逢。唐僧奋力登上了两界山顶，揭下了佛祖的“金字压帖”，解救了孙悟空，从此收了西行“团队”的第一位徒弟——齐天大圣孙悟空。

《西游记》第八难两界山头，对应《道德经》第八章：“上善若水。水善利万物而不争，处众人之所恶，故几于道。居善地，心善渊，与善仁，言善信，正善治，事善能，动善时。夫唯不争，故无尤。”

第七篇结束时我们说了，外界对我们不能有任何阻碍的时候，谁会阻碍我们？就是自身会阻碍我们。自身阻碍是什么？我们一起来看。

我们都知道孙悟空其实就像孩子一样，当年大闹天宫也只是喜欢玩要而已。但是他不能受气，一旦受气，就要回击。种种迹象说明他其实就是孩子。菩提老祖给他起名时也说了，“子者儿男也，系者婴细也，正合婴儿之本论，教你姓‘孙’罢。”

两人刚在一起，孙悟空打死了几个强盗，唐僧说了他几句，其实这是一种磨合，当时孙悟空就受不了了，就离开唐僧去找他的老邻居东海龙王去了。离开的这一个时辰中，观音菩萨化作一个老妇人，给了唐僧一个紧箍，就是一顶小花帽。

唐僧说孙悟空，孙悟空受不了。若心里都是火的话，人就容易着急。尤其是心头火，容不了事，受不了气，遇上什么都着急。如果这时有一个“水”，上水下火，正好对应《易经》第六十三卦水火既济。在《西游记》书中，孙悟空跟菩提老祖的对话，也说过关于水火既济的事情。在这里，告诉世人，我们的心要分成两半去看，上面是水，下面是火，把火压在底下，水火既济。

别人说什么，我们先以水的方式去包容。“水善利万物而不争”，我们先以不争的状态对待。可是如果触碰底线就触碰到火了，触碰火之后就会燃烧。这个火是在水下的，火能存活在水下，它的能量是很大的。所以当触碰到底线时，我们可以反击。

“处众人之所恶，故几于道”。我们可以设想一下，当别人还没有触碰到底线的时候，也许对于我们做的事情不了解，我们像水一样包容他。我们要尽量帮助别人，能给别人开通一条道就开通一条道，让别人在我们这里得到真真切切的帮助。就是后面的“居善地、心善渊”。当别人有困难找我们的时候，我们要给他提供一处善地，让他在这里感到非常舒服，非常温暖，和我们聊天也是非常开心的。

在这里，就要讲一讲朋友相处之道了，如果我们不想和朋友发生太大矛盾，就要认清双方的底线。人在生气的时候很可能会说一些过分的话，认清自己和对方的底线，当触及底线的时候，我们可以选择停下来。

我们以“仁”的方式去对待，“与善仁，言善信”。我们会发现，当我们能做到“言善信”，就是都能按照自己说的去做。那么这个时候人和人之间就融洽了，就相互信任了，就不会再发生相应的问题。

我们来分析他们的状态，孙悟空和唐僧就是水和火磨合的状态。当水和火磨合好以后，水也是火的一条道。也就是说，水是可以给“心”开出一条道的。孙悟空达到“悟空”的状态，唐僧还可以更好地去帮助他。之前，菩提祖师给他起这名字，是有深意的。他既得菩提祖师真传，他的法已经到了“空”。而他的“道”，还需要自己去悟。

当他们一条心的时候，也就是说各退一步，水一半，火一半。就好像两个人，需要磨合，每个人都是对方的水，同时每个人也是对方的火，两个人各占一半的时候，才能更好地前行。

“事善能，动善时”，很多事情在往前推进的过程中，时机也就到来了。

我们可以看一下太极图。人很难做到各一半，相互之间能包容就行。无论多大、多小，在心中有位置，而这个位置是不可撼动的，这个位置是必须的，那么就能很好地前行。

也就是说，无论我们在对方心中占据的位置多与少、大与小，对方也必须在我们心中有同样的位置。就好比家里的两个人，其中一个人为另外一个人付出很多，而另外一个人视而不见，不给对方以回报，或是让对方感觉不到相应的回报，这时候问题就会出现，多半就会吵架、冷战。其实让对方知道你在我心中的位置，我在你的心中位置，就不会吵架。相互在心中有位置，就是一种融合状态。融合的状态，就是水和火平衡的状态。

两界山的行程，既是说孙悟空走上这条道，也可以说是人心的磨合状态。他看似跳出了五行，其实在这个时候，才是真正修行状态、修心状态，修行即修心。无论是入世还是出世，都是修心。

当孙悟空戴了观音菩萨给的紧箍以后，疼痛难忍。当唐僧念紧箍咒的时候，孙悟空第一个想法就是把它摘下来，其实这就是水灌入心里了，当它灌入以后不能再取出来了。除非我们悟到“空”，水自然就会流走。那么当下已经进来了，我们可以选择的只有接受。就好像有些事情发生以后，我们只有选择接受，然后去解决、融合。现在，孙悟空和唐僧的路已经开始了，他们后面会怎么样呢？我们继续看下一篇。

《道德经》第八章原文：

上善若水。水善利万物而不争，处众人之所恶，故几于道。居善地，心善渊，与善仁，言善信，正善治，事善能，动善时。夫唯不争，故无尤。

《道德经》第八章释义：

最崇高的善犹如水一样。水善于滋养万物却不与之相争，处在众人厌恶的卑下的地方，所以最接近于“道”。居卑下之处，心沉静明澈，待人友爱，说话诚信，为政精于治理，做事善于发挥所能，行动善于把握时机。正因为其不争的美德，所以没有过失。

第九篇　陡涧换马

孙悟空和唐僧一路继续西行，中途西海玉龙三太子，也就是我们常说的小白龙吃了唐僧的马，唐僧泪如雨落，也没有办法，孙悟空也是抓耳挠腮，不知道怎么解决。这一难，对应《道德经》第九章："持而盈之，不如其已；揣而锐（梲）之，不可长保；金玉满堂，莫之能守；富贵而骄，自遗其咎。功遂身退，天之道。"

我们想一下，唐僧的几个徒弟，孙悟空、猪八戒、沙和尚、白龙马，这几个人，唯一变了形象的就是白龙马，他是龙的状态，后来变成了马。他为什么变了形象？我们看看和《道德经》第九章相呼应的地方。

《道德经》第九章第一句话："持而盈之，不如其已"，执持着容器保持稳定，以便装满它，不如适时停止。上一篇，孙悟空戴上了观音菩萨给唐僧的紧箍，被唐僧管教后，火爆的脾气收敛了一些，也是应了这句话。

每个人都是如此，当我们选择走一条路的时候，要有相应的规矩约束。如果是不得不走，更要先收起自己的锋芒。也就是第二句"揣而锐（梲）之，不可长保"，显露锋芒，锐势难以保持长久。

从身体角度看，如果人不休息，时时刻刻保持兴奋，状态，时间久了，精神会萎靡不振。最早我们讲过，有上，就有下；有下，才有上。要合乎自然的道理。做人也是这个道理，该显露的时候，必须显露；该停止的时候，必须停止。

继续看下一句："金玉满堂，莫之能守。富贵而骄，自遗其咎。"金玉满堂，无法守藏；富贵到骄横的程度，那就是给自己留下祸根。这个例子咱们不多解释，我们从电视上、平时的生活中经常看到。这是人生的态度，大家从中可以悟出自然的道理。在取经的路上，孙悟空即使有种种神通，有大能力，也要去遵守这个自然的道理，因为他还没有完全修成正果。

白龙马不知道他吃掉的是唐僧的马，他不知道这几个人就是观音菩萨让他等候的取经人。可是唐僧受不了了。大家想一下，取经路上路途遥远，十万八千里，他肉体凡胎得走多长时间啊！唐僧当时非常非常伤心，他说："这千山万水，我如何走得。"说着泪如雨落。我们工作、学习当中，刚有了积极性的时候，忽然之间，有个大的障碍来了。有大喜悦的时候，大悲的状态离我们就不远了。所以我们要知道这样的规律，要适应一上一下的状态，就像心电图一样。

“功遂身退，天之道”这一句，对应小白龙化作马的状态。我们看小白龙，今天吃饱了，任务完成了，他就要退了。要以另外一种形态重新生长，就好像一粒种子落在土地里，它只是一粒种子。可是当我们找不到这粒种子的时候，它已经化作花草树木，化作果实，变成千千万万的种子，以另外的形态展现出来。白龙马也是如此，他以龙的形态消失，以马的形态重生，来做唐僧的脚力，共赴西天取经。

小白龙化作马；唐僧去取经的精神是非常伟大的，他有决心一定要做好。有志者事竟成，体现了一种龙马精神。他开始是龙，后来变成马，以龙的精神脚踏实地前行，是龙马精神的体现。

小白龙化作马出现，是我们心的另外一种体现，就是说我们可以脚踏实地、很踏实地去做。每个人的优缺点是并存的，要把所有的优缺点整合起来，更好做事、更好前行。

当时小白龙为什么会心甘情愿化作马？除了观音菩萨，还有一个原因，因为他发现，他打不过孙悟空。如同上下级，一层对一层，一层比一层高。也就是说，相关的规矩和制度，也可以让我们更好地前行。

这时候我们去分析一下唐僧的心理变化。从他开始取经的那一刻起，就一直处在磨难的状态，虽说最后都有菩萨相救，也有相应的贵人出现，但这种经历，已经让他很匮乏了。极度匮乏的时候，人最想要的是什么？是休息和安稳，换句话说，需要一个新的动力。那么，接下来出现的，是动力还是磨难？下一难，会给我们一个更好的诠释。

《道德经》第九章原文：

持而盈之，不如其已；揣而锐（棁）之，不可长保；金玉满堂，莫之能守；富贵而骄，自遗其咎。功遂身退，天之道。

《道德经》第九章释义：

把持住把它装满，不如适可而止；锻造它使它锐利，不能保持长久；金玉满堂，不能永远守住；生活富足地位高贵的人若骄横跋扈，会给自己留下祸根。功成名遂之后当身退，这是自然之道。

第十篇　夜被火烧

唐僧经过前面种种灾难，步步为营。这时候很有意思，就是当自己下定决心步步为营的时候，肯定会有一个考验，这个考验就是让自己放松。刚巧他们来到了一间寺庙。试想，唐僧从小以寺庙为家，当他看到寺庙之后，就会本能地放松。我们也是一样，如果我们突然看到了亲人或来到熟悉的场所，我们也会放松。

可是这里有一个问题，他忽视了孙悟空的存在。我们知道孙悟空以前和菩提老祖学道法时，不是在寺庙里。就是说，孙悟空从没有在寺庙里呆过，他见到寺庙是没有归属感的。换句话说，我们做任何事情，既要考虑自己，也要考虑身边的其他人。

现在我们来看《道德经》第十章："载营魄抱一，能无离乎？专气致柔，能婴儿乎？涤除玄览，能无疵乎？爱国治民，能无知乎？天门开阖，能为雌乎？明白四达，能无为乎。"

观音寺的方丈，虽然是生活在寺院里的出家人，但他有贪财爱宝之心。唐僧来了以后，他的种种招待，都是在显示自己的富贵之处。唐僧自小生长在佛门，没有贪欲，无欲无求。可是孙悟空受不了这个气，这也是我们每个人内心的映射。我们和朋友在一起聊天的时候，常会有攀比之心，从这部分能明显看出来。

我们看《道德经》第十章的第一句："载营魄抱一，能无离乎？"精神和身体合一，能够永不分离吗？也就是说精神和形体合一，需要一个过程。就像有些肥胖的人，想着要通过运动减肥，精神是运动了，但是身体没有运动，那么当下精神和身体是分离的状态。

同样，有的人目标定得非常大、非常远。总定目标属于常立志的状态，如果总达不成，就会对他的精神造成很大压力。

同样，唐三藏可以做到没有攀比之心，但是当下的孙悟空做不到，所以说他们是分离的状态。

看过《西游记》的朋友都知道，后来孙悟空把观音菩萨赐给唐僧的锦襕袈裟拿出来炫耀，让观音寺的僧人们羡慕不已，挑起了老方丈的贪婪之心，直接引发纵火烧禅房、欲害唐僧谋袈裟一难。我们可以想象一下，如果师徒两人都能做到无欲的状态，这件事就可以避免了。

那么无欲状态是什么状态呢？就是第二句讲的，“专气致柔，能婴儿乎？”聚结精气以至柔和温顺，能达到婴儿那样无欲状态吗？所以修行，就是修一颗无欲的心，修一颗像婴儿般纯净的心。

之所以发生这件事情，就是因为孙悟空拿出袈裟炫耀，引起了对方的贪欲。他为什么这么做？是因为他有一颗争强好胜的心。这种争强好胜给他带来的是被压五行山下。以前吃过亏，再遇到同样的事情，还那样做，必然会继续吃亏。

所以第三句：“涤除玄览，能无疵乎？”清除杂念，深入观察内心，能没有瑕疵吗？他当时是出气了，最后的结果是同以前一样的，给他带来了更大的麻烦。和之前讲的心电图的理论是一样的，高上去了，就会下来。这一难中，唐僧没有高上去，但孙悟空高上去了。也就是说，我们自己没有去做，我们的徒弟、学生或我们的伙伴去做，一样会有相同的结果出现。

“爱国治民，能无知乎？天门开阖，能无雌乎？明白四达，能无为乎？”《道德经》这几句，都反映了一个问题，就是我们的心，应对不同的事件该如何去想。也许我们还会有相应的攀比之心、争强好胜之心，什么时候可以有，可以和什么人诉说，需要我们去学习。

当然了，能放下攀比之心、争强好胜之心，是一种智慧。如果放不下，能做到善用攀比之心或争强好胜之心，也是一种智慧。我们能接受高的，也能接受低的；我们能接受低的，自然也能接受高的，这也是一种智慧。我们善于和自己的心交流，心，就像我们的好朋友一样，是无比亲近之人，如果善于和它交流，那么很多事情就迎刃而解了，很多难题就不会出现了。

这一章前面几句，我们可以理解为，唐僧和孙悟空在当下是分离的，精神和形体分离，所以出现“夜被火烧”这一难。

我们看后几句。“生之、畜之，生而不有，为而不恃，长而不宰，是谓玄德。”让万事万物生长繁衍而不占为己有，这是最深的德行。想一下我们平时的生活，是否能做到“事情是我做的，但我不居功”。生活中我们常用到“德”字，比如说唐僧，就叫圣僧、大德、高僧。“德”被公认是一个好的词汇。做任何事情的时候，不居功，就有了德。

“德”前面加“玄”字，为玄德。“德”组词，常见功德、福德，这里讲“玄德”。很多人在生活中，会出现大大小小不可思议的事情，比如说，心想事成，刚想这事，这事就来了，俗话讲“说曹操曹操就到”。这种情况有的人一年出现一两次，有的人一个月出现一两次，有的人每天出现一两次，这就是玄德。做什么事都不居功的时候，这种玄德就会积累得非常深，那么心想事成的速度也就会很快。

这一段告诉我们，我们不居功，我们没有攀比之心，没有自傲、自负、自大，相应的磨难也就不复存在了。我们后面的工作、学习、生活、事业，会更加顺利。

经过了这一难，孙悟空以后一定不会再把袈裟拿出来炫耀了，吃一堑、长一智，就是这个道理。很多事需要身体力行去实践总结，吾日三省吾身。我们说了，每一难都在帮助唐僧成长。生活中遇到的困难，也在帮助我们每个人成长。

正所谓“福无双至，祸不单行”，这种攀比之心引发“夜被火烧”，之后又引发了下一难。那么这一难和下一难有什么必然联系呢？让我们继续看下一篇。

《道德经》第十章原文：

载营魄抱一，能无离乎？专气致柔，能婴儿乎？涤除玄览，能无疵乎？爱民治国，能无知乎？天门开阖，能无雌乎？明白四达，能无为乎？生之、畜之，生而不有，为而不恃，长而不宰，是谓玄德。

《道德经》第十章释义：

魂魄抱一保持虚静，神形就能不分离吗？气息柔和至极，就能达到婴儿那样的本真状态吗？清除杂念，深入观察心灵，能没有瑕疵吗？爱民治国，能顺应自然之道吗？心念变化，能清静吗？通晓一切事理，能没有智巧吗？生养万物，成长、繁衍、成就万物，但不占有、不居功、不主宰，这就是玄妙深邃的德。

第十一篇　失却袈裟

我们接着上一篇，夜被火烧。当晚孙悟空发现观音寺的和尚们，在老方丈的指使下，纵火烧禅房，想要害死他们师徒二人，孙悟空并没有做出打杀的状态，而是飞上天宫，向广目天王借来了“辟火罩”，把唐僧保护起来，然后施法做了大风，火借风势、风借火势，烧得漫天通红、凄惨无比。

这个事件，其实就是观音寺的和尚自己作孽，孙悟空这么做，也是气不过。孙悟空能力很大，但是他心不空。菩提祖师给他起名“悟空”，是有道理的，希望他能达到心“空”的状态。可是悟空由于心不空，擅自做主做了这件事，之后引来了下一难，失却袈裟。

我们就借这一难，来分析空与不空到底是什么状态，有什么作用。

《道德经》第十一章：“三十辐共一毂，当其无，有车之用。埏埴以为器，当其无，有器之用。凿户牖以为室，当其无，有室之用。故有之以为利，无之以为用。”

先看简单的字面解释，三十根辐条汇集在一个车毂上，中间是空的，车轮转起来，车才能启动。搅拌陶土烧制成器皿，中间是空的，器皿才能发挥盛东西的作用。开凿门窗建造房屋，门窗中间是空的，人得以进出并能通风采光，房屋才有了作用。所以，“有”能给人便利，但却依赖“无”发挥作用。

“无之以为用”，通过前面的解释，我们知道，把大石头掏空了，就是房子。我们现在换一个想法，不说中间的“空”，说上方和前后左右的“空”。空的状态，都可以在上面做一些“用”的事情，比如说可以摆放或悬挂某些东西，起到相应作用。

“无之以为用”，我们还是以大石头为例，引申来看。大石头掏空，可以当房子用。用，里面有“空”的状态。就好像长辈和晚辈说话，有用意，用意是内在。把大石头掏空了，里面是房子，外面的人看不见里面的情况。所以说，长辈们有“用意”的时候，我们是看不见的。但我们可以通过这个用意，积聚更多能量。

有个词是“利用”，利用这个词我们一般都是连起来去说的。《道德经》

在第十章结尾给了我们很好的诠释。“有之以为利，无之以为用”。孙悟空去做这件事的时候，把心中的气发了出来。“吃一堑长一智”，孙悟空是心猿，每经历一难，肯定也有相应的进步，这一难，他的收获就是心空了。我们会发现在后面的磨难中，孙悟空做什么事，也加了一些“用”意，但之前他只是一个非常毛躁的猴子。

我们想一下锦襕袈裟，无论是方丈还是黑熊精，他们看到袈裟之后会起什么心？方丈和黑熊精本是朋友，黑熊精看见大火过来救方丈，可是看到袈裟后，见利忘义。见到什么利？他见到了“有”，看见这个利，有之以为利。那么忘义呢？我们都知道不能与妖怪为伍，讲的就是这个道理。什么是妖怪呢？按老话理解，事出反常必有“妖”。

孙悟空犯了什么错误？就是老话常讲的，“财不可露白”。从这一难来看，财露白，不仅有人惦记，还会有妖惦记。财会动人心，把财拿出来炫耀，后面面临的就是丢失。即便不丢失，也存在一定的危险性。

从这两句话来解释：“有之以为利”，对于方丈和黑熊精来说，孙悟空有袈裟，就是利的状态：“无之以为用”，方丈和黑熊精的心里看到袈裟，没有这个袈裟，当是空的状态，他希望能有。这正好是一个人“心”的演化。

当然，最后在观音菩萨的帮助下，降服了黑熊精，收回了袈裟。观音把黑熊精收做守山大神。师徒二人后面还会遇到什么呢？

《道德经》第十一章原文：

三十辐共一毂，当其无，有车之用。埏埴以为器，当其无，有器之用。凿户牖以为室，当其无，有室之用。故有之以为利，无之以为用。

《道德经》第十一章释义：

三十根辐条汇集在一个车毂上，中间是空的，车轮转起来，才能起到车的作用。搅拌陶土烧制成器皿，中间是空的，才能发挥器皿盛东西的作用。开凿门窗，建造房屋，门窗中间是空的，人得以进出和通风采光，才有了房屋的作用。所以，“有”能给人便利，是依赖“无”发挥作用。

第十二篇　收降八戒

唐僧和孙悟空师徒二人一路走来，不知不觉到了高老庄。高老庄是一户人家，不是什么妖怪。他们家也有他们家的愁事，高老庄庄主，就讲了自己家的烦心事。看过《西游记》的朋友都知道，高小姐被猪八戒所变化的一个大汉所救，把她送回家以后，高老庄庄主和高小姐的母亲看这位大汉很不错，把他留了下来。猪八戒所幻化的大汉，非常能干活，只不过吃得多一些。很多人在看到这段的时候都笑了。猪八戒的确很能干活，高小姐的父亲和母亲有意将猪八戒收为上门女婿。

婚宴摆酒当天，很多人前来祝贺。猪八戒当时化作大汉的模样，非常精神，喝完酒原形露了。大家一看是妖怪，非常害怕，很多人都跑了，猪八戒也很懊恼。可是他很喜欢高小姐，不管怎么说，他最终还是离开了高老庄。原因大家都知道，因为他是观音菩萨所点化的，唐僧的另外一位高徒。

对应《道德经》第十二章："五色令人目盲，五音令人耳聋，五味令人口爽，驰骋畋猎令人心发狂，难得之货令人行妨。是以圣人为腹不为目，故去彼取此。"

"五色令人目盲"，就好像我们日常生活中形形色色的东西，比如好看的衣服、好看的电视剧让我们眼花缭乱，以至于占用我们很多时间。你刚想从网络上查找某项内容，点开网页，看到了形形色色的推送广告、新闻，所以浏览了一下，原本查的这项内容只需要用几分钟，却用了半小时。这其实就说明了"五色令人目盲"。

猪八戒也是如此，他原是天庭的天蓬元帅，犯了错误被贬下界错投了猪胎，观音让他在此等候取经人。他在这里等啊等，一直等着唐僧的出现，可是这么多年唐僧一直没有出现。他看到这些形形色色的事物，想要融进去，这期间他暂时忘了自己的使命，处于"目盲"的状态。

"五音令人耳聋"，五音和五色一样，都对应五行。五音入心、入耳、入内脏。我们平时也是如此，早晨起来高高兴兴的，出门以后，看到形形色色的人，听到他们聊形形色色的事，如果是喜欢听的，可能会很高兴；如果是不喜欢听的，会心情低落。听到的，都入了心，影响了我们的情绪，这就是

“五音令人耳聋”。

眼睛看到的、耳朵听到的，都会影响心情。我们喜欢看电视剧，既听又看，双倍地进入身体、进入心里，我们更加融入其中，融入感情。所以，猪八戒救了高小姐回到高老庄期间，他用言语和行动取得了高小姐父母的认同。

“五味令人口爽”，这个理解起来很简单。饭桌上有我们喜欢吃的东西，我们就会非常关注，想多吃一口。特别关注的时候，没有心思再去关注其他事，只关注吃。小孩子这样的状态更加突出，小孩子专注于美味的样子我们都很熟悉。我们来看猪八戒，他在高老庄是很能干活，但也非常能吃。

“驰骋畋猎令人心发狂”，打猎或者各种激烈的竞技，是会让我们心潮澎湃的。可是我们想一下，任何一件事情，只要兴奋过度，就会劳累。俗话说，人活一口气，也就是人需要吸收气，来维持机体的正常运行。非常用力地用气，过后肯定需要补充。无论是运动还是劳动，只要超负荷，都需要补充大量气。如果做非常高兴的事情，后面会带来愉悦；如果做不高兴的事情，后面会非常郁闷。这两者都是“驰骋畋猎”的状态，只不过是两种完全不同的感觉，一种“驰骋畋猎”是爆发出来自己的勇气，另外一种是被逼迫不得不去打猎，被动彰显自己的勇猛，心境是不一样的。

那么同样的，猪八戒在高老庄非常努力地去干活，赢得了高老庄上上下下所有人的认同，也说明猪八戒的确是有些能力的，他还是想留下的。当然，此刻的猪八戒有没有忘记观音菩萨的点化，唐僧经过此地，他会成为唐僧的徒弟，这个暂且放在一边，我们再看下一句。

“难得之货，令人行妨”。比如说，看到自己喜欢的、贵重的首饰等物件，我们会被吸引，不愿意走开。同样，猪八戒在高老庄，也找到了他自己心仪的东西，不管是高小姐还是高老庄的生活方式。我们很多人和猪八戒一样，会被外界事物左右自己的心情。

我们试想，猪八戒在高老庄做这些事情对还是不对。从观音菩萨的角度来讲，本来是让他等唐僧，然后保护唐僧去取经。这期间他做了这么多事情，我们暂且可以认为他不对。

换个角度，猪八戒看到形形色色，听到形形色色，又能吃到好吃的东西，就像“五色令人目盲，五音令人耳聋，五味令人口爽”。猪八戒心里想，我是不是可以先生活一下？反正取经人还没来。从他的角度，也没有错。

无论从哪个角度思考，只要有突破点，就都是对的，而这完全取决于自己的内心。所以说学好规矩很重要。国学屹立几千年不倒，传统文化讲了很多我们非常认可的思想及行为模式，我们可以把它列为规矩。

当一家人都按照一个规矩行事的时候，就形成了家风。当出现家风的时候，这家人就做到了齐心协力。孙悟空降伏了猪刚鬣，唐僧给他起名悟能、八戒，这个名字就是让他有相应的戒律，和家风是一样的。我们在自己家里，也有相应的规矩，这些规矩大多数来自国学经典。这些规矩，只要运用好了，都可以使家族兴旺，家族成员上下一心，家庭自然更加和谐。现在的家庭，孩子在学习，大人在工作，一家几口，很少有完全一条心的情形。定一个规矩，就像唐僧给二徒弟起名悟能、八戒一样，要有很多戒律，有些事情必须努力去做，有些事情绝对不可以做。而这些会让我们的生活变得越来越好。

这一篇当中，唐僧收了猪八戒，猪八戒是大能之人，取经团队的力量越来越强大。

《道德经》第十二章原文：

五色令人目盲，五音令人耳聋，五味令人口爽，驰骋畋猎令人心发狂，难得之货令人行妨。是以圣人为腹不为目，故去彼取此。

《道德经》第十二章释义：

五色（绿红黄白黑）令人眼花缭乱，五音（宫商角徵羽）令人失聪；五味（酸甜苦辣咸）令人味觉失灵。驰骋在广阔的田野狩猎，使人心绪发狂；珍稀的物品，使人行为不轨。因此，圣人但求吃饱而不追逐声色，知取舍。

第十三篇　黄风怪阻

话说唐三藏与孙悟空来到高老庄，收服猪刚鬣后，唐三藏给猪刚鬣起名叫八戒。自此以后，唐三藏、孙悟空、猪八戒、白龙马一行继续西行。唐三藏又收了一位高徒之后，孙悟空也有一个伴儿了，那么他们现在的心情是什么样的，大家可以自己去想一想。

看过《西游记》的朋友都知道，他们继续西行，遇上的是黄风怪这一难。黄风怪武功平平，但他有一招非常厉害，就是三昧真风，把孙悟空的眼睛吹得暂时看不见了，后来中途遇上伽蓝，搭救了孙悟空。

《西游记》第十三难，黄风怪阻，对应《道德经》第十三章："宠辱若惊，贵大患若身。何谓宠辱若惊？宠为下，得之若惊，失之若惊，是谓宠辱若惊。何谓贵大患若身？吾所以有大患者，为吾有身，及吾无身，吾有何患。故贵以身为天下，若可寄天下。爱以身为天下，若可托天下。"

黄风怪出来以前，是虎精先出来的，猪八戒先上前打斗，紧跟着孙悟空也上去了。孙悟空一上去，唐僧就没有人保护了，所以很轻易地就被妖怪弄走了。为什么孙悟空和猪八戒，两个人不能留一个呢？其实这正好对应的是宠辱若惊的状态。

两个人都是刚来不久，孙悟空多了一个同伴，他想让猪八戒觉得他更厉害。猪八戒也想在唐僧面前表现，所以他们俩一起去打妖怪，为了争功、争宠。"宠辱若惊，贵大患若身"，因为有争宠的状态，既给唐僧惹来了麻烦，也给悟空、八戒带来了麻烦，毕竟两个人还得去救唐僧。这就是"贵大患若身"。

也许有人会想，孙悟空和猪八戒是为了力量大而联手。但我们知道，唐僧是很胆小的，前面刚讲过陡涧换马那一难，小白龙吃了唐僧的马跑掉了，悟空要去追小白龙。唐僧泪如雨落，不让悟空离开他。悟空说，你又要找马，又不放我走，那怎么办？所以说，悟空也知道唐僧的性格特点。

"何谓宠辱若惊？宠为下，得之若惊，失之若惊，是谓宠辱若惊。"接着刚才讲的，两个人一起去打妖怪了，我们想一下，如果其中一个人不去打，另一个人可能会问，或者心里会想，为什么他不去？就好像我们平时做业务，一个人往外跑，另一个人在后面维护，最后两个人业绩平分，有些人心里会不平衡，必须是两个人一起去才行。也就是说，“得之若惊，失之若惊，是谓宠辱若惊”。很多人都喜欢努力朝前走的人，但其实“动”之所以为动，是因为有“静”在那里。

动静结合的时候，刚开始是很困难的。《西游记》中我们经常可以看到，无论唐三藏收了多少个徒弟，都是他们去打，只有唐三藏一个人是静止状态，其他人都属于是“动”的状态。我们会发现，无论怎么动，都必须围绕这个“静”。确定中心的这个点，是很关键的。

我们做事的时候，要看我们的中心点是什么。刚开始的时候，我们做事都有一个初心，有个发心，那是我们总的中心点。围绕这个点去做，中间也许会有偏离。但无论怎么偏离，都要经常去思考最初的发心，不忘初心。它有什么作用呢？前行的路上遇到困难或阻碍，不忘初心，它可以给我们动力，从心里生出的动力，也能给我们重新往前冲的力量。

所以说，不怕“宠辱若惊”，每个人不可能一动不动，不可能没有各种欲望。但是我们要知道，即使宠辱惊了，我们都有一个中心点，不偏离中心点，就能对得起自己这颗心。

“何谓贵大患若身？吾所以有大患者，为吾有身，及吾无身，吾有何患。”重视大患像重视自身生命一样是什么意思？我之所以有大患，是因为我有身体；如果我没有身体，我还会有什么祸患呢？

讲到这里，其实就是告诉我们，我们在碰到相应问题时，想着去解决，而不是逃避。去面对、去解决的时候，这件事情就会往前走。同样，如果只想着解决问题，而不是想着逃避问题的话，就相当于没有“身”的状态，也就是没有“患”的状态。

我们看，无论唐三藏遇到什么困难，孙悟空都是一直往前冲的，他从来没有把自己的安危当回事儿。反过来看，他为什么可以这么做？因为他有相应的能力。很多人为什么会积极努力地去解决问题，因为他相信自己有能力。即使当下不能百分之百地解决，但他相信通过相应的“道”，最终是可以解决的。换句话说，我们每个人应该修炼一种什么能力呢？可以解决人生问题的能力，修出自己的“道”。

我们继续看，孙悟空被三昧真风吹红眼之后，暂时失明了，发生了什么事情？他路遇伽蓝变的一户人家，给了他三花九子膏，医好了他的眼病。为什么伽蓝会去救他们？因为他们是去取经的，一路上有护法暗中保护。他们为什么去取经呢？因为他们是为了众生。“故贵以身为天下，若可寄天下。

爱以身为天下，若可托天下。”当我们有一颗为了大众的心的时候，很多人都会过来帮我们。

我们都知道以孙悟空当时的能力，打不过黄风怪的三昧真风。那么这时候，孙悟空该如何去做呢？

《道德经》第十三章原文：

宠辱若惊，贵大患若身。何谓宠辱若惊？宠为下，得之若惊，失之若惊，是谓宠辱若惊。何谓贵大患若身？吾所以有大患者，为吾有身，及吾无身，吾有何患！故贵以身为天下，若可寄天下；爱以身为天下，若可托天下。

《道德经》第十三章释义：

宠辱都会感到惊恐不安，重视大的祸患就像重视身体一样。什么叫宠辱若惊？辱由宠生故宠为下，得到宠爱便惊喜，失去宠爱便惊慌，所以宠辱都会扰动身心，令人不安。什么叫重视大患像重视自己的身体一样？我之所以有大患，是因为我有身体；如果我可以舍弃身体，还有什么祸患？像珍视自己身体一样珍视天下的人，可以把天下交付他；像爱惜自己身体一样爱惜天下的人，可以把天下托付他。

第十四篇　请求灵吉

很多朋友看到这一难时会有疑问：“请求灵吉”算什么难呢？我们先来回顾一下，孙悟空他们把黄风怪手下的虎先锋打死以后，不敌黄风怪，唐僧也被抓走。孙悟空化作小虫，告诉唐僧放心，偶然之间听到妖怪最怕灵吉菩萨，自然就会想找灵吉菩萨来帮忙。为什么把找灵吉菩萨帮忙设为一难？

遇上困难，往往会有相应的办法应对。我们去找解决办法的过程和磨难是一样的。找什么人？去哪里找？找到了，对方愿不愿意帮忙？想想我们的工作和生活，找人帮忙跟磨难差不多。

我们也可以这么想。既然把找菩萨定为一难，那么它和降妖也没有什么区别。同样，我们可以把每件事情都当成好事，即使遇上困难也当成好事。

我们看“难”字怎么写，左边一个“又”，右边像一个“佳”，有难的时候，或者做什么难事的时候，可以理解为“又见佳境”。如果做任何事都往好处想，做事的时候心态就会积极，心情也会愉悦，会给身边的亲人、朋友带来愉悦的感觉。

这一难对应《道德经》第十四章：“视之不见名曰夷，听之不闻名曰希，抟之不得名曰微。此三者不可致诘，故混而为一。其上不皦，其下不昧，绳绳不可名，复归于无物。是谓无状之状，无物之象，是谓惚恍。迎之不见其首，随之不见其后。执古之道以御今之有，能知古始，是谓道纪。”

看它看不见，把它叫做“夷”；听它听不到，把它叫做“希”；摸它摸不到，把它叫做“微”。“夷”是无色的状态，“希”是无声的状态，“微”是无形的状态。这三种状态，就好比我们处理问题时，看不见颜色、听不到声音、摸不着形状。我们处理相应事情的时候，都是未知状态。

我们试想一下，既然“已知”是一条道，“未知”何尝不是一条道呢？所以说，都是道。如果“已知”这条道已经有困难，那么“未知”这条道，它就不是困难的。

我们做事时，往往把双重困难加在自己身上。现在我们试想，任何一件事情，把已知和未知当成地球的两极，它们像磁铁的两极那样是相互吸引的。要不然它们也不会在一起，也成就不了现在的你。

未知是看不到、听不到、摸不着的。我们可以想象一下，自己以前是不是很艰难地走，如果是的话，后面就会很轻松。如果说已知的是困难，那么未知的就是轻松。

轻松的是什么？假设你的过去是已知状态，那么而未知状态，是外部轻松，而内心不轻松。

所以说，内心还要仔细认真地去处理。试想孙悟空，去请求灵吉菩萨的时候，他是去求人。求人就得低声下气，和我们现在的人和事是一样的。

灵吉菩萨为什么要帮他？根本原因，还是我们之前一直强调的初心和发心。孙悟空的发心就是去取经。这个发心灵吉菩萨是认可的，自然会出手相助。另外，灵吉菩萨知道黄风怪和如来的关系，所以他出手帮忙，给了孙悟空一颗定风丹。

定风丹，也叫定心丹。我们做事的时候，开始做已经很艰难了，由于发心是火热的，所以我们一直往前走。可是不一定什么时候会有一些风吹草动，有股邪风进来。就会让我们停滞不前。悟空是遇邪风受阻。

如果你的发心是利益众生，对大众是有帮助的，当邪风进来的时候，就需要定风丹。需要定风丹，就要去找灵吉菩萨。我们遇上困难怎么办？我们可以去找老师，老师就是这里的菩萨。注意是相应老师，可以定住你的心的老师。

“此三者不可致诘，故混而为一。其上不皦，其下不昧，绳绳不可名，复归于无物。是谓无状之状，无物之象，是谓惚恍。”

这三者的形状无从追究，它们原本就浑然为一。换句话说，当我们出现问题的时候，可以试想：既然是混而为一的状态，答案就已经出来了。这时候你的心是不稳的，如果我们按照两极去走，你的答案就是稳定状态。

我们看后面一句的解释：它居于上不显得光耀，处于下不显得暗昧，运行不息难以名状，最终回归于无形体的状态。这就是“道”，以无形为形，以无象为象，没有固定的形象。

孙悟空去找灵吉菩萨，这时候答案已经形成了。他去找灵吉菩萨，是找灵吉菩萨帮他收妖怪，还是帮他找援兵？或是给他一些法门？具体的方式不是固定的。我们做事也是一样，这个人帮我，他可能全力去帮，也可能提示一二。具体的形式，要根据我们自身具备什么样的能力，并且与我们自身能力相结合来确定。

实力相差太悬殊，就需要别人全力去帮。若自己还有能力，也许别人给提示一二就可以了。我们看这一难，灵吉菩萨知道孙悟空心中是想出这口气的，毕竟黄风怪吹坏了他的眼睛。于是灵吉菩萨给了孙悟空一颗定风丹。

我们可以回忆《西游记》电视剧里那个镜头：黄风怪在吹风，孙悟空站在那儿哈哈大笑。我有定风丹了，你吹不动我！其实，自己种下的因，还得自己去尝这个果，后面还是菩萨出手把黄风怪收了，并且跟孙悟空讲明原因没让他伤黄风怪。

我们可以试想，当我们已经为人师的时候，我们再去帮人，要根据这人的能力，加以点拨就可以。老师会体现自己的价值，同时也更尊敬学生。

作为学生，当我们跟老师学习的时候，老师一定要把自身的能力提上去。不能对自身不信任，因为这些能力是靠自己吃苦得来的，首先要认可自己。如果自己不认可自己，那么老师也将是不认可你的。

“迎之不见其首，随之不见其后。执古之道，以御今之有。能知古始，是谓道纪。”迎着它，看不见它的前头；跟着它，看不见它的后头。把握着早已存在的“道”，来驾驭现实存在的具体事物。能认识、了解宇宙的初始，同时也能认识道的规律。我们想着解决问题之前，一定要先想到，我想以什么样的方式去解决。如果自己都不知道想以什么样的方式去解决，那么这个问题就不容易解决了。

这一难也告诉我们，要分析性格，要知道自己的性格特点。如果你也像孙悟空一样，只需要某个环节被别人帮一下就可以。老话讲，每个人都有自己的道。如果我们清楚自身的性格，那么在以后的工作和生活当中就能更好地往前走。

《道德经》第十四章原文：

视之不见名曰夷，听之不闻名曰希，抟之不得名曰微。此三者不可致诘，故混而为一。其上不皦，其下不昧，绳绳不可名，复归于无物，是谓无状之状、无象之象。是谓惚恍。迎之不见其首，随之不见其后。执古之道，以御今之有，能知古始，是谓道纪。

《道德经》第十四章释义：

看它却看不见，叫做“夷”（无状无相）；听它却听不到，叫做“希”（无声无响）；摸它却摸不着，叫做“微”（微小）。这三者无法探究，只能混而为一。

它居于上不显得光耀，处于下不显得暗昧，运行不息难以名状，最终回归于无形体的状态。这就是“道”，以无形为形，以无象为象，没有固定的形象。

迎着“道”不见其首，跟随“道”不见其尾。依据自古就存在的道驾驭今天的事物。这种“执古御今”所体现的道的永恒的状态，就是“道”的运行规律。

第十五篇　流沙难渡

看过《西游记》的朋友都知道，唐僧一路西行，孙悟空、白龙马、猪八戒相继加入取经队伍以后，就差沙和尚。沙和尚一到位，团队组建工作就完成了。沙和尚在哪里？顾名思义就在流沙河。可是到流沙河以后，出现了一个问题：流沙河难渡。

我们看一下《西游记》第十五难流沙难渡，与《道德经》第十五章有什么联系。

《道德经》第十五章："古之善为士者，微妙玄通，深不可识。"古时候善于行道的人，微妙通达，深刻玄远，不是一般人可以理解的。此时的唐僧经历了这么多磨难，换作一般人也许早就退缩了。可是唐僧还一直保持着本心，还持续往下走，这不是一般人能做到的，跟《道德经》这一句是相应的。

换个角度想，既然这么难，如果我们真的坚持做一件事，等到年纪大了，也是一段非常美好的回忆，而不是留下更多的遗憾。可以这样去理解：如果你的坚持不是一般人可以理解的，那么你就超越了一般人。

我们继续这一难的故事。师徒一行到了流沙河，里面出来一个所谓的妖怪，我们都知道，他就是未来要成为唐僧又一位高徒的沙悟净。我们回想下《西游记》中的情节，猪八戒下去和沙和尚打，把沙和尚引了上来，这时候孙悟空当头一棒，又把沙和尚打到水底不敢出来。对应《道德经》第十五章紧接着的几句，我们分析一下打斗过程当中，他们三个人各自的心态。

"夫唯不可识，故强为之容。豫焉若冬涉川，犹兮若畏四邻"，字面解释：正因为不认识他，所以勉强地来形容他，他小心谨慎的样子，好像冬天过河，如履薄冰；他犹疑而警惕的样子，好像随时在防备周围的攻击。

我们看，双方打斗，在不知道对方实力的情况下都小心谨慎、警觉戒备。这时候警戒心最强的是谁呢？猪八戒仰仗着孙悟空，是两个人的实力，而沙和尚只有一个，因此警戒心最强的是沙和尚。

还有一个原因，猪八戒是天蓬元帅，统管八万天河水兵，我们可以认为在水里，他基本是无敌的。沙和尚在水中也是霸主。所以说，两个人在刚开始肯定都会有轻敌的心态，对应后面几句“俨兮其若容，涣兮若冰之将释”，他庄重严肃，好像在做客；他融和舒脱，好像冰雪将要消融。

也就是说，他们虽有戒备心，可是基于各自的实力，又有轻敌放松的状态。就好像某个人，在某一行业已经具备一定实力的时候就会放松，但仍然会警惕。去赴宴，毕竟是客，会很郑重，“俨兮其若容”；具备实力，所以行动又舒缓洒脱，“涣兮若冰之将释”。

继续看，猪八戒再下去引沙和尚上来，沙和尚避而不出，孙悟空没有办法，猪八戒也没办法，胶着在这里了。这时候怎么办？贵人出现了。

现在我们来分析一下，开头这几难，是不是有一个规律：当唐僧还没有徒弟的时候，有贵人帮他；有徒弟之后，遇到困难，徒弟打不过的时候，神仙和菩萨就来帮忙。其实这里告诉了我们一个规则，即指引我们做事的规则。当你有了帮手，出现过不去的坎时，你的帮手先来帮你。当你的这些帮手也帮不了你的时候；就会有其他贵人来帮你。

为什么会有这样的规律？《道德经》最后这几句给了我们答案。

“孰能浊以静之徐清？孰能安以动之徐生？保此道者不欲，夫唯不盈，故能蔽不新成。”字面解释为谁能像混浊的水静置久了会澄清一样，在混乱中静下来，做到内心澄明；谁能在安止中自然运行，化生万物，保有这个道的人，不求盈满。正因为中间是虚空从来不盈满，故能固守古道，化生万物。

我们来看这个取经队伍，没有沙和尚进来，他们几个出现了自满状态，当他们发现拿沙和尚没办法（过不了流沙河）时，从唐僧到孙悟空、猪八戒，在无奈沮丧的同时，都会有一种心态的变化，那就是“天外有天，人外有人”。这种变化，是“不盈”的状态，也就是虚心的状态，当自满状态消失了，观音就来帮他们了。

进一步分析，当我们进入虚心状态的时候，就把自己的过去放下了。自满状态，装满着过去，很难前进。杯里的水满了，再想加新的水，就装不下了。而不自满的状态，我们可以理解为水不会变少，但容器变大了，可以装的东西更多了。

师徒五人，最后都融合在一起。沙和尚成了唐僧的徒弟，唐僧成为沙和尚的师父，慢慢地，他们融合在了一起。

我们想想平时自己工作的状态，当很多事情胶着在一起的时候，必然就会有帮我们的人出现，当这个贵人还没有出现之前，我们可以想想，是不是自己是自满、自负的状态。当我们弱下来，我们的心声真的是需要人帮助的时候贵人就会自动出来。我们去做任何事，不要自满，要有人往高处走、活到老学到老的心态，这时候，贵人就会显现出来。

那么，在《西游记》第十五难当中，贵人是谁呢？看过《西游记》的朋友们都知道，是观音菩萨的徒弟慧岸行者。第十六难是什么？对应《道德经》第十六章是什么关系，我们共同关注下一篇。

《道德经》第十五章原文：

古之善为士者，微妙玄通，深不可识。夫唯不可识，故强为之容。豫焉若冬涉川，犹兮若畏四邻，俨兮其若容，涣兮若冰之将释，敦兮其若朴，旷兮其若谷，混兮其若浊。孰能浊以静之徐清？孰能安以动之徐生？保此道者不欲盈，夫唯不盈，故能蔽不新成。

《道德经》第十五章释义：

自古以来得道之人，其境界微妙玄通，深不可测。正因为深不可测，难以用语言描述，所以只能勉强形容其外在的状态。他小心谨慎，好像冬天过河、如履薄冰；他犹疑警惕，好像防备周围攻击；他庄重严肃，好像在做客；他融和舒脱，好像冰雪将要消融；他敦厚淳朴，好像璞玉未雕；他旷达空灵，好像幽深虚谷；他混同融合，好像江河浊水。谁能像混浊的水静置久了会澄清一样，在混乱中静下来，做到内心澄明？谁能在安止中自然运行，化生万物？保有这个道的人，不求盈满。正因为中虚不盈，故能固守古道，化生万物。

第十六篇　收得沙僧

《西游记》第十六难，收得沙僧。第十五难是流沙难渡，第十六难就把流沙河的妖怪收了。这个情形，跟现实中的商业活动很像。比如一个人能力很强，但他是独立的个体，没有组织或被组织驱逐了。因为一些事情遇到他，他会给我们设一些障碍。经历障碍之后，感化了他，不打不成交，最后他成为我们团队中的一员。

《道德经》第十六章："致虚极，守静笃，万物并作，吾以观复。夫物芸芸，各复归其根；归根曰静，是谓复命；复命曰常，知常曰明。不知常，妄作，凶；知常容，容乃公，公乃王，王天乃，天乃道，道乃久，没身不殆"。

先看第一句，"致虚极，守静笃，万物并作，吾以观复"。内在极致虚无，保持极致清静，则万物蓬勃生长周而复始，由此我观察到了"道"循环往复的规律。这一难正好就是收沙和尚，看过《西游记》的朋友都知道，收了沙和尚，取经队伍就齐了。这期间沙和尚的状态，很符合《道德经》这一段。

沙和尚在流沙河流域，无论怎么样，他都是尽力使心灵的虚寂达到顶点，因为他要在这里等，坚守不变。如果他心境变了，做不到致虚极，他就会乱跑，像八戒那样被五色五味扰乱。他不能乱跑，因为他被贬到下界，罚他在流沙河这里，只能在这里。这时候他只有使心静下来坚守，"致虚极，守静笃"。当唐僧一行人到来的时候，他们一起去走，"万物并作"，万物都一起蓬勃生长。他加入队伍，队伍整齐了后，后面就是一个周而复始的过程，"吾以观复"。

我们回忆一下，当年压住孙悟空的是五行山。现在西行队伍有唐僧、孙悟空、猪八戒、沙和尚、白龙马五个人。世间说的五行、五脏、五音、五色等，都是循环往复的关系。我们的手有五根手指，那么我们用手做事时，就是一个循环往复的过程。无论是握、提，粗犷动作、精细动作，都是循环往复的，这是关于五的一个道理。

"夫物芸芸，各复归其根"，万物纷纷芸芸，各自返回它的根本，这是共生的过程。比如房间特别乱，我们去收拾，其实就是一个归位的过程，什么东西该在哪里，就放回哪里。

该在哪里呢？“归根曰静”。我们还以收拾房间为例，这个房间如果是家，家是什么样的一个地方呢？就是你回来，有一个清静且舒适的感觉的地方。如果说回到家以后，都是负能量，各种吵闹声不断，我们就不想回家。各种家居物品的摆放，让我们感觉清静、温馨、舒适、便利，就是“归根曰静”。

“归根曰静”，归根是静，静是什么？“是谓复命”，静，就是复归于生命。“复命曰常”，复归生命就叫自然；“知常曰明”，认识自然规律，就叫做聪明。“不知常，妄作凶”，不认识自然规律、轻妄举止往往会出现祸乱和灾凶。

《道德经》这一段，告诉我们，在生活中无论我们做什么事情，都要归根于静，复归于生命的原始状态，原始状态就是自然。后面说了认识自然和不认识自然，分别会出现什么问题，其实就是讲，要顺其自然。

唐僧师徒这一路上，发生了种种灾难，起了一些嫌隙，产生了一些抱怨，即使这些抱怨，可能在我们听来微不足道，但是如果心中没有，是说出不来的。比如说有人懒了，说：“走着去多累啊，飞去多好。”有人飞不了，他只能走去。也许只是一个简单的抱怨，但负能量的“气”已经出来了。“说者无心，听者有意”，我们看前面肯定会有磨难阻止你。而阻止你的这个磨难，往往和你之前的抱怨能对应上。

真正合一的时候，要相互照顾，无论我有多大能力，都要融入团队，要适应大众；无论我能力有多差，也要前行。只要有勇气，正视我们自身的问题，就可以更好地前行。有一个词是勇士，勇士就是勇气带着你前行。勇于正视自身问题，就能更好地前行。

“知常容，容乃公，公乃王，王乃天，天乃道，道乃久。没身不殆。”认识自然规律的人，是无所不包的，无所不包就会坦然公正，公正就会周全，周全才能符合自然的道，符合自然的道才能长久，终生不会遭到危险。

《道德经》这一段告诉我们，认识自然、顺从自然、包容公正周全，是做事的道，最长久的道。遇到意见不一致时我们常采取少数服从多数的原则。服从多数是有道理的，这个过程也是相互磨合的过程，每个人也都成长了。关键是我们要有勇气。

到了这一篇，沙僧也加入队伍了，队伍健全了，现在他们可以更好地前进了。这时候又会出现什么问题呢？我们继续关注下一篇：四圣显化。

《道德经》第十六章原文：

致虚极，守静笃，万物并作，吾以观复。夫物芸芸，各复归其根；归根曰静，是谓复命；复命曰常，知常曰明。不知常，妄作，凶；知常容，容乃公，公乃王，王乃天，天乃道，道乃久，没身不殆。

《道德经》第十六章释义：

内在极致虚无，保持极致清静，则万物蓬勃生长周而复始，由此我观察到了“道”循环往复的规律。万物纷纭，终究返归它的根本；回归根本叫做清静，归根之静就是复归生命本原；复归本原就是恒常，了解恒常的规律就是聪明。不明白恒常的规律，轻举妄动会招来灾凶；认识自然规律就能无所不包，无所不包就能公平公正，公平公正就能无所不周，无所不周就能符合自然的“道”，符合自然的道才能恒久，终生不会遭到危险。

第十七篇　四圣显化

我们开始《西游记》第十七难的讲解。在第十六难中，唐三藏、孙悟空、猪八戒、白龙马，又收了沙和尚，一共五个人，队伍完整了。我们想，团队完整后先要做什么？我们换个角度，在单位里，团队完整后先做什么？先开会，开会就是齐心。

所以在这一难中，团队齐了，心齐不齐呢？紧接着的这一难就是去测试他们每个人是不是都一心西行取经。这只是人齐了以后开始的第一难，后面还有很多路要走，第一步，先去试心。我们会发现，在工作和生活当中，每一步、每一天、每一件事情，都是在试每一个人的心。

对应《道德经》的第十七章："太上，下知有之；其次，亲而誉之；其次，畏之；其次，侮之。信不足，焉有不信焉。悠兮，其贵言。功成事遂，百姓皆谓我自然。"

我们先看字面解释：最好的统治者，居无为之事，下面的人知道他存在而已；其次者做不到"无为"，他立善行施，人们亲近赞美他；再次者不能立善行施，而是依赖权威，人们畏惧他；最次者，人们轻慢侮辱他。诚信不足，人们才不信任他。圣人言必有应故谨言慎行，居无为之事，行不言之教，事情成了，老百姓说"我们本来就是这样的"。

我们回到《西游记》，既然要去试人心，那么首先得有一个由头。试他们的这些人都是菩萨显化的。如果菩萨不显化成凡人形象，没有办法试他们的心，因为他们对菩萨心存敬畏，一定跟菩萨说一心去取经，当对方不是菩萨的时候，往往可以试出来。

结合《道德经》第十七章第一句："太上，下知有之。"太上，我们可以这样理解，非常高非常远的，我们也不知道是什么样子的。对应《西游记》四圣显化这一难，我们可理解为菩萨很高很远，如果没有修炼出一些能力的话，是看不到的。

"其次，亲而誉之"，菩萨化作凡人，才能和这些人亲近。当她们化作女人的模样来测试师徒几人的时候，我们看看师徒们的反应。唐僧一听要招他们师徒四人做女婿，如"惊雷的孩子、雨淋的蛤蟆，翻白眼打仰"，他是惊着了，也说明他是有一颗要去取经的心的。孙悟空呢，他有能力看出这几位是菩萨，但他不点破。沙和尚一心跟着唐僧去取经，而且他刚加入队伍，还是很老实的。唯独猪八戒出了问题。

菩萨显化的这家人，父母一个姓贾，一个姓莫。几个女儿的名字，大女儿二十岁叫真真，二女儿十八岁叫爱爱，三女儿十六岁叫怜怜。我们都知道，《西游记》每句话，甚至每一字，都是有用意的。这几个名字，我们结合现在的生活理解一下：父母的姓氏，一个是贾、一个是莫，寓意简单，假的莫轻信。

我们看看几个女儿的名字。当我们二十岁的时候，是"真"的状态。二十岁大部分人在大学阶段，听很多老师讲相应的课程，憧憬未来，我们相信一切，把所有事情都当成真的。

十八岁是成年的年龄，是"爱"的状态。十六岁，是"怜"的状态。十六岁，算是半成年。想要脱离家庭，还没有完全脱离。有一些自主的事情，和以前的生活相比发生了一些改变。如果我们的生活没有了怜，没有了爱，二十岁的我们会不开心，所以在相应的年龄，就去做相应的事情。

正常情况下，十六岁好好学习准备考大学，即将和以前的生活告别。十八岁要爱上学习，爱上一种新的生活。二十岁，我们要修出"真"。也就是《道德经》第五十四章讲的"修之于身，其德乃真"。社会上有很多事情是假的，我们一定要修出属于自己的真的东西，才能更好地在社会上立足。

我们继续看第十七章，"其次，亲而誉之"，菩萨化作凡人，才能和这些人亲近。刚才讲了，唐僧、孙悟空和沙和尚都不为所动，只有猪八戒起了色心。这时候，她们正好设计戏弄了猪八戒一番，"其次，侮之"。

我们做事时，要根据实际情况做到"亲而誉之"。即使我们的位置很高，也不能以高高在上的状态去做事，因为那是"太上，下知有之"。

"信不足，焉有不信焉。"没有信用，人们不信任他。做任何事，如果你不相信自己可以做得很好，那么别人也不会相信你能把它做得很好。我们付出百分之百的努力，我们还要付出百分之百的信心。这时会发现，当我们付出了百分之百信心的时候，其实并不需要付出百分之百的努力就能及格。

我们从另外的角度分析，努力，意为再加一把力。为什么要再加一把力？因为不相信自己，不相信自己的心。努力，然后让这颗心变得更加有力量。

如果你的心已经很有力量，一定要相信这颗心。相信这颗心的时候，也许只付出百分之一的努力就可以了。

“悠兮，其贵言。功成事遂，百姓皆谓我自然。”“我自然”的状态，可以理解为顺其自然的状态。在这里，沙和尚就用了顺其自然的状态。孙悟空，他是有本领的。唐僧是被惊吓的，但他有取经的不变的心。唯独猪八戒选择留下。当我们的心不能跟随初心去做的时候，中途是有很多磨难的，每个磨难都是在考验我们的心。

看似在中途停留会有很好的风景，但其实都是给我们的考验。可能有人会这样想，必须经历这八十一难，这个难过去了，还会有下一个等着。没错，还有下一难等着他们，可以理解为防不胜防。

所以说，与其防不胜防，不如相信自己这颗心，然后只管往前走。遇上困难，我们解决困难。其实这一难讲的就是，我们从现在开始是一个团队了，这时候我们需要一条心往前走。无论遇到任何事情我们都要本着一颗不变的心前行。

《道德经》第十七章原文：

太上，下知有之；其次，亲而誉之；其次，畏之；其次，侮之。信不足，焉有不信焉。悠兮，其贵言。功成事遂，百姓皆谓我自然。

《道德经》第十七章释义：

最好的统治者，居无为之事，下面人知道他存在而已；其次者不能居无为之事，立善行施，人们亲近赞美他；再次者不能立善行施，依赖权威，人们畏惧他；最次者，人们轻慢侮辱他。诚信不足，人们才不信任他。圣人言必有应故谨言慎行，居无为之事，行不言之教，事情成了，百姓都认为原本就是这样的。

第十八篇　五庄观中

我们都知道，自打收了沙和尚，他们五个人就形成一个完整的队伍去西天取经。这个完整的队伍遇上的第一难是四圣显化，来试他们的禅心，结果猪八戒“着了道”。当然，这只是虚惊一场，只是为了试他们的心，让他们更团结地往前走。

这一难之后是不是也是一个练心的过程？我们继续往下看。

他们走到了五庄观，在五庄观，发生了一些事情，看过《西游记》的朋友都知道，就是偷吃人参果。

当时清风、明月两位童子摘下人参果给了唐僧（这是镇元大仙交代的），唐僧看到孩童模样的人参果，不敢吃。猪八戒是天蓬元帅，他认识，知道人参果的功效和作用，唆使孙悟空用偷盗的方式采了人参果。

最后孙悟空推倒了人参果树，是因为他觉得受到了冤枉。原本他们只吃了三个，童子非说多偷吃了。其实就是为了几个果子的事情，孙悟空就把整个大树推倒了。

我们看孙悟空，他的性格特点就是这样子，我做的我承认，但是我没做的，我不可能受这个气。

很多事情往往如此，明明不是自己做的，但会被冤枉而受气。当我们遇上这种事情应该怎么办呢？

我们共同看一下《道德经》第十八章：“大道废，有仁义；智慧出，有大伪；六亲不和，有孝慈；国家昏乱，有忠臣。”虽然只是短短几句话，但却道出了很多事情，到最后才能看出来，到底谁是和我们一条心的。冤枉人的和被冤的，到时都会有一个了断。

我们从故事的角度看，“大道废，有仁义；智慧出，有大伪。六亲不和，有孝慈；国家昏乱，有忠臣”，对应《西游记》应该如何解释呢？

这四句讲的是同一个道理，大道被废弃了，才有提倡仁义的需要；聪明智巧的现象出现了，虚伪狡诈才盛行一时；家族出现了纠纷，才能显示出孝与慈；国家陷于混乱，忠臣才能显现。

这里给我们一个很重要的提示：做任何事情，都会有内外相合的过程。

如果外面做着顺了，那么内里也会做着顺；如果内里做着顺了，外面也会做着顺。

我们看这四句，无论是大道被废弃了、智慧出来了，还是六亲不和了、国家混乱了，都需要时间才能完成。

不管是出现了仁义现象、孝慈现象，还是出现忠臣现象，都需要时间去等待。也就是说，当我们内里的感觉出来了，就要一心来做事情。当我们现在运势不行的时候，就需要等待。

悟空等人吃完人参果，用瞌睡虫让两个童子睡去，他们想逃走，不承认自己的错误。镇元大仙法力非常高强，知道了来龙去脉，把他们抓了回来。

“大道废，有仁义”，被抓回来后，孙悟空显得特别仗义，他要替他们受刑。他是施展法力，变了假身，等等，但都是要小聪明。其实这一难也是告诉我们，为了掩饰过错去做的事情，最后都会被发现，错误已经犯了，需要尽量去弥补，而不是逃避。

“智慧出，有大伪”，他们几个偷了人参果扬长而去，当时唐僧也不知道该怎么做，他们几个就用了自己所谓的聪明智慧，到最后，还是要面对过错。

在这一难当中，我们可以联想自己平时做事情，有些事情，是我们做的，可是我们想反正也没人发现，逃避吧。然而冥冥之中最后都是要去解决的。

我们在做每件事情的时候，要发自我们自己的心，尽量去做细、做好。如果是别人交代我们的事情，根据别人的要求去做，那样也会省时省力，更有效率。

家长在孩子面前，尽量不要说工作当中的一些负能量的话。当负能量多了，孩子的心就不敞亮了，本来内向的孩子，可能会更加内向；外向的也许会变成内向，这样会给孩子的学习和生活带来一定的负面影响。

后面会发生什么事情？他们这么容易就能逃走吗？我们共同看下一难，难活人参。

《道德经》第十八章原文：

大道废，有仁义；慧智出，有大伪；六亲不和，有孝慈；国家昏乱，有忠臣。

《道德经》第十八章释义：

大道被废弃了，人们才会强调仁义等观念的重要性；聪明智巧的现象出现了，伪诈才会盛行；家庭六亲不和，才产生孝慈思想；国家混乱的时候，忠臣才能显现。

第十九篇　难活人参

我们看《西游记》第十九难。在上一难中，孙悟空等在五庄观偷吃了人参果，推倒了大树，用瞌睡虫让清风、明月睡着了，一行人逃离了五庄观，自以为神不知鬼不觉。镇元大仙回来后，他们的行迹暴露。镇元大仙也被称为地仙之祖，在地上的一切活动，都逃离不了他的预知。

把他们抓回来后，孙悟空非常仗义，自己担下了所有罪责。最后他要去寻求救活人参果树的方法。他和镇元大仙约定，如果可以救回人参果树，镇元大仙就和他结拜。我们现在往下看，他到底去了什么地方？又去找了谁？

刚上到天上的时候，他找了谁呢？他找了福禄寿。为什么去找福禄寿呢？因为当我们遇到困难的时候，本能地会去想和它有联系的人事物。福禄寿，在人间也是非常有名气的，所以他去找福禄寿医人参果树，是顺理成章的。

可是他去找了福禄寿到底有用没有用？没有用！福禄寿说：我解决不了这个问题。为什么解决不了？在这里我们做一个简单且大胆的分析。

人们在去拜福禄寿的时候，其实就是为自己的事。自己的事，都在五行中。五个手指代表五行，无论你求什么事，都得靠自己的双手去努力。也就是说，拜福禄寿，其实求的是五行当中的事情。不在五行中的事在五行中求，就求不到。不在五行当中倒的，在五行当中自然就起不来。

我们做事的时候，平级出了问题，怎么能解决？需要比他高一级的、不在这局内的人去解决。

为何说人参果树不在五行中？我们回想一下人参果树。悟空打下的第一个人参果，掉到地上就没了。土地公公讲，人参果将近一万年结一次果，它有个特点，和五行相畏，遇金而落、遇木而枯、遇水而化、遇火而焦、遇土而入。总之是五行不在其列。

五行不在其列，就不能用五行去入。比如说，缺水，可以用水去入；缺土，用土去入。它和五行相畏，所以没办法以五行去入。

我们再来理解下五行。五行，我们可以理解为是五条道。“行”，是做事行不行的“行”。用火行不行，用土行不行，用木行不行，用水行不行，用金行不行，都属于“行”的状态。哪个“行”出问题了，我们就可以从这个行入手，会起到意想不到的效果。

我们看《道德经》第十九章如何解释：“绝圣弃智，民利百倍；绝仁弃义，民复孝慈；绝巧弃利，盗贼无有。此三者，以为文不足，故令有所属，见素抱朴，少私寡欲。”

我们先看一下字面解释：抛弃外在的聪明智巧，人们可以得到百倍好处；抛弃外在的仁义，人们可以恢复内在和睦慈孝的本性；抛弃机巧和利益，也就消除了盗贼产生的基础。圣智、仁义、巧利这三者都是文饰，是有缺陷的，不是治国之本。所以要使人的思想有所归属，就要外表纯洁本性质朴、少私寡欲。

这三者都说了一件事，就是做任何事情我们是用本能去思考的。其实放下了自己这个本能，很多事就可以去解决了。当我们做事遇上困难的时候，只需要找最开始让我们去做这件事的那个人就可以了，找到那个人，很多事情就迎刃而解了。

怎么才会想到最开始的那个人呢？就是要抛下聪明智慧，抛下巧利获利，把这些都抛下了，直接找最开始那个人，这个问题就可以解决了。

所以我们看最后一段，要使人们的思想认识有所归属，保持纯洁朴实的本性，减少私欲杂念，抛弃圣智礼法的浮文，最终才能免于忧患。

这就是告诉大家，当遇上自己解决不了的事情的时候，谁让你去做这件事就找谁，找到他就可以解决。镇元大仙是地仙之祖，不像在其他地方遇到的是妖怪，因此应当找观音菩萨。后来的剧情大家也知道，观音菩萨慈悲显化，起死回生，让树重新活了起来。观音菩萨净瓶里的水，不在五行中。我们可以沿着这个思路想一下，土地公公说了人参果与五行相畏，从这里看，整棵树都不在五行中。

这件事情里观音菩萨属于局外人。虽说是局外人，其实也在局内，因为是他安排的取经这件事。他找了唐僧，他安排的孙悟空、猪八戒、沙和尚、白龙马等，那么这个事情由他做是最好不过的。

恰好镇元大仙是地仙之祖，也是非常知名的大仙。请菩萨来，借着孙悟空的由头，他们的关系也近了。所以我们做事要多方面考虑分析，看似悟空推倒人参果树，但是阴差阳错地让很多人成为了好朋友。

做任何事情，只要勇于承担，敢于担当，最后都能很好地解决。这期间不用相互埋怨，就像孙悟空一个人承担了所有的罪过，而没有去说当时是谁让我去的，是怎么回事，说那样的话只是拖延时间罢了。他去承担然后努力想出解决办法的时候，后面一切都开始反转了。所以说，这也是一种放下，去面对就是放下，承担就是放下。

孙悟空经过这件事，得到他应有的教训，一行人也得到了应有的教训。那么，这一难过去后，下一难又是什么？我们继续往下看。

《道德经》第十九章原文：

绝圣弃智，民利百倍；绝仁弃义，民复孝慈；绝巧弃利，盗贼无有。此三者，以为文不足，故令有所属，见素抱朴，少私寡欲。

《道德经》第十九章释义：

抛弃外在的聪明智巧，人们可以得到百倍好处；抛弃外在的仁义，人们可以恢复内在和睦慈孝的本性；抛弃机巧和利益，也就消除了盗贼产生的基础。圣智、仁义、巧利这三者都是文饰，是有缺陷的，不是治国之本。所以要使人的思想有所归属，需要外表纯洁本性质朴，少私寡欲。

第二十篇　贬退心猿

唐僧一行人从五庄观离开，后面会发生什么事情？看过《西游记》的朋友都知道，紧接着就是“三打白骨精”。打白骨精的时候，白骨精分别化为一个女孩儿、一个老妇和一个老公公。孙悟空火眼金睛，都识破了他们，可是唐僧是肉眼凡胎，不能看出来他们本是妖怪。

结果大家都知道，妖怪想吃唐僧，孙悟空保护唐僧，把妖怪打死了，而唐僧把孙悟空贬走了。孙悟空非常不舍，拜别唐僧，唐僧不受他拜。孙悟空多方位分身，围着唐僧向他叩拜，唐僧不为所动。很多朋友看这段的时候，非常难过，也很气愤，认为唐僧肉眼凡胎不相信孙悟空。

我们看看《道德经》第二十章：“绝学无忧。唯之与阿，相去几何？善之与恶，相去若何？人之所畏，不可不畏。荒兮其未央哉！众人熙熙，如享太牢，如春登台。我独泊兮其未兆，如婴儿之未孩；儽儽兮若无所归。众人皆有余，而我独若遗。我愚人之心也哉！沌沌兮！俗人昭昭，我独昏昏；俗人察察，我独闷闷。淡兮其若海，飂兮若无止。众人皆有以，而我独顽似鄙。我独异于人，而贵食母。”

这一章，在《道德经》里是很长的一章。我们看第一句，“唯之与阿，相去几何？善之与恶，相去若何？”字面解释是，应诺和呵斥，相距有多远？美好和丑恶，相差多少？

这一句其实与白骨精所幻化的那几个人，以及孙悟空、唐僧、猪八戒他们的态度，是非常接近的。美好与丑恶相差多少？白骨精化作少女、老妇人、老公公，外表看起来截然不同，其实都是同一个妖精。白骨精幻化的貌美女子，在唐僧眼里看见的是美好，在猪八戒眼里看见的也是美好，在孙悟空眼里看到的是丑恶。其实，他们又相差多少呢？每个人眼里的善恶不同，这些善恶实际又相差多少呢？

生活中当我们遇到困难了，我们还有能力可以自己解决的时候，就自己去解决。如果自己解决不了，自然会有贵人相助。这个在之前已经讲述了。

孙悟空出去找吃的，我们想一想，找吃的这件事，需要贵人相助吗？找吃的，每个人都可以自力更生，自己去做。但这时候，突然有人送来食物，告诉大家的道理就是，遇上困难我们先要自己去做，自己想尽一切能想的办法去做。我们还没尽力，外面忽然有人主动送来，就要好好分析，看看团队内部态度是否一致，是否会发生矛盾，是否齐心。

一个团队，肯定有人火眼金睛，也肯定有人像唐僧和猪八戒一样，大家看法、想法是不一样的。所以，我们之前讲的齐心就很重要了。

"荒兮其未央哉！众人熙熙，如享太牢，如春登台。我独泊兮其未兆，如婴儿之未孩；儽儽兮若无所归。"这风气从远古以来就是如此，好像没有尽头的样子。众人都熙熙攘攘，兴高采烈，如同去参加盛大的太牢宴席，如同春天登台眺望美景，而我却独自淡泊明净无动于衷。

我们来看，三打白骨精这一难，唐僧、猪八戒、沙和尚、白龙马在一路走的时候，如享太牢、如春登台，唯独孙悟空属于淡泊明净的状态，如婴儿之未孩，他一直是在静心看着他们。

混混沌沌啊，如同婴儿还不会发出嬉笑声；疲倦闲散啊，好像浪子还没有归宿。众人都有所剩余，而我却像什么也不足。我真是只有一颗愚人的心啊！众人光辉自炫，唯独我迷迷糊糊；众人都那么严厉苛刻，唯独我这样淳厚宽宏。恍惚啊，像大海汹涌；恍惚啊，像漂泊无处停留。世人都精明灵巧有本领，唯独我愚昧而笨拙。我唯独与人不同的，关键在于得到了"道"。

我们来看，唯独孙悟空和众人的状态是不一样的。为什么不一样？因为孙悟空有本领，他和别人不同，他有自己的"道"。前面我们多次讲过了，他是"心"，他也是我们自己的"心"，当我们的"心"和我们作对的时候，"心"会很疼。这个时候，我们应不应该去听自己的"心"呢？

比如我们做一件事，感到很头疼，但是心又不得不去做，那么这件事我们可以选择去做。如果说我们的"心"很难受，不想做，可是我们的大脑觉得这事得去做，那么这事要做吗？还是得做。

如果说唐僧是带头人的话，唐僧属于"脑"，孙悟空是"心"，两个人肯定有碰撞，一碰撞，孙悟空就被唐僧贬走了。我们都知道后面的行程，唐僧会遇上很多磨难，换句话讲，我们做事没有"心"不行。

同样我们可以理解一下，白骨精是"骨"。要做的是心脑合一，会发现一个现象，晚上我们非常认真、非常努力地去想明天白天去做什么事，但到了白天就犯懒了。长辈经常会说，夜晚三条路，早晨起来还是不知道怎么走。其实就是需要让自己的心静下来，一心一意朝着一个目标去做，否则就会像这一难似的，他们必将分离。

在分离之前，我们再去想一个细节，就是白骨精分别化作女孩子、老妇人和老公公，这三个状态也是头和脑在分开之前的三步，先是非常弱小，紧跟着是老妇，最后是老丈，一点点变大。这里提示我们，在很多苗头出现后，应该好好商量如何往下走。当最后真发生心脑分离怎么办呢？真发生也没关系，《西游记》告诉大家，即使真发生了，也可以解决，这只不过是人生需要经历的过程。

他们经历完这一难会怎么样？很多看过《西游记》的朋友，看到这里都会有一种反应，就是唐僧把孙悟空贬走以后，他后面可能会有更多的磨难。让我们一起来看下一难。

《道德经》第二十章原文：

绝学无忧。唯之与阿，相去几何？善之与恶，相去若何？人之所畏，不可不畏。荒兮其未央哉！众人熙熙，如享太牢，如春登台。我独泊兮其未兆，如婴儿之未孩；儽儽兮若无所归。众人皆有余，而我独若遗。我愚人之心也哉！沌沌兮！俗人昭昭，我独昏昏；俗人察察，我独闷闷。淡兮其若海，飂兮若无止。众人皆有以，而我独顽似鄙。我独异于人，而贵食母。

《道德经》第二十章释义：

穷究一切学问就没有忧患。唯唯诺诺与呵斥，相差多少？美与丑又相差多少？众人敬畏的事物，圣人同样心存敬畏。圣人敬畏的事物更是广漠无穷尽！

众人熙熙攘攘如同去参加太牢盛宴，如同春日里登高观万物生发。圣人独自淡泊无私无欲，像初生婴儿不会言笑；闲适散漫的样子，像浪子没有归宿。

众人都胸怀有志，圣人却像什么都遗失了。圣人只有一颗愚人之心啊！混沌未开的样子。

众人光耀明亮，唯独圣人昏沉糊涂的样子；众人都明察秋毫，唯独圣人闷闷若愚。恍恍惚惚像大海之宽广，疾风般自由无所停留。众人都智巧有本领，唯独圣人愚笨无为。

圣人与人不同的，在于重视把握“道”的根本。

第二十一篇　黑松林失散

在三打白骨精时，唐僧把孙悟空贬走了。现在唐僧身边只有猪八戒、沙和尚和白龙马，看过《西游记》的朋友都知道，后面唐僧要遭难了。不过不会这么快，事情的变化跟人一样，从思想到行动，从行动到相应结果的出现，会有个过程。这期间出现新的一难——黑松林失散。怎么失散的呢？我们继续往下看。

孙悟空被贬走之后，一路上猪八戒开始显示自己的能力。唐僧饿了，猪八戒积极主动去化斋。可想不到的是猪八戒在路上独自睡起大觉。唐僧苦苦等待，却怎么也见不着八戒返回，最终只好让沙和尚去寻他，就此，师徒几人在黑松林失散了。

我们看对应的《道德经》第二十一章："孔德之容，惟道是从。道之为物，惟恍惟惚。惚兮恍兮，其中有象；恍兮惚兮，其中有物；窈兮冥兮，其中有精，其精甚真，其中有信。自古及今，其名不去，以阅众甫。吾何以知众甫之状哉？以此。"

先看前几句的解释。大德的形态，是由道所决定的，"道"这个东西，没有清楚的实体。之前讲过了，孙悟空是心猿，是队伍的"心"。我们常说，做事得有主心骨，既然"心"被赶走了，"心"找不到了，就算这个团队一路前行，也肯定是散的状态。

所以说，孙悟空走了，当时大家也许会感觉没有什么，可是就是那样"恍恍惚惚的"。这是因为团队缺谁都不行。就好比有一个人，也许他做事不能让我们全部都满意，可是没了他我们会发现我们做任何事，都会恍惚，会出现小差错。

那么这个人是什么人呢？我们经常会看到团队里，有做业务非常厉害的人。他就像孙悟空那样，一直前行。他的洞察力，他看到的问题，是那些能力差的人看不到的。可是领导往往为了照顾全局或者因为其他什么因素，把他清除出队伍。这时候会产生一系列问题，如业绩下滑等，其他一系列问题也会出来。

那么到底是不是恍恍惚惚的，《道德经》后面说到了，"惚兮恍兮，其中有象；恍兮惚兮，其中有物”。他是那样恍恍惚惚，其中却有实物；他是那样恍恍惚惚，其中却有形象。形象和实物都是有的。“窈兮冥兮，其中有精；其精甚真，其中有信。”他是那样深远暗昧啊，其中却有精质；这精质是最真的，这精质是可以信任的。也就是说，在任何行业领域，如果这个人做到一定的高度，做任何事，都是有自己的门道的。就像老人说的，每个人有每个人的“道”。我们要做的是取长补短，“三人行必有我师”。

就像《道德经》后面说的，“自古及今，其名不去，以阅众甫。吾何以知众甫之状哉？以此。”从当今上溯到古代，它的名字永远不能废除，依据它，才能观察万物的初始。我怎么才能知道万事万物开始的情况呢？是从“道”认识的。

也就是说，在这个队伍中，离开了谁都不行。试想这个队伍如果只有孙悟空一个人，没有猪八戒和沙和尚，那么孙悟空要去做的事儿是什么呢？就是牵马、挑行李，然后还要打妖怪，还要找吃的。以孙悟空的性格，几天就烦了。所以说，在一个队伍中，真正行动时缺了谁都不行。

如同身体，虽然心脏无时无刻不在跳动，但其他脏腑也是有生命力的，没有它们身体会出现很多问题，这一问题不过多解释，大家都明白。

既然说《西游记》中的几个人，就像身体里的器官，那自然是缺一不可的。所以，当我们开始拧成一股绳去做事的时候，困难就是对我们的考验，万众一“心”的考验。

彼此信任，往前走去，即使中途出现问题，也只是其中一难，过一难就少一难，难是有数的，终归会通往成功。

唐僧仅仅是和徒弟们走散了吗？是不是后边还会遇上更多问题呢？敬请期待下一篇，宝象国捎书。

《道德经》第二十一章原文：

孔德之容，惟道是从。道之为物，惟恍惟惚。惚兮恍兮，其中有象；恍兮惚兮，其中有物；窈兮冥兮，其中有精，其精甚真，其中有信。自古及今，其名不去，以阅众甫。吾何以知众甫之状哉？以此。

《道德经》第二十一章释义：

以空为德，才能跟随“道”。“道”的存在，没有固定实体。惚兮恍兮，其中有实像；恍兮惚兮，生出万物；窈冥之中，其中有二五之精；二五之精为真经，真信者可得。从古至今，“道”永恒存在，依据“道”才能察知万物之初始。我怎么能知道万物本初的状况呢？就是凭借“道”。

第二十二篇　宝象国捎书

我们继续进行《西游记》下一难：宝象国捎书。唐僧赶走孙悟空以后，和猪八戒、沙和尚他们失散了，就是上一难黑松林失散。失散以后，唐僧误入波月洞，进波月洞被妖怪所擒获，里面的妖怪是黄袍怪。

黄袍怪是非常厉害的妖怪，八戒和沙和尚前去搭救，也被黄袍怪所擒。可是妖怪的妻子把唐僧放了，为什么放了？她请唐僧给自己的父亲宝象国国王捎一封信。原来她就是失踪了十三年的宝象国公主。

我们看一下对应的《道德经》第二十二章："曲则全，枉则直；洼则盈，敝则新；少则得，多则惑。是以圣人抱一，为天下式。不自见故明，不自是故彰，不自伐故有功，不自矜故长。夫唯不争，故天下莫能与之争。古之所谓曲则全者，岂虚言哉？诚全而归之。"

先看字面解释。委曲便会保全，屈枉便会直伸；低洼便会充盈，陈旧便会更新；少取便会获得，贪多便会迷惑。所以有道的人坚守这一原则作为天下事理的范式，不自我表扬，反能显明；不自以为是，反能是非彰明；不自己夸耀，反能得有功劳；不自我矜持，所以才能长久。正因为不与人争，所以遍天下没有人能与他争。古时所谓"委曲便会保全"，怎么会是空话呢？它是实实在在能够达到的。

上一难我们讲过了，在一个团队里，每个成员都是非常重要的。当"心"走了，队伍就是"散"的状态。"散"的状态下，每个人都会发生相应的问题。

我们看，委曲便会保全，"曲则全"；屈枉便会伸直，"枉则直"，后面几句，讲的都是同一个道理。委曲便会保全，像不像会哭的孩子有奶吃？低洼便会充盈，讲的也是让心更加包容。更加包容的时候，才能更加充盈。

我们现在反过来想一下，唐僧赶走孙悟空时，猪八戒在旁边吹偏风、敲边鼓，为什么？因为业绩都是孙悟空一个人做的，猪八戒做的少之又少。就像现实生活中团队里的人一样，他心中不服气、不舒服！而唐僧作为首领，他的"心"是一心取经，对底下的徒弟，没有多加关照。

"少则得，多则惑"，少取便会获得，贪多便会迷惑。我们可以试想另外一种情况，孙悟空做事的时候，会出现贪多的现象，贪多，便会迷惑；少取便会获得。很多人也是一样的，自己去做某件事的时候，习惯贪多，会发现无论做哪件事情都很难做成。少取反而会获得，因为他只有这一招。

“是以圣人抱一，为天下式。不自见故明，不自是故彰，不自伐故有功，不自矜故长。”所以有道的人坚守这一原则，作为天下事理的范式，不自我表扬，反能显明；不自以为是，反能是非彰明；不自己夸耀，反能得有功劳；不自我矜持，所以才能长久。

我们来看，这里有一个问题出现了。孙悟空降妖的时候会自报家门，说我是当年大闹天宫的齐天大圣孙悟空，从这章来说，他其实是自我表扬、自我夸耀。换一个角度看，孙悟空就是靠他自己，他是很累的，而他的团队又不齐心，猪八戒去降妖的时候，没有好好报过孙悟空的名号。

现实中的团队是一样的，也许团队里有很厉害的人，可是你并没有把他用好。什么事儿都让他往前冲，他有功了，心中还对他不服气，他多得了，别人还不高兴，自己又没有他这么大能力，讲的就是这个道理。

我们换个角度想，既然团队里有这么厉害的人，我们可以包装他。不自我表扬，让别人去表扬。一个团队，一开始可以做好角色分工，明确每个人的职责，出现问题如何协调解决，对外如何相互介绍。

看这一章，猪八戒没有报孙悟空的名号，打架的时候并没有好好包装孙悟空，这对孙悟空是另外一种不认可。其实，就是孙悟空的能力太强了，有些多了。

反过来，每次打架的时候孙悟空也并没有去凸显猪八戒和沙和尚。他们毕竟也有自己曾经的骄傲，一位是天蓬元帅，一位是卷帘大将。孙悟空没有说，我师弟是当年的天蓬元帅，当年的卷帘大将，西海龙宫三太子小白龙。其实，他们在这期间相互不认可，都表现自己。

“夫唯不争，故天下莫能与之争。古之所谓曲则全者，岂虚言哉！诚全而归之。”正因为不与人争，所以普天之下没有人能与他争。

换句话说，当不与人争的时候，每个人都去衬托对方，相互补台、配合，每个人都会更高。在这期间，我们可以做到没有自己。我们只有在照镜子的时候才能看见自己，当我们和另外一个人说话时，我们看不见自己，只能看见对方。用另外的角度看，我们当下就是对方。如果我们以正能量的方式对待对方，对方反馈的也会是正能量。

猪八戒和沙和尚，与黄袍怪勉勉强强打成了平手。这期间，宝象国的公主救出唐僧，让他帮自己报信。这是“信任”的状态。她也没办法，这些年她并不知道如何给她父亲报信。

宝象国公主为什么和黄袍怪有夫妻缘分？这么长的时间中，她不喜欢这妖怪，妖怪为什么依然对她这么好呢？唐僧是否成功将书信递给了宝象国国王？黄袍怪会做什么？下一难是什么？唐僧能不能顺利渡过？

我们继续关注下一难。

《道德经》第二十二章原文：

曲则全，枉则直；洼则盈，敝则新；少则得，多则惑。是以圣人抱一，为天下式。不自见故明，不自是故彰，不自伐故有功，不自矜故长。夫唯不争，故天下莫能与之争。古之所谓曲则全者，岂虚言哉？诚全而归之。

《道德经》第二十二章释义：

隐微就是完全，随顺就是伸直；低洼才能充盈，温故才能知新；知足便会获得，智多便会迷惑。所以得道之人坚守大道，成为天下的范式。不以己为见，以天下为见，故能清明；不以己为是，以天下为是，故能昭彰；不自我夸耀，故治世有功；不自高自大，故治世长久。与天下无争，天下万物也不能与之争。自古所谓“委曲才能求全”的道理，岂能是空话呢？确实能达到。

第二十三篇　金銮殿变虎

上一难中，黄袍怪的妻子，也就是宝象国公主，托唐僧到宝象国给国王送书信。送到后，八戒逞能与沙僧去救公主，他俩都不敌黄袍怪，反而让黄袍怪知道了公主托唐僧送信之事。于是黄袍怪化作英俊少年来到宝象国，对国王说，是老虎精带走了公主，自己仗义相救救出了公主，而老虎精便是唐僧。然后黄袍怪用法术把唐僧变成老虎关在金銮殿的笼子里。

看到这里的读者会发现，好像孙悟空走了以后，总感觉人不够用。那么我们看一下对应的《道德经》第二十三章是如何写的："希言自然。故飘风不终朝，骤雨不终日。孰为此者？天地。天地尚不能久，而况于人乎？故从事于道者，道者同于道，德者同于德，失者同于失。同于道者，道亦乐得之；同于德者，德亦乐得之；同于失者，失亦乐得之。信不足焉，有不信焉！"

先看字面解释。不言、少说话是合乎自然之道的。暴风刮不了整个早晨，骤雨下不了一整天。谁使它这样？天地。天地的暴风骤雨都不能长久，何况人呢？所以，修道之人要顺应道的规律；修德之人要遵从德的规矩；失德失道的行为，也会导致相应的后果。同于道的人，道也乐于容纳他；同于德的人，德也乐于容纳他；失德失道的人，终究同于失去。信心不足，讲给他听他也不信。

我们来分析一下自然，也就是五行。唐僧他们正好是五个人，我们一只手有五个手指，一只脚有五个脚趾。缺了一个，很难长久。而人齐了以后，只要坚持就能得到。

"故从事于道者，道者同于道；德者同于德；失者同于失。同于道者，道亦乐得之；同于德者，德亦乐得之；同于失者，失亦乐得之。"每个人心中都有目标，目标到底是什么？就是你内心真实的想法。在一个团队里，很多人嘴上说着是为了什么，但内心有自己的想法。这时候就很难"同于"。

心中的目标是什么样的状态？以学习为例，可能会有一段时间，我们就是想学习，没有想过成绩。具体做的就是把每道题做好，把每一步分析好。虽然自己知道这样做成绩自然也会好，但往往这时候心里没有考虑成绩。

做业务也是如此。当我们认为应该去做业务的时候，便努力去跑业务，并没有去盯着结果，但结果往往会很不错。

一个人尚且能发挥这么大的力量。如果是两个人、三个人、四个人乃至五个人，都能为各自的目标奋斗，不盯着最后的结果，自然会产生不同凡响的效果。

就好像五根手指，每根手指是不一样长的，但你能说哪一根手指没有作用吗？都是有用的。就好像师徒几人最后到了佛国，封的是不同的职位，那只是他们不同作用的体现。

从这一难开始，慢慢的，他们就会发现每个人都是必需的。

孙悟空离开后，谁出来了？心猿意马，心猿走了，意马就出来帮忙了。小白龙当时最想念的就是孙悟空。

白龙马不只是马，他还可以变成龙。黄袍怪在金銮殿现出原形吃了一个侍者之后，所有人都吓跑了。小白龙从马变成女侍者，去服侍黄袍怪吃酒，想伺机杀死黄袍怪。结果是小白龙也斗不过黄袍怪，自己反而受伤了。

我们做事无非有两种状态，一是用脑子想，一是用心做。当心猿孙悟空这个“心”不在的时候，意马这个“意”就得亲自上阵了。这个“意”到底能起多大作用，他必须和心配合。没有心，只有意，也是不行的。也就是说，五个手指要相互配合才可以。

孙悟空离开队伍后，剩下唐僧他们四人，面对悟空离开后遇到的第一难就束手无策。经过这个教训，他们也都知道没有孙悟空会出现问题，就是说，大能之人被清理出队伍后，整个团队会发生问题。这也是这一难给我们的启示。

后面我们都知道，猪八戒去花果山把孙悟空请了回来，最终降服了妖怪，把唐僧从老虎变回了人。

上一难最后我们提了一个问题：为什么宝象国公主跟黄袍怪做了十三年夫妻，她不喜欢黄袍怪，而黄袍怪还对她很好，是怎样的缘分呢？这一难我们知道了答案，黄袍怪是天上二十八宿中的奎宿，跟披香殿侍香的玉女有了感情，约好先后下凡，一个托生到皇宫做了公主，一个占山做了妖怪，把公主摄走，做了十三年夫妻。一饮一啄，莫非前定。

师徒五人团聚了，后面又会遇到什么考验呢？我们继续来看《西游记》下一难。

《道德经》第二十三章原文：

希言自然。故飘风不终朝，骤雨不终日。孰为此者？天地。天地尚不能久，而况于人乎？故从事于道者，道者同于道，德者同于德，失者同于失。同于道者，道亦乐得之；同于德者，德亦乐得之；同于失者，失亦乐得之。信不足焉，有不信焉！

《道德经》第二十三章释义：

不言合乎自然之道。暴风刮不了一早晨，骤雨下不了一整天。谁使它这样？天地。天地的暴风骤雨都不能长久，何况于人呢？所以，修道之人要顺应道的规律；修德之人要遵从德的规矩；失德失道的行为，会导致相应的后果。同于道的人，道乐于容纳他；同于德的人，德乐于容纳他；失德失道的人，终究同于失去。信心不足，讲给他听他也不信。

第二十四篇　平顶山逢魔

我们继续随唐僧师徒前行，来看第二十四难：平顶山逢魔。相信看过《西游记》的朋友都知道，这一难非常精彩！平顶山逢魔的故事，咱们先简单介绍一下。自宝象国救了公主，唐僧复得悟空，师徒一心共赴西方，一路鸟语花香，行赏间，遇一山挡路。功曹化成一樵夫告诉他们，这是平顶山，山里莲花洞中有两个魔头，大魔金角大王，二魔银角大王，把师徒几个影像画了画，等着唐僧路过要吃唐僧肉。

途中猪八戒去巡山。八戒第一次巡山就偷懒睡觉，被孙悟空变作的小虫发现了。猪八戒再去巡山，刚好遇到银角大王带着三十个小妖巡山来找唐僧师徒。银角大王用七星剑跟猪八戒打得不分胜负，几个小妖一起上，八戒慌了手脚，道路不平摔了一跤，被小妖们按住拿下，擒入洞中。

我们来看一下对应的《道德经》第二十四章："企者不立，跨者不行，自见者不明，自是者不彰，自伐者无功，自矜者不长。其在道也，曰余食赘形。物或恶之，故有道者不处。"

我们看字面解释。抬起脚跟站立不稳，两脚跨马一样分开则行进不快，自逞已见不能清明，自以为是不能昭彰，自我夸耀不能治世有功，自高自大不能治世长久。从"道"的角度看，这些行为如残羹剩饭累赘形体一样，是大家厌恶的事物，得道之人不会这样做。

现在我们看一下平顶山逢魔和《道德经》的联系。先看一个细节，金角大王和银角大王，这两个名字，包括手中的那些宝贝，可以试想，就是人间的财富。我们看银角大王的七星剑，七星有什么作用？我们熟知的作用是指引方向。

猪八戒去巡山，他偷懒，能力也不够。遇到银角大王，拿七星剑和他打斗，最后被擒入洞中。对应我们平时做事，说明首先不能懒惰，不能好高骛远，自己能做多少做多少。银角大王的银，就是金银的银，对应世间的金钱财富。用七星剑来跟猪八戒打斗，可以理解为钱财也是给我们指引方向的，因为财也是一种"道"。所谓取经，取的就是经历，这个说法很多读者都听说过。什么都要去经历，钱财也是一种经历。

“企者不立”，抬起脚跟，想要站得高，反而站立不住。我们有多大能力使多大劲儿，一切保持一种真实状态，就像我们的双脚踩在路上是一样的道理，脚踏实地，不虚浮，一步步地走。不能做到的，就说自己不能做到；能做到的，就脚踏实地一步一步走好、做好。

猪八戒并不擅长巡山，因为他没有火眼金睛。即使碰上了妖怪或菩萨变化出来的路人，他也没有办法分辨。但他自己又逞强、不服软，所以，他去做这事，反而做得一塌糊涂。

从这里我们试想现实生活，当你的能力还没有修到一定程度的时候，你想去赢得财富，往往会被财富所困。同样的道理，当我们已经修出像孙悟空那样的能力，就可以游刃有余地去把控。

如果还没有修出孙悟空那样的能力，我们应该怎么做呢？就是刚刚讲过的，老老实实一步一步去做，跟着孙悟空走，我们也能得到自己想要的。看似赢得的少，但我们会很踏实。把心踏下来，一步一个脚印地走，就不会出现平顶山逢魔的情况。原本就是平顶了，平顶还遇上坎坷。像《道德经》这一章讲的，你踮着脚尖，不要说崎岖的路了，就在平地上也站不稳。

当遇到学习上的问题、生活上的问题、财富上的问题，首先一定要先找着自己的道。看自己最关注的是什么，什么能给自己带来最有用的价值、别人对你的认同感以及自己心里的愉悦感。这就是一条道，按照这条道走，离财富就会越来越近、越来越快。

想找这条道，就要先自我整理一下。猪八戒没有好好整理过。我们试想，他原来是天蓬元帅，率领十万水军，可他现在毕竟是孤身一人，并没有一兵一卒。所以他应该想清楚，自己应该如何去做，才不会出现大的差错。

猪八戒被抓进去了，后面会发生什么事情呢？我们继续看下一难。

《道德经》第二十四章译原文：

企者不立，跨者不行，自见者不明，自是者不彰，自伐者无功，自矜者不长。其在道也，曰余食赘形。物或恶之，故有道者不处。

《道德经》第二十四章释义：

踮起脚跟站立不稳，两脚跨马一样分开则行进不快，自以为见不能清明，自以为是不能昭彰，自我夸耀不能治世有功，自高自大不能治世长久。

从“道”的角度看，这些行为如残羹剩饭累赘形体一样，是大家厌恶的事物，得道之人不会这样做。

第二十五篇　山压大圣

我们继续《西游记》第二十五难：山压大圣。

话说二魔银角大王拿下八戒，便知道唐僧在不远处，再去巡山，见祥云缥缈瑞气盘旋，便知道唐僧在那里。小妖看不见，二魔往祥云之处指了三次，唐僧打了三个喷嚏。这个情节有点像老人们讲的，谁无故打几个喷嚏，就是有人念叨你了。

妖怪知道孙悟空的威名，不敢强取。为什么会碍于悟空的威名？因为这两个妖魔，金角大王和银角大王是太上老君的两个童儿，他们知道孙悟空的一些经历。当年太上老君用八卦炉炼孙悟空的时候，没有把孙悟空炼成丹，反而把孙悟空炼成了火眼金睛。所以他们碍于悟空威名，不强取，要善取。

这里给我们的提示是，无论做什么事，要心与心相合。

我们继续看，后面二魔变作年老受伤道士，引发唐僧的同情心，让徒弟背他走。沙僧说要驮，二魔说他害怕沙僧，指定让悟空背着他走。悟空背他，妖怪用“移山倒海”的方法，先后调来须弥山压左肩，峨眉山压右肩，泰山压顶，把悟空压得“三尸神咋，七窍喷红”。唐僧被抓走，悟空思念唐僧，珠泪如雨。惊动揭谛，让山神土地把山移走。

悟空解脱后，遇到两个小妖，拿着两个宝贝来收他，一个是紫金红葫芦，一个是羊脂玉净瓶，念了对方名字，对方只要答应，就会被吸入瓶中。悟空变作道士，也变了一个瓶子，说能装天。请玉帝配合，哪吒说“自混沌初开，以轻清为天，重浊为地。……其实难装。但只孙行者保唐僧西天取经，诚所谓泰山之福缘，海深之善庆，今日当助他成功。”

哪吒用皂旗把日月星辰遮蔽，配合悟空“装天”，用变出来的瓶子跟小妖换了真宝瓶。

我们看一下，这章也很巧，对应《道德经》第二十五章：“有物混成，先天地生。寂兮寥兮，独立不改，周行而不殆，可以为天下母。吾不知其名，字之曰道，强为之名曰大。大曰逝，逝曰远，远曰反。故道大，天大，地大，王亦大。域中有四大，而王居其一焉。人法地，地法天，天法道，道法自然。”

先看字面解释。鸿蒙未判前，似有一物，由混沌而成，先天地而生。寂虚寥廓，独立长存，生生不息循环不已永不倦怠，可以之为天下之母。我不知道它的名字，姑且称之为“道”，勉强命名为“大”。它广大无边而周行不息，周行不息而伸展幽远，幽远之极而回返本初。所以说道大、天大、地大、王也大。宇宙中有四大，王居其一。人取法地，地取法天，天取法道，而道纯任自然。

这章非常宏伟。“有物混成，先天地生”，有一个东西混然而成，在天地形成以前就已存在。我们可以试想一下，把这个状态换成人的状态，就好像我们有很多人，有很多奇思妙想，这些奇思妙想可以帮助我们渡过很多难关。

可是在渡过之前，我们得先破除压力。正好对应了这章，孙悟空，他是心，压力源于心，“心”中的压力，压在哪里？在头上，在肩膀上。我们看，须弥山压左肩，峨眉山压右肩，泰山压顶。也就是说，我们想要有新的奇思妙想，想让我们生活得更加快乐，先要去除压力。怎么去除？我们继续看《道德经》下一句。

“寂兮寥兮”，寂静空虚，我们可以直接理解为睡好觉。能睡好觉，是很关键的，如果连觉都睡不好，其实就是有压力存在。如果能睡好觉，当没有任何压力的时候，自身的状态就开始循环起来了，这个循环也是一种“道”。

如果把它和经济挂钩，经济的“道”就形成了，就是钱的方面没有压住我们。我们仔细看孙悟空后面的状态，他非常难过，思念唐僧，泪如雨下。这意味着他不忘本。有任何压力的时候，只要不忘本，还有一颗初心，能有情怀，压力自然就会被破除。

当我们向别人求救的时候，如果自己的故事说出来非常动情，别人就愿意伸出援手帮助我们。同样，当你不忘本的时候，自身的压力自动就被卸下了。

现在来讲，金钱的压力已经没有了，我们已经知道，对于金钱的压力，只要不忘本就能破除。你的初心是什么，重新整理，围绕着初心去做，就能继续往前行进。

我们继续看。悟空没有和金角大王和银角大王打，而是用假宝贝换了两个真宝贝。看过这段的朋友会说，孙悟空真有本事，能找玉帝帮忙、找哪吒帮忙，等等。

看到这里，我们整理一下。唐僧去取经的时候，天地诸神就都已经都知道了。就像我们常说的话，“举头三尺有神明”。发出什么愿，就朝这个愿一直往前走。为什么会发这个愿？是因为自己心里，感觉它有价值。所以说还是那句话，当我们不忘本的时候，不忘初心的时候，周围的一切都会来帮助我们，也会让我们更加开心、更加强大。

同样，我们也可以试想，孙悟空被山重压之后，再做事时已经变得小心了。为什么？因为他曾经被山压过。

试想我们两次在同一件事情上绊倒的时候，有两种选择，一种是退缩；一种是忘掉过去，小心翼翼地继续往前去走。如果选择第二条路，那么这个坎儿就迈过去了。

到底是什么给我们带来尊重、带来快乐、带来价值感，我们要找到它，它就是我们的本心、初心。我们不忘本心去做，它会给我们很大的回报。就像孙悟空，唐僧给他一种价值体现，再加上他自身的本领，他也得到了自己现在想要的一种“道”。

这一难我们所学到的就是不忘本心。当我们遇到压力的时候，去回想一下自己的本心，压力很快就去除了。

《道德经》第二十五章原文：

有物混成，先天地生。寂兮寥兮，独立不改，周行而不殆，可以为天下母。吾不知其名，字之曰道，强为之名曰大。大曰逝，逝曰远，远曰反。故道大，天大，地大，王亦大。域中有四大，而王居其一焉。人法地，地法天，天法道，道法自然。

《道德经》第二十五章释义：

鸿蒙未判前，似有一物，由混沌而成，先天地而生。寂虚寥廓，独立长存，生生不息循环不已永不倦怠，可以之为天下之母。我不知道它的名字，姑且称之为“道”，勉强命名为“大”。它广大无边而周行不息，周行不息而伸展幽远，幽远之极而回返本初。所以说道大、天大、地大、王也大。宇宙中有四大，王居其一。人取法地，地取法天，天取法道，道取法自然。

第二十六篇　洞中高悬

前面一难，我们知道孙悟空被银角大王设计压在山下，唐僧、八戒、沙僧和白龙马被抓走，吊在洞里。被压在山下的悟空，非常想念唐僧，五方揭谛、山神、土地都出来帮他，把山移走了。咱们说过，这山就好像是一种压力，被山压，就是被压力压住了。

金角大王、银角大王以及他们所有的宝贝，可以定义为金银财宝。下面我们看这一难又讲了什么。

这一难名字叫洞中高悬，讲的还是和金角银角两个魔头之间的争斗。看过《西游记》的朋友会发现，这一难，就是孙悟空跟金角大王银角大王争斗，用心算计对方。

我们简单回顾一下，孙悟空在哪吒的帮助下，用假宝瓶换了真宝瓶。两个小妖发现被骗后回去汇报，银角大王很生气，说还有幌金绳在压龙山压龙洞老母亲九尾狐狸那里收着。

金角大王、银角大王派小妖去请老母亲一起来吃唐僧肉，顺便把幌金绳拿来制服孙悟空。也就是说要用幌金绳捆住他的心。幌金绳，象征缥渺的、晃动的、对金钱的欲望。

孙悟空一路跟着小妖来到洞口，打死小妖，变作小妖的模样，进了压龙洞，他哭起来。为什么哭？因为想起唐僧取经的苦恼，为人一场，他只拜过三个人，西天拜佛祖，南海拜观音，两界山拜了唐僧四拜。今日只为师父受困，自己还要受辱于人，跟妖怪跪拜，忍不住委屈流泪。

这里我们会发现，人为了金钱不得不低头的时候，内心是很难受的。这场景也是很多人的人生经历，大多数成年人都有过这样的经历。

拜了老妖，老妖跟悟空出门，坐在轿子里，被悟空一棒子打死。孙悟空拿了幌金绳，然后去莲花洞叫骂，用绳子套住了银角大王。但这绳子有一个紧绳咒、一个松绳咒，悟空不会念咒，银角大王念了松绳咒脱身，反过来又用幌金绳套住孙悟空，并念了紧绳咒，拿下了悟空，并把悟空绑住，吊在莲花洞里。

这里可以看到，这个心只会紧而不会松。我们讲修心、练心，就是练一个“松”，把心安下来。

那么现在我们来看一下对应的《道德经》第二十六章：“重为轻根，静为躁君，是以圣人终日行不离辎重。虽有荣观，燕处超然。奈何万乘之主，而以身轻天下？轻则失本，躁则失君。”

先看字面解释。重为轻的根本，静是躁的君主。所以圣人终日行，稳重自持。纵然有声色之美、货利之贵为众人荣观，君子却能像燕子居于独处一样超然处之。为什么拥有万乘的大国君主，贵重己身轻躁天下呢？轻率会失去根本，急躁会失去主宰。

这一难可以比喻金钱，幌金绳就是一种欲望的体现，它困住了心，只会紧不会松。谁会松呢？银角大王会松。也就是说，我们需要让它流动起来，流动起来就会松了。这个道理大家都知道。

比如学习，要保证考试能考到理想的分数，就要反复实战练习，无时无刻不在考试，三天一小考，一周一大考。这样到了重要考试的时候，就会大大减轻压力。各方面都是如此，原理都是一样的。

怎么流动起来？“重为轻根，静为躁君”，重为轻的根本，静是躁的主宰。也就是说，我们要有自己的积淀，我们要有自己的路。你要去转起来，你有路才能去转。就好像我们开车、骑车或走路，要有路去承载。

如果没有自己的路，就只能选择走别人的路。别人的路好走吗？如果自己没有最基本的东西，也是走不了的。你上了别人的车，别人让你下去，你就得下去。如果没有充足的体力，就会很难受。这时候，如果你还不能静定，而是处于躁动的状态，就会发现很多事情都开始往下滑。

“是以君子终日行不离辎重，虽有荣观，燕处超然。”所以圣人终日行，稳重自持，纵然有声色之美、货利之贵为众人荣观，却能像燕子居于独处一样超然处之。这句话讲的，就是让我们静下心来，去做属于自己的，让自己发自内心开心、高兴，并且自己觉得有意义的事情。

这件事，也许和金钱不挂钩，但是它一定要能满足我们的生活。如果这件事连我们的生活都不能满足，那么它的意义暂时就不大。注意是“暂时”不大，满足和知足，我们自己去把握。欲望不能一直有，就像金角大王和银角大王似的，欲望一直这么大也会很累。

“轻则失本，躁则失君”。轻率就会失去根本，急躁就会丧失主导。试想我们做事情，如果是厚积薄发，前面就要积淀很多，这是根本。

像养育孩子一样，我们把养孩子当作一件事。你做了一年、两年、三年、四年、五年，孩子一岁、两岁、三岁、四岁，五岁了。这孩子在小时候的营养够不够，他的生存环境是怎样的，会影响未来他各方面的状况，包括能交到什么样的朋友。

如果这个积淀很深厚，孩子的出生环境优于常人，他以后的成就多多少少会受到影响。当然了，未来还需要自己努力，但是先天因素的影响也是不可忽视的。

我们通过这一难反思自己：我们到底哪方面的积累是比较深厚的，积淀了三年以上？孩子在三四岁的时候，基本上所有的话都能正常说了，在生活中表达自己的情绪也没有问题了。我们看一下自己的内在，有没有一件事情是一直坚持到现在，或者坚持了三年、四年、五年……一直没有放弃的，有没有这样一件心中认为有意义的事情。

如果找到了，试着把它发掘出来，试着让它给我们带来生活上的快乐，带来生活上的满足、富足、知足的状态。做到这一点，就不会在莲花洞中高悬，你就能实实在在落在莲花上。莲花出淤泥而不染，而不是悬在空中。找到这一点，就可以脚踏实地走好自己的路。

金钱的诱惑，是一种反复的波折，这里还没有结束。下一难，唐僧一行人又会遇到什么情况？

《道德经》第二十六章原文：

重为轻根，静为躁君，是以圣人终日行不离辎重。虽有荣观，燕处超然。奈何万乘之主，而以身轻天下？轻则失本，躁则失君。

《道德经》第二十六章释义：

重为轻的根本，静是躁的主宰，所以圣人终日行，稳重自持。纵然有声色之美、货利之贵为众人荣观，君子却能像燕子居于独处一样超然处之。为什么拥有万乘的大国君主，贵重己身轻躁天下呢？轻率会失去根本，急躁会失去主宰。

第二十七篇　盗宝更名

上一难中，孙悟空被幌金绳捆住后，身上的玉瓶、葫芦两件宝贝也被搜走，人被吊在莲花洞里，金角大王、银角大王喝酒庆功。趁他们喝酒时，孙悟空变个身，把自己放了，然后变个假身绑在那里。真身变作小妖，把幌金绳骗走，变了个假的留下。然后，又到门外叫骂，说自己是孙行者的兄弟“者行孙”。妖怪想把他收到葫芦里，就喊他名字“者行孙”。我们知道，一旦答应，就会被葫芦收了。悟空想，这是我起的假名骗他们的，不是真名字，就应了声。结果，还是被装进葫芦里，原来那葫芦，不管真假名字，应了就收。

这里我们悟出一个道理，答应别人的事情，当你应了，就要尽力把它做好。当你答应了却不做，或者不好好做，会给别人带来麻烦，还不如不答应，相信很多朋友都有过这种感觉。

我们回到《西游记》，孙悟空应了声，被收了以后怎么能出来呢？我们知道，这葫芦和宝瓶是非常厉害的，一旦进去，没多久就会融化成水，也就是说，进去了就出不来了。一定出不来吗？怎么出来呢？这个就要我们自己去修炼了。

我们看一下孙悟空是怎么做的，悟空一定是出来了，在瓶子里使了技巧跑出来了。这个技巧，我们在这里就不展开讲了，有兴趣的读者可以自己看看原著，讲得很精彩。

悟空出来后，趁金角、银角两个魔头吃酒又把葫芦偷走了，变了假的留下。之后又到门口叫骂，说是孙悟空另一个兄弟“行者孙”。说自己的葫芦跟妖怪的葫芦同一出处，自己的是雄的，妖怪的是雌的，比试下谁的厉害。这次，银角大王喊“行者孙”，悟空不歇气应了八九声，假瓶子自然收不了。悟空叫声“银角大王”，二魔应了一句，立刻被收了。再后来，悟空与大魔又经历了几场曲折大战，悟空完胜。

一行人继续西行，遇到太上老君，说金角大王是他炼丹看金炉的童子，银角大王是看银炉的童子，五件宝贝是炼丹用的工具，是配合观音测试师徒是否真心往西。

我们人生中如遇这一难，它的启示就是金钱摆在那里，会不会动摇初心？

《道德经》第二十七章写道："善行无辙迹，善言无瑕谪，善数不用筹策，善闭无关楗而不可开，善结无绳约而不可解。是以圣人常善救人，故无弃人；常善救物，故无弃物，是谓袭明。故善人者，不善人之师；不善人者，善人之资。不贵其师，不爱其资，虽智大迷，是谓要妙。"

先看字面解释。善于行走的人不会留下车辙痕迹，善于言谈的人不会出现瑕疵，善于计数的人不用借助计数工具，善于关闭的人，不用门栓，人们也打不开；善于捆缚的人，不用绳索，人们也解不开。因此，圣人总是善于人尽其才，所以没有被遗弃的人；总是善于物尽其用，所以没有被废弃之物，这就是承袭了智慧之道。所以善人可以做不善人的师范，不善人可以作为善人的借鉴。不重视师范，不珍惜借鉴作用，虽然看起来聪明，其实是大大的糊涂，这就是精深微妙的道理。

"善行无辙迹"，唐僧西行路上遇到每一难都是心魔所化，就像这一句，善于行走的，不会留下辙迹，因为他有了妄想，所以留下了痕迹，才会显出相应的磨难。

"善言无瑕谪"，在这个社会中，善言谈很关键。善于和别人交流，会减少很多麻烦，让我们的道更加宽广。如果你说的话带有能量，可以给对方带来愉悦，你的朋友就会越聚越多。

说话还要练吗？从小到大，有的同学能交到很多好朋友，有的孤零零一个人，其实和说话有很大关系，长大以后和同事、家人相处都有这个因素。如果善于言谈，有些问题就不会出现，也会给我们减少很多烦恼。

"善数不用筹策"。善于计数的，用不着竹码子。筹策就是以前计数的工具。有的人数数，一眼就能知道它的数量，就不用再去数。"善闭，无关楗而不可开；善结，无绳约而不可解"。善于关闭的不用栓销，善于捆缚的不用绳索。

我们思考一下这几项"善"，在生活中起什么作用，其实都是减少工作时间的作用。无论会哪一项，都可以减少大量的工作时间。

如果唐僧他们一行人早就是一条心的话，无论他们善于什么难，心中显化变了，他们的行进是会加速的。预计三年多的时间，后来用了十几年，比原来多了几倍的时间完成。我们会发现，这一难如果心中忘不掉的话，其实是过不去的，未来还会反复出现。

我们的人生中有很多愿望，有很多梦想，有很多憧憬，可是在某一段时间，我们停滞不前了。如果你还想往前走，就像《西游记》讲的，只要你还没有忘记最开始的本心，周围就会有人来帮你。

“是以圣人常善救人，故无弃人；常善救物，故无弃物。”所以圣人经常挽救人，没有被遗弃的人。经常善于物尽其用，没有被废弃的物品。可以这样想，很多物品有人不知道有什么作用，圣人知道有什么作用，我们可以向圣人靠近，做一个对生活细心的人，感知各个物品的作用。我们会发现，当我们对生活不细心的时候，做事没有美的感觉和美的享受；当我们对生活细心的时候，生活给我们带来的色彩就不一样了。我们现在不能成为圣人，但我们可以像圣人一样去做，物尽其用，能帮助人的时候，就帮助人。

当我们把生活当中的点点滴滴转化成美好时，我们看到任何东西都是美的，时间长了，这种美就会回报我们，我们再也不会为那些烦恼停滞不前了。

“故善人者，不善人之师；不善人者，善人之资。不贵其师，不爱其资，虽智大迷，是谓要妙。”所以善人可以做不善人的师范，不善人可以作为善人的借鉴。不重视师范指引，不珍惜借鉴作用，虽然看起来聪明，其实是大大的糊涂，这就是精深微妙的道理。其实就是耽误时间、浪费时间。

这里也可以这样分析，时间是自己的老师，经历也是自己的老师。当把自己的经历分享给和自己意气相投的人时，他们如果听了、信了，我们就帮到他们了，他们也会减少人生中类似的障碍。

我们还发现，在金角大王、银角大王这难中，孙悟空并没有请外援，都是靠自己的能力去完成的。反过来讲，遇上金钱这一关的时候，自己的心完全可以把控、掌握。无论还有多少宝贝，无论这宝贝有多厉害，心都可以跳出去。关键就看自己，有没有这份耐心，有没有这份决心，有没有这份勇气。

《道德经》第二十七章原文：

善行无辙迹，善言无瑕谪，善数不用筹策，善闭无关楗而不可开，善结无绳约而不可解。是以圣人常善救人，故无弃人；常善救物，故无弃物，是谓袭明。故善人者，不善人之师；不善人者，善人之资。不贵其师，不爱其资，虽智大迷，是谓要妙。

《道德经》第二十七章释义：

善于行走的人，不会留下车辙痕迹；善于言谈的人，不会出现瑕疵；善于计数的人，不用借助计数工具；善于关闭的人，不用门栓人们也打不开；善于捆缚的人，不用绳索人们也解不开。因此，圣人总是善于人尽其才，所以没有被遗弃的人；总是善于物尽其用，所以没有被废弃之物，这就是承袭了智慧之道。所以善人可以做不善人的师范，不善人可以作为善人的借鉴。不重视师范，不珍惜借鉴作用，虽然看起来聪明，其实是大大的糊涂，这就是精深微妙的道理。

第二十八篇　乌鸡国救主

我们继续看《西游记》第二十八难：乌鸡国救主。唐僧师徒一路走来，过了金角大王银角大王这一关，这关过得非常曲折，我们看看这关之后他们又会遇到什么。

他们继续西行到了乌鸡国，几年前，乌鸡国国王被妖道推入井中，妖道本人变作国王，占了他的妻子和王位。死去的国王，在唐僧的梦中诉说冤情，请求圣僧除妖救他。悟空和八戒来到井下，通过井龙王引路，背出国王的尸体，用还魂丹救活了他。悟空变作木箱中的小和尚，向太子揭露了事情真相。

我们先看一下对应的《道德经》第二十八章："知其雄，守其雌，为天下谿。为天下谿，常德不离，复归于婴儿。知其白，守其黑，为天下式。为天下式，常德不忒，复归于无极。知其荣，守其辱，为天下谷。为天下谷，常德乃足，复归于朴。朴散则为器，圣人用之，则为官长，故大制不割。"

先看字面解释。知晓事物雄强的一面，守持事物雌柔的一面，就能成为天下溪涧所归之处。既然成为天下所归之处，常德永不离散，回复初生婴儿般质朴真纯。知晓事物阳明的一面，守持事物阴暗的一面，就能成为天下的范式。既然成为天下的范式，永恒的德就不会偏失，回复到不可穷极的真理。知晓事物荣耀的一面，守持事物卑微的一面，就能成为天下的川谷。既然成为天下的川谷，永恒的德得以充足，回复自然本初的素朴状态。本初素朴的东西制作成器物，圣人以"道"的真朴教化众生，则能成为百官之长，所以完善的体制是浑然天成不可分割的。

现在我们先回忆一下前一难，平顶山逢魔的事情。之前咱们讲了，金角大王、银角大王代表财富；平顶山逢魔代表金钱关。那现在我们已经跨越了金钱关，要进入智慧状态了。可是我们看一下，这一难中乌鸡国国王被推到井中而死，这个状态就像有些人在跨越金钱关以后呢，觉得金钱财富之类，我没兴趣了，对我不重要了，可以放下了，我要去做真正有意义的事情了。

可是我们发现，后面这个状态可能还不如以前的那种状态，如同沉在井中，得不到家人、朋友的认可，关心你的人会为你担心。其实这一难，它告诉我们的就是，要把原来的"魂"找回来。找回来了，便可以用你的能力帮助更多的人。像乌鸡国国王一样，虽然它不是大国，是个小国，但也有相应的臣民在里面。我们也一样，找回过去的“魂”，用你的能力，帮助更多的人。

你仍然可以用你的能力去做，只不过换了一种方式，像《道德经》讲的，“知其雄，守其雌，为天下谿。为天下谿，常德不离，复归于婴儿”。深知什么是雄强，却安守雌柔的地位，甘愿做天下的溪涧所归之处，处在最低的位置。这样永恒的德性就不会离失，便回到了婴儿般单纯的状态。

孙悟空变成一个小和尚，能够装在一个小木匣里面，这就是告诉你现在要恢复婴儿的状态，重新去做！以前去做是有名利的因素，现在去做是“德”的状态。我们已经有了很高的地位，有财富、声望、名利等，我们要为更多的人去做，去实现他们心中的理想和愿望。

“知其白，守其黑，为天下式。为天下式，常德不忒，复归于无极。知其荣，守其辱，为天下谷。为天下谷，常德乃足，复归于朴。”无论是多么明亮，我们也一直用暗昧状态去做；无论是多么荣耀，我们也一直用悲辱状态去做。永恒的德行不会差失，得以充足，回到自然本初的素朴纯真状态。

说到这里，首先我们必须有一定的地位（比如乌鸡国国王），可以这样理解，在现实中，有一项能力是你完全认可自己的，当下，在自身，在家庭，在社会，在国家，在整个世界，都是出类拔萃的，这个时候，我们就可以这样去做，“知其白，守其黑，为天下式；知其荣，守其辱，为天下谷”。

有些人厌恶自己的过去，有些人现在过得不开心，其中有一点就是源于对过去的自己的不认可。通过这一难想一下，我们可以重新把过去找回来。乌鸡国国王在井中，不认可，就是沉在井中的状态，越不认可，在井中便越陷越深

井底深处的乌鸡国国王，谁能找到他？孙悟空才能找到他，唐僧才能找到他。

之前多次说过，孙悟空是“心”，也就是说，用心才能找到他。我们相信乌鸡国国王被救出后，重新过活，会有改变和改观。找回过去，更加珍惜现在。

我们也是如此，我们在过去已经付出相当大的努力，当我们重新找回过去的时候，就可以以一种新的状态，迎接新的当下和未来。每个人，过去都是最美好的，如果没有过去，就没有现在的自己。所以，想让现在的自己过得更好，首先要认可过去的自己。

有人说，过去的自己很难被认可；有人说，如果我认可过去，我现在就

不会这么努力了。为什么现在要努力？是为了未来，为了心中更美好的向往。但更好地认可过去，现在的努力会加速的。大家可以试一下。

我们回到这一难，孙悟空和猪八戒一起把乌鸡国国王从井中救出来后，孙悟空到太上老君那儿借了还魂丹。只有“心”的能力，才能产生还魂的作用，可是毕竟还要去找太上老君借还魂丹，也就是说，想打开心门，还需要一定的外力介入。我们不妨找找以前熟悉自己的朋友，让他们帮自己把以前的状态找回来。

我相信这一难大家仔细品味的话，会对自己今后生活有很大帮助。也非常感谢《西游记》的这一难给我们带来这种宝贵的智慧。乌鸡国国王被救出来后，能不能顺利恢复王位（毕竟现在的王位被妖怪占着），以及后续故事怎么样，我们继续关注《西游记》的下一难：被魔化身。

《道德经》第二十八章原文：

知其雄，守其雌，为天下谿。为天下谿，常德不离，复归于婴儿。知其白，守其黑，为天下式。为天下式，常德不忒，复归于无极。知其荣，守其辱，为天下谷。为天下谷，常德乃足，复归于朴。朴散则为器，圣人用之，则为官长，故大制不割。

《道德经》第二十八章释义：

知晓事物雄强的一面，守持事物雌柔的一面，就能成为天下溪涧所归之处。既然成为天下所归之处，常德永不离散，回复初生婴儿般质朴真纯。

知晓事物阳明的一面，守持事物阴暗的一面，就能成为天下的范式。既然成为天下的范式，永恒的德就不会偏失，回复到不可穷极的真理。

知晓事物荣耀的一面，守持事物卑微的一面，就能成为天下的川谷。既然成为天下的川谷，永恒的德得以充足，回复自然本初的素朴状态。本初素朴的东西制作成器物，圣人以“道”的真朴教化众生，则能成为百官之长，所以完善的体质是浑然天成不可分割的。

第二十九篇　被魔化身

上一难，乌鸡国国王托梦，唐僧根据梦的指引，师徒几人在井底水晶宫把国王的尸身背了上来，悟空去离恨天兜率宫找太上老君要了颗“还魂丹”，把国王救了过来。随后师徒一行离开宝林寺，到皇宫换官文。

到皇宫后，揭露了假皇帝，假皇帝逃跑不得，变作假唐僧跟真唐僧站一起，真假唐僧难辨。用了各种方法，请来几十位神仙暗中相助，险象环生，也分不出来。最后通过念紧箍咒分出来，正要降妖，文殊菩萨过来阻挡，原来假国王是文殊菩萨的坐骑青毛狮子。

事情是这样的，此前文殊化作凡僧向乌鸡国国王化斋，国王被文殊几句言语相难，一气之下，把文殊捆绑丢在河里浸泡了三日三夜，因此得了井下浸泡三年之果。还是那句话，一饮一啄，莫非前定。

我们看一下对应的《道德经》第二十九章：“将欲取天下而为之，吾见其不得已。天下神器，不可为也，不可执也。为者败之，执者失之。故物或行或随，或歔或吹，或强或羸，或挫或隳。是以圣人去甚、去奢、去泰。”

先看简单译文：想强取天下，不可能实现。天下犹如神器，不可任意为之。任意为之会失败，强行把持会失去。万物秉性不同，有的前行、有的后随，有的缓和、有的急切，有的刚强、有的羸弱，有的漂泊、有的安定。因此，圣人顺其自然，去除极端、奢侈、过度的东西。

妖怪当时就是二十九章的状态，“将欲取天下而为之，吾见其不得已。天下神器，不可为，不可执也。”不是他的天下，强取不得。即便是得到了这个位置，还是会失去。“为者败之，执者失之”。

我们再看乌鸡国国王，他把来化缘的文殊菩萨，抛下河浸泡三日，后来才有他井下浸泡三年之果，也对应《西游记》讲的天上一天地下一年的说法。因果关系，小学就学过，简单理解就是因为一件事儿，所以怎么样。这就是因果。

对应《道德经》，我们先看真国王，我们可以试想，他之前对文殊菩萨是这样的态度，对其他人、事、物，多半也是这样的状态，也就是《道德经》讲的强力把持天下，一定失去天下。“为者败之，执者失之”，本来就不属于你的地方，你强力把持，最后也一定会失去。

看过《西游记》原著的朋友都知道，青毛狮子的确当了三年国王，可是他并没有祸害后宫，没有碰过王后，也没有祸国殃民。这里我们再来剖析一下，文殊菩萨是智慧的化身，文殊菩萨的狮子代表的也是一种智慧。

我们思考一下智慧。世间人都追求智慧，这种世间的智慧多了以后，就像第十八章讲过的，“慧智出，有大伪”。大伪是什么状态？很多人得到了智慧，总会用这个智慧说别人怎么不对，好像别人很无知。试想，如果你在家庭里、在社会中一直是这种状态，亲朋好友就会逐渐离你远去。这一难告诉你，这样的智慧属于被“魔”化身的智慧。智慧擅用的话，是文殊菩萨智慧的象征；不擅用的话，属于被“魔”化身。

如果我们用智慧帮助更多人，就可以得到更多。如果我们用智慧去批评更多的人，也许我们失去的会更多。

如果我们有相应的智慧，什么时候可以说教别人呢？当别人向你请教，他想让你告诉他怎么做，他希望你给他讲一些道理，这时候可以根据自己的智慧跟别人讲。当别人不需要的时候，没有必要说这些。

我们那些无谓的说教，可以理解为被“魔”化身的状态。现在回想以前你说教的那些人，也许他现在生活得很好，可是他离我们已经远去了，并未心存感恩。也许他的成功跟你的说教有一些关系，但根本上是因为他找到了心中的目标。

了解了说教的时机后，下一步我们要知道说教如何使人信服，那就是要提升自己内在的修养。像《道德经》讲的“是以圣人去甚、去奢、去泰”，我们要去除极端的想法和做法。

通过这一章的分享，我们一起去除自己身上的一些缺点，认可自己的过去，接受过去的自己，为了现在，为了未来，更好地进步和成长。

《道德经》第二十九章原文：

将欲取天下而为之，吾见其不得已。天下神器，不可为也。为者败之，执者失之。故物或行或随，或歔或吹，或强或羸，或挫或隳。是以圣人去甚、去奢、去泰。

《道德经》第二十九章释义：

想强取天下，不可能实现。天下犹如神器，不可任意为之。任意为之会失败，强行把持会失去。万物秉性不同，有的前行、有的后随，有的缓和、有的急切，有的刚强、有的羸弱，有的漂泊、有的安定。因此，圣人顺其自然，去除极端、奢侈、过度的东西。

第三十篇　号山逢怪

我们继续《西游记》第三十难：号山逢怪。话说在上一难中，师徒一行找到了智慧，并与智慧对峙。师徒离开乌鸡国一路西行半月之余，正值秋尽冬初，忽见一座山摩天碍日，山凹里有一朵红云，聚一团火气，悟空叫声“妖怪来矣”。

那妖怪摇身变做一个顽童。就是大家熟悉的红孩儿。只见他赤条条身上无衣，被麻绳捆了手足吊在树梢上喊“救人！”唐僧听喊救人，就叫悟空去救下来背着。红孩儿做法在悟空背上化作千斤重。悟空笑道：“我儿啊，你弄重身法压我老爷哩！”红孩儿闻言元神出壳，悟空越背越重，抓过来摔成肉饼。

《道德经》第三十章：“以道佐人主者，不以兵强天下，其事好还。师之所处，荆棘生焉。大军之后，必有凶年。善有果而已，不敢以取强。果而勿矜，果而勿伐，果而勿骄，果而不得已，果而勿强。物壮则老，是谓不道，不道早已。”

我们先看字面解释：以“道”的原则辅佐君主的人，不会以兵力强取天下，有道者希望还返无为。军队所到之处，荆棘横生。大的战争过后，必定出现灾荒年份。善于用兵的人，达到用兵目的就可以了，并不敢以兵力强大恃强凌弱。达到目的不自高自大、不自我夸耀、不骄横；用兵出于不得已，并非逞强。万物盛极而衰，逞强不合于“道”，不合于“道”，就会早早死亡。

这一章与《西游记》第三十难是什么关系？先结合上一难，看看中间有怎样的联系。平顶山逢魔，过了金钱关；乌鸡国救主，找回了智慧；找回智慧，是找到以前的自己，信心就会回来。可是心回来的时候，就像红孩儿一样，火急火燎的，可能就会有人夸耀、骄傲或者逞强。

当我们找回以前的自己的时候，因为毕竟已经有实力了，就像这章讲的，“师之所处，荆棘生焉；大军之后，必有凶年”，我们要有稳的状态，不能急。

找到以后，我们会发现，心又累起来了。明明已经放下了，现在又找回来了，所以心又累起来了。就像红孩儿为孙悟空作法一样，压在心上千斤重，孙悟空又叫心猿，所以说，“心”又把他摔了下去。这里给我们的启示就是，即使找回来了，也要和现在的“心”融合。

怎样做才能融合？就像这章讲的，“善有果而已”，善于用兵的人，只要达到用兵的目的就可以了。我们为什么要去找以前的智慧，因为我们要把它当成台阶，让我们更好地前行；或者把它当作靠山，让我们有更好的安全感。像《道德经》讲的，“善有果而已，不敢以取强”，善于用兵的人，达到用兵的目的就可以了，并不以兵力强大逞强好胜。

同样，我们也是如此，也许过去你的成绩、你的成就，是很多人都没有达到的，这时候我们要选择的是不矜持、不骄傲，即“果而勿矜，果而勿伐，果而勿骄”。

以前的自己毕竟找回来了。和“心”的一场搏斗，也就是和孙悟空的搏斗，是在所难免的。那么，到底会发生什么样的一场搏斗呢？他们之间会发生怎么样的一种冲突？到了后来又是怎样去了结的呢？我们来看下一难。

《道德经》第三十章原文：

以道佐人主者，不以兵强天下，其事好还。师之所处，荆棘生焉。大军之后，必有凶年。善有果而已，不敢以取强。果而勿矜，果而勿伐，果而勿骄，果而不得已，果而勿强。物壮则老，是谓不道，不道早已。

《道德经》第三十章释义：

以“道”的原则辅佐君主的人，不会以兵力强取天下，有道者希望还返无为。军队所到的之处，荆棘横生。大的战争过后，必定出现灾荒年份。善用兵者，达到用兵的目的就可以了，并不敢以兵力强大恃强凌弱。达到目的不自高自大、不自我夸耀、不骄横；用兵出于不得已，并非逞强。万物盛极而衰，逞强不合于“道”，不合于“道”就会早早死亡。

第三十一篇　风摄圣僧

现在我们继续看《西游记》第三十一难：风摄圣僧。

话说在上一难当中，孙悟空识破妖怪，并且把他狠狠地摔下。妖怪在空中看到悟空摔他，忍不住心头火起。在半空里弄了一阵旋风，飞沙走石，将唐僧摄走了。这妖怪就是号山火云洞的红孩儿，是牛魔王与铁扇公主的孩子，他在火焰山修行三百年，炼成三昧真火，号称圣婴大王。

红孩儿，刚才讲了，我们把它比喻成我们又找回来了的状态，他为什么火急火燎呢？我们想想他在火焰山修行，相当于我们以前所有成绩都在火中煎熬。别人休息的时候，我们在煎熬；别人享乐的时候，我们在煎熬。然后获得一些成绩，它当然是一个火急火燎的状态。因为我们当时以火的形式催化它，它也以火的形式回馈我们。

所以现在我们看看对应的《道德经》第三十一章："夫佳兵者，不祥之器。物或恶之，故有道者不处。君子居则贵左，用兵则贵右。兵者，不祥之器，非君子之器。不得已而用之，恬淡为上，胜而不美。而美之者，是乐杀人。夫乐杀人者，则不可以得志于天下矣。吉事尚左，凶事尚右。偏将军居左，上将军居右，言以丧礼处之。杀人之众，以哀悲泣之。战胜，以丧礼处之。"

先看字面解释：喜欢用兵的人是不祥的，人们都厌恶他，有道的人不会和他共处。君子安居时以左为尊，用兵时以右为贵。兵器是不祥的，非君子所用之器，不得已才使用它。君子追求恬静淡泊，即使用兵胜利，也不以之为美，以之为美是以杀人为乐。以杀人为乐的人，不可能得志于天下。吉祥的事以左为上，凶丧的事以右为上。偏将军（上将军之辅佐）居于左边，上将军居于右边，出兵打仗要以丧礼仪式来行事。战争中杀人众多，以悲悯之心对待；打了胜仗，也要以丧礼仪式处理。

我们现在结合红孩儿看一下这章。"夫佳兵者，不祥之器。物或恶之，故有道者不处。"兵器是不祥的东西，人们都厌恶它，所以有"道"的人不使用它。在这里我们不谈打仗，我们只谈心态。让别人烦躁不安的状态，那是一个不祥的东西，人们都厌恶它，所以有"道"的人不使用它。

当对方不需要的时候，或者当下对方心里也有事情的时候，我们以急躁强压过去，他只会变得更加急躁，急躁背后是麻木。所以能审时度势的人不会使用它。

我们要像君子一样对待它，“恬淡为上”，彬彬有礼，到了万不得已的时候，我们偶尔也会发脾气。这里讲了“胜而不美”，胜利了也不要自鸣得意，因为两方都会有损伤。如果自以为了不起，那就是喜欢用这种方式。如果喜欢用这种方式，用惯了以后，身边的人就会离你越来越远。

我们看红孩儿，他的名字叫圣婴大王，经常欺负、戏弄周围的山神、土地，红孩儿在火焰山修炼了三昧真火，非常厉害，让孙悟空在后面吃尽苦头。所以说，当我们找回原来的自己的时候，要做相应的磨合，因为这又是一个新的状态。

我们看下《道德经》这一章最后一句的解释："言以丧礼处之。杀人之众，以悲哀泣之。战胜，以丧礼处之。"战争中杀人众多，要用哀痛的心情参加。打了胜仗，也要以丧礼的仪式去对待战死的人。各让一步，尊重周围人的意见很关键。

看这一难的标题，“风摄圣僧”。达不到意见统一，目标又将失去。唐僧的目标就是西天取经，如果智慧、内心以及各方面达不成一致的话，目标暂时会被丢掉。丢掉就要重新找寻目标，找寻我们的初心。

为了避免这样的事情发生，我们可以放平心态、平复心情，慢慢地等待、观察。发生了事情也没有关系，就当是《西游记》中的一难。为了目标的实现，完成一难就少一难。

唐僧被抓到洞里后，到底发生了什么事情？孙悟空以及他们一行人又会有什么样的磨难？在救师父的过程当中，又会发生什么故事？我们继续看下一难。

《道德经》第三十一章原文：

夫佳兵者，不祥之器。物或恶之，故有道者不处。君子居则贵左，用兵则贵右。兵者，不祥之器，非君子之器。不得已而用之，恬淡为上，胜而不美。而美之者，是乐杀人。夫乐杀人者，则不可以得志于天下矣。吉事尚左，凶事尚右。偏将军居左，上将军居右，言以丧礼处之。杀人之众，以哀悲泣之。战胜，以丧礼处之。

《道德经》第三十一章释义：

喜欢用兵的人是不祥的，人们都厌恶他，有道的人不会和他共处。君子安居时以左为尊，用兵时以右为贵。兵器是不祥的，非君子所用之器，不得已才使用它。君子追求恬静淡泊，即使用兵胜利，也不以之为美，以之为美是以杀人为乐。以杀人为乐的人，不可能得志于天下。吉祥的事以左为上，凶丧的事以右为上。偏将军（上将军之辅佐）居于左边，上将军居于右边，这就是说，出兵打仗要以丧礼仪式来行事。战争中杀人众多，以悲悯之心对待。打了胜仗，也要以丧礼仪式处理。

第三十二篇　心猿遭害

我们继续关注《西游记》下一难。唐僧被妖怪摄入洞中，悟空打听到妖怪红孩儿是牛魔王的儿子，便找到其洞府与他攀亲，红孩儿不认，二人打了起来，战有二十余回合不分胜负。只见红孩儿往自己鼻子上打了两拳，念个咒，口里喷出火来，鼻孔浓烟迸出，悟空败下阵来。悟空急纵云去请来四海龙王，龙王随悟空来战妖怪，红孩儿又喷火，龙王用水也浇不灭。红孩儿将一口烟迎着悟空喷来，悟空被熏得昏倒在地。八戒、沙僧急从水中找到悟空，悟空叫八戒去南海找观音菩萨。红孩儿从近路超过八戒，变成假观音等候，八戒识别不出，被抓进洞里。

我们看，四海龙王的水，并不能灭三昧真火。私雨只能灭凡火，灭三昧真火似火上浇油。再看孙悟空，他觉得红孩儿是大哥牛魔王的孩子，是一家人，说清楚就可以了。他报了兄弟的名字，可红孩儿翻脸不认人。

《道德经》第三十二章："道常无名，朴虽小，天下莫能臣也。侯王若能守之，万物将自宾。天地相合，以降甘露，民莫之令而自均。始制有名，名亦既有，夫亦将知止，知止可以不殆。譬道之在天下，犹川谷之于江海。"

先看字面解释："道"无名无相，看似质朴微小，天下没有谁能使它臣服于自己。侯王若能够守"道"，万物自然归从。天地阴阳之气相互交合，降下甘露，人们不用勒令自然均匀。万物初始既有名称，就要有制约，适可而止，知道适可而止就没有各种危害。"道"在天下，就像川谷归入江海。

我们分析一下，孙悟空和红孩儿攀亲戚的时候，他已经多长时间没有和牛魔王见面了？最少五百年了。我们现实生活也是如此，如果我们有一门亲戚，十几年二十几年没有见面了，关系也许还不如一般朋友。孙悟空和牛魔王结拜，是五百年前大闹天宫的时候，那时候红孩儿还没有出生，红孩儿和孙悟空之间还没有建立联系。"譬道之在天下，犹川谷之于江海"，河流和山川要流向大海，孙悟空和红孩儿之间，没有流向大海的那个道，所以他去攀亲戚的时候，会出现问题。

当时最好的办法是先去找牛魔王，然后由牛魔王来找红孩儿。当然了，他后来也是这么做的，如果上来先找到源头的话，这事会好办一些。这里也给我们一个警醒，当我们做事情时需要提到一个人，这个人我们已经很长时间没有见面了，是不是先要跟那个人见一面？

孙悟空虽然和牛魔王几百年来一直没有见面，但他们关系还在，如果没有红孩儿这件事，他去找牛魔王，俩人还是兄弟关系，有什么事情还依然可以帮忙，“多个朋友多条道”。

“朴虽小，天下莫能臣也”。道永远是无名而质朴的，它虽然很小，看不见，可是天下没有谁能使它服从自己。就像这个道理所讲的，提到牛魔王，但是你不去见的话，那么这个道肯定不会服从自己。所以说，它虽然很小，但是我们仍然要按照它的规律行事。

同样，当我们有一定成绩的时候，就像《道德经》这里讲的，就要去建立一种管理体制。这种体制，可以让我们更好地发展和前行。对应《西游记》这一难，红孩儿在火云洞一个人称大王，没有管理体制，最后终归会失败。无论他有多大的能力，只是他个人的能力，发挥不了团队能力。

这一难中还有一个观点，对我们非常有帮助。孙悟空在太上老君八卦炉里时，躲在巽位，虽然安身，但被烟熏坏了眼，一遇到烟就不行了。这里的提示是，该面对的就要面对！不能躲，面对不了去躲的，永远是自己的死穴。这一难中，烟一熏，冷水一逼，火气攻心，三魂出舍。八戒和沙僧也是费了一番功夫才救他回来。

生活当中也是如此，我们依照道的形式，“譬道之在天下，犹川谷之于江海”，要流通起来。只要是我们认为不行、不能，想去躲的，都是道路暂时的封闭。我们唯一能做的，就是去面对。

其实我们会发现，当在一个地方出问题的时候，以后遇上不同的事情，都会在这个环节出现问题，都是一个性质的问题，就是当时自己害怕面对的事情。把这块儿化解了，后边道路会更加通畅。

这一难看似是以前的智慧和现在的心过不去，其实是以另外的方式来成就更好的自己。让我们把以前觉得害怕的、躲着的东西，重新再去补回来。补回来的时候，你会发现，自身状态又会有新的提升。

这时候，唐僧没有被救回，孙悟空还出现了这种状况，后面又会发生什么样事情呢？我们看下一难。

《道德经》第三十二章原文：

道常无名，朴虽小，天下莫能臣也。侯王若能守之，万物将自宾。天地相合，以降甘露，民莫之令而自均。始制有名，名亦既有，夫亦将知止，知止可以不殆。譬道之在天下，犹川谷之于江海。

《道德经》第三十二章释义：

“道”无名无相，看似质朴微小，天下没有谁能使它臣服于自己。侯王若能够守“道”，万物自然归从。天地阴阳之气相互交合，降下甘露，人们不用勒令自然均匀。万物初始既有名称，既有名称，就要有制约，适可而止，知道适可而止就没有各种危害。“道”在天下，就像川谷归入江海。

第三十三篇　请圣降妖

我们继续《西游记》下一难：请圣降妖。

这一难中八戒去请观音，红孩儿假变观音把八戒骗进洞里。红孩儿派小妖去请父亲牛魔王一起来吃唐僧肉，孙悟空变作假牛魔王被小妖请到火云洞。红孩儿察觉到异常，不断试探，问起自己生日，悟空答不出被识破，现了本相跟红孩儿打了起来。这一次，孙悟空还是被红孩儿的烟火打败，无奈之下，去南海请观音菩萨收服了他。

我们先看一个细节，红孩儿知道了孙悟空是假牛魔王，孙悟空就现出本相去打，就像我们生活当中一样，用假的东西来跟别人交流的时候，一旦被识破，慌的时候就会露出本相来。

再继续往下看一个细节，观音叫惠岸行者向他父亲托塔李天王借了天罡刀变作莲花台擒拿了红孩儿，妖怪不服，菩萨又给他戴上了金箍儿，红孩儿做了菩萨的善财童子。观音怕他野心不定，施法叫他一步一拜，拜了五十三拜，拜到落伽山方才收法。如今说童子拜观音，五十三参，参参见佛，这里便是一个出处。

我们再回忆一个细节，最初准备取经时，如来给观音的几件宝贝当中，有三个箍。这三个箍，到这一难，都用出去了。孙悟空戴了一个，黑熊精戴了一个，第三个给红孩儿戴上了。金箍箍什么？心。我们想一想，红孩儿被收走，但他还没被收住心，达不到心中平衡的时候，心还是想离开，需要金箍来收住。

这一难对应《道德经》第三十三章："知人者智，自知者明。胜人者有力，自胜者强。知足者富，强行者有志，不失其所者久，死而不亡者寿。"

先看字面解释：认知他人的人是智慧，认识自己在智慧之上。战胜他人是有力，战胜自己是刚强。知足之人是富有，坚持不懈的人是有志，不失固守之道的人能长久，身虽死精神存在的人能永生。

我们回到这一难，请圣降妖。菩萨来了，唐僧被救了出来。这一难，又是因为俩人意见不合引发的。唐僧不识妖怪，孙悟空识妖怪。当唐僧不识妖怪的时候，孙悟空费这么大力气，心中也是有气的，唐僧不信他，他又没办法，只能忍。此前三打白骨精就是这样，两人意见不合，直接正面冲突，孙悟空被赶走了。再遇到这个问题，不正面冲突了，但意见不合的问题还是没解决，所以又发生类似的事情。

所以说，“知人者智，自知者明”。能认知别人叫作智慧，能认识自己就在智慧之上，是更高的智慧。孙悟空虽然一路上跟红孩儿暗中智斗，对唐僧的要求（让他好好背着红孩儿）貌似溜奸耍滑，但是他对唐僧一直是一心一意的，没有说过任何一句谎言。也就是说，我们的“心”从来没有骗过我们，一直对我们非常忠诚。

我们平时可以找个适合的方式来练习“静”，静下来，找到我们的“心”。

大部分在城市生活的人，生活有压力，常常是急躁的，每天都是在“动”中去完成，按照阴阳平衡理论，有动就有静，之前讲到“静胜热”，当你特别燥热的时候，更要不失“静”的根本。静，不是指看电影、看电视安安静静的状态，看电影看电视的时候，还有思绪，不是静。静，是放下所有的一种状态。

静，放下思绪，每天给自己一点安静的时间，时间长了就能和自己的“心”沟通了，也算是给这一天做个总结。写日记也有很好的作用，写完以后，就像是把今天的事情放下，然后慢慢审视自己，吾日三省吾身，让心和大脑更容易平衡。

唐僧经过这么多难，他的心应该已经慢慢发生了一些变化，《道德经》这一章重点讲的就是你我之间的关系，“知人者智，自知者明，胜人者有力，自胜者强。知足者富，强行者有志”。很多人看到“知足者”会有非常放松的状态，很多人累，是因为常常不知足。

就像《西游记》电视剧主题歌唱的：“敢问路在何方，路在脚下”。所谓知足者富，就是当下我有这么大能力，我就做这么大能力的事情，这就是我的财富。我把这步走好了，看看前面有没有坑，有的话，绕着走一步，还能继续往前走。急躁的时候，失去的会更多。一步一步去走，先看自己有多大实力和能力，“知足者富”。

能克制自己的弱点，才算刚强，“自胜者强”。自身弱点是什么？就像唐僧和孙悟空似的，唐僧没有识别妖怪的能力，孙悟空有，可是他不听孙悟空的。这就是他自身的弱点。修，就是修自身的弱点。

我们每个人在当下都是修行状态，都是在修自身弱点。如果自身没有弱点，就不会有恐惧的心、不安的心。

我们去修弱点，需要做到的就是“强行者有志”，身体力行，努力不懈，就可以慢慢把自身的弱点修好。

最后请到了观音菩萨，咱们之前讲过找源头，当你没有办法解决时，去找源头，源头会帮你把这事情解决。我们自己做事，也要去分析，自己的源头在哪里，还能不能找到最初的源头，你得到了什么，你又放下了什么。

经过这一难后，他们会有什么变化？他们后面还会不会经历同样的事情？请注意，如果一直出现同样的事情，就说明这一难没有过去。我们继续往后看。

《道德经》第三十三章原文：

知人者智，自知者明。胜人者有力，自胜者强。知足者富，强行者有志，不失其所者久，死而不亡者寿。

《道德经》第三十三章释义：

认识他人是智慧，认识自己是智慧之上。战胜他人是有力，战胜自己是刚强。知足之人是富有，坚持不懈的人是有志，不失固守之道的人能长久，身虽死精神存在的人能永生。

第三十四篇 搬运车迟

我们继续《西游记》第三十四难：搬运车迟。车迟国的经历是非常精彩的，它的精彩程度和平顶山逢魔不相上下，很多读者很喜欢看。咱们先简单了解一下剧情。

师徒一行走到车迟国，看到城门外有一块沙滩空地，许多和尚在那里拉车，车里装的全是砖瓦、木植、土坯之类。走出两个道士，那些和尚见道士来了，个个心惊胆战。悟空变做道士上前打探。原来二十年前，天不下雨，地上干旱，颗粒无收。忽然从天而降三个仙人，虎力大仙（黄毛虎精）、鹿力大仙（白毛角鹿精）、羊力大仙（羚羊精），替国王降了一场大雨，于是国王拜三个妖精为国师。妖精说和尚无用，拆了寺院，毁了佛像，把和尚赐与道士做奴隶修道观。

车迟国这一段故事也分成三难，三难是一个故事。简单说就是来了三个妖怪，迷惑了车迟国国王。我们想一下这情节是不是和之前文殊菩萨的狮子有些相像呢？其实这一难也是智慧的一部分。修行，就是修智慧，修自己的心，不断修心、修智慧。

同样，我们看一下《道德经》第三十四章："大道氾兮，其可左右。万物恃之而生而不辞，功成不名有，衣养万物而不为主。常无欲，可名于小；万物归焉而不为主，可名为大。以其终不自为大，故能成其大"。

先看字面解释。大道如此广泛普遍，左右上下无所不及。万物依赖它生长，未曾有所推辞；成就万物却不占有名誉；养育万物却不自以为主宰。它没有任何私欲，所以可以称作小；万物归服它，然而并不知它是主宰，所以可以把它称作大。正因为它不自大，才成就它的伟大。

这一难有个细节，妖怪会祈雨。有人会说国王怎么这么昏庸呢？在说他昏庸前，我们先去看，这三个妖怪的确会祈雨，帮助过国王和百姓。从人的角度来讲，谁能最快、最直接地帮助我们，我们往往就会相信谁。适逢旱灾，谁能祈雨救灾、救百姓，国王自然会相信、重用他。

"大道氾兮，其可左右"，大道广泛流行，左右上下无所不到。他们的确需要雨水灌溉，这雨水，大道流行，左右上下，无所不到，万物依赖它生长；这雨水，灌溉万物，养育万物，使得万物生长而不推辞，完成了功业，办妥了事业，而不占有名誉。《道德经》是抽象的描述，雨水是具体而形象的阐述，刚好帮我们理解这几句话。

我们抽象地理解一下，三个妖怪是怎么来的呢？书里没有介绍，我们可以去想，这其实是国王心像的显化唤来的。

当我们想遇上什么人的时候，正好遇上了，这叫心想事成。有的人和事，自己想遇上，偏偏怎么都遇不上，这叫心想事不成。心想事成，在生活中会很高兴，很舒服，很愉悦。心想事不成则反之。

这一难告诉我们的是，心想事成之后，要明辨是非。这里有更多感悟的东西在里面。真正的"道"的状态是，"大道氾兮，其可左右。万物恃之而生而不辞，功成不名有。衣养万物而不为主，常无欲，可名于小；万物归焉而不为主，可名为大。以其终不自为大，故能成其大。"

大家可以好好读读这几句，了解真正的"道"的状态。我们做事时，要有这个状态，才是真正的"道"的状态。这也是非常有德行的状态，可以称之为"上德"，"上德"在第三十九章我们会具体讲述。如果平时做事，经常有心想事成的状态，要去思考心想事成背后到底给我们什么提示。不要总去想，我心想事成很高兴。有心想事成的时候，肯定就会有心想事不成的时候，要去感悟背后的东西。就像车迟国国王，他盼望有人能祈雨，盼来了三个"神仙"，他心想事成了，可他这个心想事成之后是什么？这是需要我们好好感悟的。

我们都希望心想事成。做到心想事成并保持这样的状态，其实不难，关键要去找心想事成的原因。就好像做应用题，做对了，要看为什么做对，下次遇到同类题，有没有更好、更快的方法。做错了，找找做错的原因，争取下次把题做对。

我们应该去找把题做对的方法，那样会越来越快。如果只盯着错题，你会发现错越来越多。

我们总结一下，当我们心想事成的时候，我们要找心想事成的原因；心想事不成的时候，要找心想事不成的原因。当我们找到心想事成的规律的时候，很多事情也就迎刃而解了。

我们回到这一难，这个故事很简短，当年妖怪的确帮助了国王和臣民。任何事情物极必反，妖怪做了很多不仁不义的事情，必然也会产生相应的后果。至于会发生什么，我们继续往后看。

《道德经》第三十四章原文：

大道氾兮，其可左右。万物恃之而生而不辞，功成不名有，衣养万物而不为主。常无欲，可名于小；万物归焉而不为主，可名为大。以其终不自为大，故能成其大。

《道德经》第三十四章释义：

大道如此广泛普遍，左右无所不及。万物依赖它生长，未曾有所推辞；成就万物却不占有名誉；养育万物却不自以为主宰。它没有任何私欲，所以可以称作小；万物归服它，然而并不知它是主宰，所以可以把它称作大。正因为它不自大，才成就它的伟大。

第三十五篇　大赌输赢

搬运车迟一难中，悟空打死了几个道士，放了五百囚僧，带八戒、沙僧夜闯三清观，偷吃供品。悟空变作元始天尊、八戒变作太上老君、沙僧变作灵宝道君蒙蔽妖怪，遗小便说是圣水作弄妖怪，被妖怪发现。后面又发生了什么？我们继续看这一难：大赌输赢。同时我们也看看它跟《道德经》第三十五章的关联，带给我们哪些启示。

《道德经》第三十五章："执大象，天下往；往而不害，安平太。乐与饵，过客止。道之出口，淡乎其无味，视之不足见，听之不足闻，用之不足既。"

先看字面解释：执守大"道"，普天下的人们都来投靠；万物向往着来投靠而不互相妨害，于是大家和平而安泰宁静。音乐和美食，路人为之停步。道，用言语表述平淡无味，看它看不见，听它听不见，应用起来，作用却不可穷极。

我们先看大赌输赢赌了什么。这三个妖怪是怎样来到车迟国当上国师的？上一难讲了，当年国王要求雨，和尚求雨没有求来，妖怪把雨求来了，国王拜妖怪为国师，当然他并不知道他们是妖怪，这几个妖怪是打扮成道士模样的。

我们先看这一难的情节。偷吃贡品、戏弄妖怪之后，转天师徒几人上朝倒换官文，被妖怪告发，国王难以决断，忽然门外有几十名乡老来报，说一春无雨，恐夏月荒。当年这几个妖怪之所以得到国王的信任，是因为他们能求雨。现在又需要求雨了。

这时悟空提出要跟国师赌求雨，国王同意了。大仙说：一声令牌响，风来；二声响，云起；三声响，雷闪齐鸣；四声响，雨至；五声响，云散雨收。让国王和大臣观看验证。悟空每个环节都到天上阻止风婆、雷公、电母，让国师求雨不得。

孙悟空不会求雨，便跟众神约定，以金箍棒为令，往上一指放风，二指布云，三指电闪雷鸣，四指下雨，五指大日天晴。并且请四海龙王空中现身给国王看，结果完胜国师。

这里有个关键点，三个道士是妖，但他们练的五雷法是真的，所以能呼风唤雨。一开始僧人求雨，没有求来，也是求雨的基本功没修好。僧人修为高的，人们称得道高僧。得道，就是有自己的“道”。

从这点看，无论是僧人求雨，道士求雨，还是妖怪求雨，其实都没有分别，只要他有自己的“道”，能求来雨就可以了。只不过当时妖怪是打扮成道士的模样去求雨的。孙悟空灭的是妖，也不是道。

《道德经》第三十五章正好是这样说的：“执大象，天下往。往而不害，安平太。”谁掌握了那伟大的“道”，普天下的人们便都来向他投靠，向往、投靠他而不互相妨害，于是大家和平而安泰。

这里讲的是求雨的道。求雨在当时对于人们是很关键的，人们需要它灌溉，民以食为天，雨水决定了粮食产出，对家庭生活、经济文化各方面都是不可缺少的。所以能解决“求雨”这个当下的问题是很关键的，谁能解决当下的问题，人们都会去投靠他、向往他。

这章给我们启示就是，我们要有能力解决人们当下需要解决的问题，如果没有这个能力，要把这个能力修出来。

跟学习是一样的，比如数学，之所以学习的公式越来越多，是为了遇上更难的题，可以解得游刃有余。

做事也是如此，别人去做这件事，可能需要一年、两年、三年、五年，我们做这件事，也许只需要一个月、两个月，甚至一两天。

有的问题，比如求雨，肯定不是一个人遇上的问题，是许多人的问题。更多的人会朝哪里靠拢？肯定朝时间短、见效快的方向去靠拢。我们如果掌握这个道，就会有更多的人向我们靠近。什么道呢？就是能解决当下的问题的道。

“乐与饵，过客止。道之出口，淡乎其无味，视之不足见，听之不足闻，用之不足既。”音乐和美好的食物使过路的人都为之停下，用言语来表述大道是平淡而无味的，看它看不见，听它听不见，而它的作用却是无穷无尽无限制的。这里说的音乐和美好的食物，使过路人为之停步，也就是《道德经》第十二章说的五色和五音。无非就是眼睛看到和耳朵听到，这个迷惑不了我们。

换一个方式去想一下。现在出来一款 VR 游戏，当你带上 VR 眼镜沉浸在游戏中的时候，你的身体是有相应的反应的。你的身体为什么会有反应呢？因为你的眼睛骗了你。为什么很多人还要去玩呢？因为我们要体验这种虚拟带来的现实的感觉。虚拟和现实同样是有无相生的关系。

我们去追求的，就是能去解决别人当下问题的能力，这就是掌握了属于自己的“道”，也就是掌握了一个伟大的“道”。这个“道”是无穷无尽的，无限制的。我们的大脑和我们的心都是非常聪明的，所以科技产品才会更新换代。如果还用原来的思维，看待过去的一些事物，自己很难提升。如果我们有孩子，受我们影响，他们的思维也很难提升。

我们该做的，就是像孙悟空那样修炼自己的本事。当你在某个领域当中有一定本事了，即使妖怪修成五雷法，在孙悟空面前也无济于事。孙悟空不会求雨，他的棒子一指，也会有相应的作用。

我们先要把自己的目标找回来，然后去修自己的德行，天地风雨雷电都会来帮助我们。

是否有这么大的本领，从现实中来看，就是你能不能引起大家足够的重视。比如在十个人里，你是最能够得到重视的那一位，你就掌握了主动权。掌握了可以去帮助别人解决问题的“道”。别人会朝你靠拢，自身的价值也就出现了。

虽然我们讲修行，但是大多数时候都还是工作、生活的状态，我们把工作、生活当成修行。这时候我们需要去做的，就是像孙悟空那样，把自己的本事修出来。

他们之间的比斗还没有结束，后面会发生什么呢？我们继续往后看。

《道德经》第三十五章原文：

执大象，天下往；往而不害，安平太。乐与饵，过客止。道之出口，淡乎其无味，视之不足见，听之不足闻，用之不足既。

《道德经》第三十五章释义：

执守大“道”，天下都来投靠；万物归来而不互相妨害，安定太平。音乐和美食，路人为之停步。道，用言语表述平淡无味，看它看不见，听它听不见，应用起来，作用却不可穷极。

第三十六篇　祛道兴僧

我们继续看《西游记》第三十六难：祛道兴僧。这一难从题目看有点小问题，最后离开车迟国的时候，孙悟空跟国王说的原话是："望你把三教归一：也敬僧，也敬道，也养育人才。我保你江山永固。"

我们分析一下，"祛道"按孙悟空的心态是绝对不允许的。最先传授孙悟空七十二变、筋斗云种种本领的是谁？没错，是菩提祖师，菩提祖师是孙悟空最早的师父，菩提祖师当时是道人模样。孙悟空这样重情的一个猴子，他肯定是不允许祛道的，这里的"祛道"其实是"祛妖"，按"祛妖"理解就可以了。

上一难大赌输赢，悟空跟妖怪赌呼风唤雨。我们知道，此前就是因为妖怪能呼风唤雨，因此得到了国王的信任，进一步控制了国王。孙悟空在求雨环节上完胜，后面遇到了什么？能够顺利换了关文继续西行吗？我们继续来看这一难。

话说国王见悟空能呼风唤雨，呼龙使圣，便将关文用了宝印，放师徒西行。妖怪国师却不同意，要跟唐僧师徒再赌。妖怪比一轮输一轮，输了还要比，最后一轮，把命搭进去了。

先是比坐禅。悟空的性子坐不了禅，唐僧可以，生死关里也能坐两三年。结果国师变小虫咬唐僧，唐僧痒得想抓又不可以抓，抓了就输了。悟空看出端倪，飞上去查出是小虫作怪，悟空变化成蜈蚣，直接把国师咬得从云端摔下，险些摔死。

我们这里分析，唐僧还是有用的，坐禅，即比静，唐僧还是很厉害的。之前讲过，静为躁君。悟空主"动"，他跟孙悟空的配合还是很关键的。一静一动才能生出更多事物。

后来又赌了隔空猜物。先后在柜子里放了国宝、桃子、小道士。悟空把"山河社稷袄、乾坤地理裙"变成"破烂流丢一口钟"，把桃子变桃核，把小道童变成念着"阿弥陀佛"的小和尚，又完胜。

第三次比，妖怪把性命比没了。虎力大仙比砍头，悟空拔毫毛变黄狗，叼了头跑掉了。鹿力大仙比剖腹剜心，悟空用毫毛变恶鹰把五脏叼走了。羊力大仙比下油锅，悟空请北海龙王把冷龙捉走，妖道被炸得皮焦肉烂。

悟空让国王出招僧榜文，召回了僧人，对国王说："望你把三教归一：也敬僧，也敬道，也养育人才。我保你江山永固。"

我们看对应的《道德经》第三十六章："将欲歙之，必固张之；将欲弱之，必固强之；将欲废之，必固兴之；将欲夺之，必固与之，是谓微明。柔弱胜刚强。鱼不可脱于渊，国之利器不可以示人。"

先看字面解释：想要收敛对方，必先扩张它；想要削弱对方，必先加强它；想要废除对方，必先兴举它；想要夺取对方，必先给予它。虽然幽微，但道理明白，这就叫微明。柔弱战胜刚强。鱼离不开池渊，国之利器不能随意展示。

看了这一章，其实就很好理解，为什么孙悟空要和这三个妖怪比斗，而不是一棒子把他们打死？有人会说是给国王看的；有人会说管他这么多干什么，直接走了就是，国王也不敢拦着。我们看孙悟空，他自幼学道，自幼得道，他自然明白"道"的道理。

正如《道德经》第三十六章所说的，"将欲歙之，必固张之"，想要收敛它，必先扩张它。他如果想把妖怪收了，必须要扩张他。

"将欲弱之，必固强之"，想要削弱它，必先加强它。孙悟空要解决的问题是，让国王敬僧也敬道。此前在搬运车迟一难中，悟空放走了五百名僧人，给每人一根毫毛保安全，让他们看到"招僧榜文"时就回来。我们看，他是要让国王服气，把僧招回。让人服，得先让人心服口服，都要服才行。他如果不这样做，直接打了就走，国王会敬僧吗？不会。通过一再地比试，削弱了妖怪的势力，也削弱了国王此前敬妖灭僧的心。

"将欲废之，必固兴之；将欲取之，必固与之。"想要废除它，必先抬举它；想要夺取它，必先给予它。我们看，求雨之后，这些比试的题目，都是妖怪们选择的，也是悟空主动让妖怪们选择的，这些题目孙悟空都不会。为什么敢于让妖怪随便选题？因为孙悟空的本领高超，还是咱们上一篇所说的，你会了一项非常顶尖的本领，其他的都可以游刃有余。

"是谓微明，柔弱胜刚强"，这就是虽然微妙而又显明，柔弱战胜刚强的道理。我们会发现，当我们某项技能练到一定程度的时候，会显出一种刚强的状态。如果你碰上一个得道的人，他即使不会你这项技能，也可以模仿，而且还能模仿得比你好。这就叫作"是谓微明"，虽然微妙而又明显的一个道理。

到这里，也就引出了下一句，"鱼不可脱于渊"，就像鱼不能离开水，我们也离不开自然，所以我们要依照自然的道去行事。自然的道是什么？对得起这个心，去帮助更多的人，这就是自然的道。那么还是上一难讲的，我们要以最快的方式，去修出来更好、更快速地帮助别人的本领，找到属于自己的“道”。

我们换个角度，从妖怪角度分析，如果师徒祈雨成功以后就放他们去西行，妖怪不再去赌斗的话，他们的性命也就不会丢失。“柔弱胜刚强”，当发现自己苦练很长时间的技能，还打不过一个外来人，那就要小心谨慎。这里讲了虚心的状态，我们完成自己当下应该完成的就好了，不用多生事端。

什么是生事端？就是夸大自己，挡住别人的路。如果夸大自己挡住别人的路，到最后肯定也会有人挡住你的路。就像这几个妖怪，遇到孙悟空，就要付出代价。

在这里，感谢这一难给我们的启示，笔者和读者们共勉，我们都把自己修好。我们有能力找到自己的路，走好自己的路，也多为别人铺路。当有人挡我们的路的时候，我们也有能力通开。每个人，都是美好的状态。

《道德经》第三十六章原文：

将欲歙之，必固张之；将欲弱之，必固强之；将欲废之，必固兴之；将欲夺之，必固与之，是谓微明。柔弱胜刚强。鱼不可脱于渊，国之利器不可以示人。

《道德经》第三十六章释义：

想要收敛对方，必先扩张它；想要削弱对方，必先加强它；想要废除对方，必先兴举它；想要夺取对方，必先给予它，虽然幽微，但道理明白，但这就叫微明。柔弱战胜刚强。鱼离不开池渊，国之利器不能随意展示。

第三十七篇　路逢大水

我们继续《西游记》第三十七难：路逢大水。师徒一行辞别了车迟国国王，一路西行，走至八百里通天河，河边有一灵感庙。庙里大王每年吃一对童男童女，保百姓风调雨顺。这次轮到陈家庄陈老汉兄弟俩，都是中年得子，而且都只有一个孩子。悟空和八戒分别变作童男和童女，与往年一样，坐在盘里，让人们把他俩抬去庙里。我们看这一难和《道德经》第三十七章是什么关系。

《道德经》第三十七章："道常无为而无不为，侯王若能守之，万物将自化。化而欲作，吾将镇之以无名之朴。无名之朴，夫亦将无欲。不欲以静，天下将自定。"

先看字面解释：道自然无为，无为无不为，万物由之而生；侯王若能持守道，万物自然生化。生化过程中若有私欲，就用道镇住它。用道的真朴镇服它，就不会产生私欲了。没有私欲，自然清静，天下自然安定。

妖怪吃人，保人们风调雨顺。可是我们想一想，从人的角度看，他心里能不能过去呢？肯定过不去。按照之前讲的，如果你违背了别人的心，肯定也会遇上别人违背你的心。

妖怪没有按照"道"去走，《道德经》第三十七章讲的，"道常无为而无不为"，看似它什么都没做，其实没有什么事情不是它所作为的。所以后面说"镇之以无名之朴"，用"道"的真朴来镇服它。唐僧他们一路西行，秉承的解决"难"的原则是什么？第一，以他人的心为心；第二，辨别善恶是非真假。他们帮助人的时候，不会给别人增加负担。

什么样的问题用什么样的方式去解决。妖怪吃人，按以前的方式，孙悟空可以化作小虫侦查一下。这次他和八戒直接变成童男童女。我们可以看出，孙悟空和猪八戒这一路学到了很多东西，学到更多的是帮人解决问题的办法。他们以前学的本领已经足够了，而后面更多的是游刃有余地去发挥，用自己的本领去解决问题。

我们也一样，也许我们已经本科毕业了，硕士毕业了，博士毕业了，我们学到了相应的知识与技能；在工作和生活中，也在学形形色色的东西。可是学完以后，发现给生活带来了烦恼。我们为什么要去学更多东西？是为了解决问题，而不是增加困难；是为了减少烦恼，而不是增加烦恼。

说到这里，我们想想为什么会这样。是不是就像《道德经》第三十七章讲的因为有了贪欲之心？如果万事万物。没有贪欲之心，天下便自然而然地达到稳定和安定。“不欲以静，天下将自定”。

于人来讲，怎么叫没有贪欲之心？没有欲的话，怎么生活？生活需要物质、健康、情感。欲，我们可以这么理解，每个人有每人的目标，唐僧的目标是取到真经教化更多的人，这也是“欲”。他这期间唯一能做的是什么？就是找到志同道合的人一起努力，朝着目标去做，克服种种困难，而不是坐在原地杞人忧天。

我们也是如此，我们学了很多东西，要先设立目标，这个目标是自己真心喜欢，是自己认为有价值的。这时候你就可以一步一步地朝前走，中途肯定会有人跟随一起去完成的，他们也会收获很多。就像取经完成后，孙悟空成为斗战胜佛，猪八戒成为净坛使者，沙和尚是金身罗汉，白龙马为八部天龙。

以前我们所学的任何东西都没有白费，都是日后辅助成就我们的工具。真心认可我们的过去，就能更好地往前行进。这时候找了一个目标，我们可以理解这是个“欲”，但是这个“欲”可以给我们勇气，让我们一步一步走得更踏实、更远、更好！

“不欲以静，天下将自定”，当万事万物没有贪欲之心后，天下便自然而然地稳定和安宁。我们可以这样理解，当我们树立一个目标，朝着目标往前冲，并且通过自己的努力去完成的时候，自然而然地达到了稳定和安宁状态。

师徒四人后面会发生什么事情？唐僧还会遇上什么磨难？我们继续往后看。

《道德经》第三十七章原文：

道常无为而无不为，侯王若能守之，万物将自化。化而欲作，吾将镇之以无名之朴。无名之朴，夫亦将无欲。不欲以静，天下将自定。

《道德经》第三十七章释义：

道自然无为，无为无不为，万物由之而生；侯王若能持守道，万物自然生化。生化过程中若有私欲，就用道镇住它。用道的真朴镇服它，就不会产生私欲了。没有私欲，自然清静，天下自然安定。

第三十八篇　身落天河

我们继续讲《西游记》第三十八难：身落天河。

上一难我们讲到，悟空、八戒变作童男童女，替陈老汉祭祀“灵感大王之神”，妖怪拦住庙门问：“今年祭祀的是哪家？”孙悟空笑吟吟答：“陈澄、陈清家。”妖怪迟疑，往年问没人敢言语，早吓成死人了，今年这小童笑吟吟做答，吓得妖怪不敢吃悟空，准备先吃八戒。八戒跳下来现了本相，拿起钉耙就打，打下冰盘大小的两个鱼鳞。妖怪没拿兵器，只好逃到通天河里。

我们想想为什么妖怪没有吃悟空？是因为孙悟空艺高人胆大。生活中也是如此，当一个人艺高人胆大的时候，“妖怪”都会怕的。

妖王听小妖献策，降下冰雪把通天河封冻，等待三藏师徒过河。唐僧觉得未到隆冬时节，居然降下大雪，十分诧异。陈老汉请唐僧多住几日，感恩唐僧师徒救子之恩，待天晴冰化，必送师徒过河。沙僧也说，待天晴化冻后备船过河，免得忙中有差错。这里就提示我们，做事不能太着急，要一步一步走。

唐僧坚持过河。八戒用钉耙试了冰厚，又告诉大家，冰冻之上必有凌眼，要横担一样物品，防止坠落。唐僧横担锡杖，行者横担铁棒，沙僧横担降妖宝杖，八戒肩挑行李、腰横钉耙，如此走了一日夜。这里也可以看出，八戒的生活常识很丰富。

妖怪裂开冰面，悟空反应快纵身跳上云端，其他人全都坠入水中。妖怪在水里捉了唐僧，八戒、沙僧、白龙马都是识水性的，回转陈家庄。老汉说，我说融雪备船相送，偏不从，丧了性命。悟空说，莫替古人担忧，我师父长命不死，等我们晾晾衣服，晒晒关文，寻着那厮，斩草除根。

我们看，到这难，孙悟空有一个大变化，他遇事不慌了，他知道唐僧死不了，肯定有人保他。

这一难对应《道德经》第三十八章：“上德不德，是以有德；下德不失德，是以无德。上德无为而无以为，下德为之而有以为。上仁为之而无以为，上义为之而有以为，上礼为之而莫之应，则攘臂而扔之。故失道而后德，失德而后仁，失仁而后义，失义而后礼。夫礼者，忠信之薄而乱之首。

前识者，道之华而愚之始。是以大丈夫处其厚，不居其薄；处其实，不居其华。故去彼取此。”

先看字面解释：上德之人唯道是用，外在不着相，是有德；下德之人外在表现有德，有德之名，实际上不是真的有“德”。上德之人顺应自然、不为而成是无心之为，下德之人为而成之是有心作为。上仁之人的作为是无心之为，上义之人的作为是有心之为。上礼之人有所作为没有回应，于是就扬着胳膊强拉别人。所以，失去了道，而后才有了德；失去了德，而后才有了仁；失去了仁，而后才有了义；失去了义，而后才有了礼。所谓礼，是忠和信不足的产物，祸乱的开端。所谓有先见的人，不过是道的虚华，愚昧的开始。所以大丈夫立敦厚的品质而不肤浅，存朴实之心而不虚华。所以要舍虚华取朴厚。

这一段像绕口令似的，大家多读几遍，体会各种德的不同。我们会发现，社会有个现象就是诚信不足，信已经不足了，“礼”还是很需要的，“夫礼者，忠信之薄，而乱之首”。为什么说“信”不足呢？新闻满天飞，信息满天飞，我们到底能不能相信？一天的新闻成千上万条，可是我们亲自实证了哪一条？没有。我们不能用“心”（礼）去做事，再加上“忠信”不足，其实是很可怕的状态。“礼”主“心”，如果忠足了，信也足了，我们做事会更加游刃有余。

我们可以这样理解，在生活中如果你信任一个人，他的德行又非常高，你说什么他能帮你分析，他说什么也让你去分析求证，生活中就会没有恐惧、自卑等负能量。

继续往后看，“前识者，道之华，而愚之始”。所谓“先知”，不过是“道”的虚华，由此愚昧开始产生。这里我们讲一下，很多人学习《易经》，想学一些卜卦算命地方法。其实这些方法，我们可以理解为给我们指引方向的东西。如果你非常信，就属于迷信。能用老祖宗的智慧想办法化解困难，才是学到了趋吉避凶的真正含义。

就像《封神演义》中，周文王善于卜卦，他卜卦是通过自然界的力量以及自身的力量帮助人民，达到国泰民安的目标，而不是去吓唬人。所以《道德经》后面讲：“是以大丈夫处其厚，不居其薄；处其实，不居其华。”所以大丈夫立身敦厚，舍弃虚华。

这一章讲了道，讲了德，讲了仁，讲了义，讲了礼，讲了忠，讲了信。我们来看，到这里唐僧出问题了，他又着急了。

孙悟空的态度发生了大转弯，他不再为唐僧着急了。也就是说，唐僧的心已经很坚定了，他周围有护法保护，无论遇上什么困难都不是问题。孙悟空、猪八戒、沙和尚，他们该去救还得去救。到了这一章、这一难，我们想一想，其实所谓磨难，都是自己内在的磨难。只要我们行事像《道德经》讲的，“处其厚，不居其薄；处其实，不居其华”，一切魔难都能解决。

过了通天河，对岸就是西梁女国，就是我们熟悉的女儿国。双方生意往来，自己这边百钱之物，到对面都是万钱。这里我们也可以这么理解，唐僧不愿意去劳烦陈家人，坚持冰冻过河，也是在过钱这一关。唐僧对取经有个评价：“世间事惟名利最重，我弟子奉旨全忠，也只是为名，与他能差几何。”

唐僧出了两界山，正式开始修行，这一路上他们帮人、救人，其实也是在围着世间的名利走。我们知道在各个领域获得荣誉，得到专家称号，后边的路会越来越好走。就像孙悟空的名号是齐天大圣，猪八戒是天蓬元帅，有了这个名号，很多人都惧怕他们，他们因此走得更好。唐僧前世是如来的二徒弟，也是大名鼎鼎的。

把仁、义、礼、智、信，包括道和德，用自己的方式，按照别人能接受的方式，按照古圣先贤的方式去修好，脚踏实地一步一个脚印去走，你会发现，自己有名的时候，跟随你的人也都是有名的人，也就不用担心目标会在中途变换或失去，此时已经不会了。

比如一个孩子，原本学习成绩不是太好，可他有一项技能被班主任认可，成绩一下子就上去了。为什么？因为他有了名气，名气也是一种“气”，有了这个“气”，精神的“神”就上来了，他想学习不好都不太可能。

我们很多人，有学历，还有能力，包括工作能力、学习能力、做事能力、应变能力，等等。如果能掌握属于自己的“名”（名号、名称、名望、名分，等等），就能更好地前行。

这一难告诉我们，我们根本就不用担心。有了“名”以后，朝着一个目标去走，周围都是给我们帮助的人。既是帮助，也是监督。当我们有了目标，并且有了自己的一些“名”，往前行的时候，当下即成功。

为什么要从这难开始去讲“名”？我们分析下。这一难是第三十八难，身落天河，过了通天河，取经的道路就过了一半。正好《道德经》第三十七章、第三十八章也是一个转折。《道德经》分上部和下部，第三十七章以前是上部，道经；第三十八章以后是下部，德经。我们平时的生活也是一样，有个词叫圆满，从圆的最低点走到最高点，正好走了圆周的一半。到了最高点之后，要往回走，就是要回来接地气了，不能有了“名”以后就不接地气了。所以说，走到一半的时候，已经是最高了。这个时候需要再下来，这样才能很稳健地往前走。

怎么很稳健地往前走？第一，要行动，去做，去实际帮人；第二，多听别人的意见，会做得更轻松。我们会发现，孙悟空也知道唐僧不会有事，相信唐僧自己也知道他是不会有事的。

我们很多人都有这样的经验，做到这一步的时候，都知道只要向前走什么事都不会发生。所以说，这难给我们更好的启示是达到最高点的时候，只需要往前走，因为一个圆走到最高点，剩下就是惯性了。

《道德经》第三十八章原文：

上德不德，是以有德；下德不失德，是以无德。上德无为而无以为，下德为之而有以为。上仁为之而无以为，上义为之而有以为，上礼为之而莫之应，则攘臂而扔之。故失道而后德，失德而后仁，失仁而后义，失义而后礼。夫礼者，忠信之薄而乱之首。前识者，道之华而愚之始。是以大丈夫处其厚，不居其薄；处其实，不居其华。故去彼取此。

《道德经》第三十八章释义：

上德之人唯道是用，外在不着相，是有德；下德之人外在表现有德，有德之名，实际上不是真的有“德”。上德之人顺应自然、不为而成是无心之为，下德之人为而成之是有心作为。上仁之人的作为是无心之为，上义之人的作为是有心之为，上礼之人有所作为没有回应，于是就扬着胳膊强拉别人。所以，失去了道，而后才有了德；失去了德，而后才有了仁；失去了仁，而后才有了义；失去了义，而后才有了礼。所谓礼，是忠和信不足的产物，祸乱的开端。所谓有先见的人，不过是道的虚华，愚昧的开始。所以大丈夫立身敦厚的品质而不肤浅，存心朴实而不虚华。所以要舍虚华取朴厚。

第三十九篇　鱼篮现身

我们继续《西游记》第三十九难：鱼篮现身。

兄弟三人回到东岸陈家庄陈老汉家饱餐一顿后，悟空、八戒、沙僧一同下水去救唐僧，八戒背着悟空想捉弄他，悟空变作一个猪虱子贴在八戒耳朵里，兄弟们戏耍着找到水府门前叫打。孙悟空先变作长脚虾婆跳到里面找到唐僧，跟他说让他放心，他们去捉妖。八戒、沙僧二人在水中与妖怪打得胜负难分，悟空的本事在水里发挥不出来，叫他们二人把妖怪引到岸上打，妖怪打不过悟空，一头扎进水中不出。

孙悟空找观音拜问妖怪根源。观音说："他本是我莲花池里养大的金鱼，每日浮头听经，修成手段，不知是那一日，随海潮到此害人。"于是观音菩萨随孙悟空去收服了妖怪。把水府还给了白鼋，白鼋感激唐僧师徒，驮唐僧过了八百里通天河。白鼋请唐僧在佛祖面前问一下他几时脱得本壳可得人身，唐僧应允。

这一难对应《道德经》第三十九章："昔之得一者，天得一以清，地得一以宁，神得一以灵，谷得一以盈，万物得一以生，侯王得一以为天下贞。其致之。天无以清将恐裂，地无以宁将恐发，神无以灵将恐歇，谷无以盈将恐竭，万物无以生将恐灭，侯王无以贵高将恐蹶。故贵以贱为本，高以下为基。是以侯王自谓孤寡不谷。此非以贱为本邪？非乎？故致数舆无舆。不欲琭琭如玉，珞珞如石。"

先看一下字面解释：自始得一者，天得一而清澈，地得一而宁静，神得一而灵妙，河谷得一而充盈，万物得一而生长，侯王得一而使天下安定。推而言之。天没有清澈，恐怕要崩裂；地没有安宁，恐怕要震动；神没有灵性，恐怕要寂灭；河谷不能充盈，恐怕要枯竭；万物不能生长，恐怕要灭失；侯王不能使天下安定，恐怕会被倾覆。所以，贵重以轻贱为根本，高尚以卑下为根基。因此，侯王们自称为孤、寡、不谷，这不就是以卑贱为根本吗？不是吗？所以，至高的荣誉不是荣誉。不求光彩晶莹如宝玉，而愿厚重质朴如岩石。

我们先看前几句。"昔之得一者，天得一以清，地得一以宁，神得一以灵，谷得一以盈，万物得一以生，侯王得一以为天下贞”。有句话叫得一万事毕。人在这里是归在神里面的，神得一以灵，人得道也有灵性，后面也说了，人不能保持灵性会怎样怎样。

这里给我们一个很好的诠释。我们要找到属于自己的那个“一”，找到属于自己那条道，可是在找到这条道之前，我们先去试想，你真正自信的东西是什么。

我们再看孙悟空，在这里他已经发生了转变。就是上一难我们讲过的，他已经不着急救唐僧了。以前唐僧被抓之后，他马上就急了，担心唐僧的安危，为唐僧难过掉泪。而这一次，通天河之难，我们看孙悟空，他居然不着急。他知道其实唐僧根本就不会有危险，但他必须亲自去救，不救不行。这就是我们讲的配合。

我们看，当他不着急的时候，他更游刃有余，不用打得太激烈，因为他也没有动肝火。发现打不过的时候，马上去请观世音菩萨。还是前面讲过的，谁让你去做，你去找谁就可以了。从这里开始我们发现，孙悟空已经变得聪明了，新的灵智出来了。

新的灵智出来，也可以理解为孙悟空已经开始悟“空”了，得到他“悟空”这条“道”了。我们也是如此，我们先来静静地想一想，我们到底真正自信的是什么。

属于自己的这个“一”，能不能让我们像天一样清明，像地一样宁静，像谷一样充盈，像万物一样繁衍生长。可以做到这几点，我们这个“一”就完成了。每个人在不同时间、不同地点，找到属于自己的“一”，就能满足心里愿望。

像孙悟空之前担心，怕妖怪把唐僧吃了，这就是他心中的恐惧，在这难中，孙悟空破除了自己心中的恐惧。这里提示我们，当我们破除了心中的恐惧想去做什么事情，只需要努力去做就可以了，办法会更多。

就像《道德经》写的：“故贵以贱为本，高以下为基”。

我们看，人要是没有这个“一”会怎么样。“天无以清，将恐裂；地无以宁，将恐发；神无以灵，将恐歇；谷无以盈，将恐竭；万物无以生，将恐灭”。天不得清明，恐怕要崩裂；地不得安宁，恐怕要震溃。

我们从人的角度简单理解，当心中恐惧的时候，生成的邪火不知道怎么发，发了虽然当时舒服，但过后满满都是忏悔和愧疚。其实就是没有找到属于自己自信的那个点，那个“一”。

发怒的背后是恐惧，通天河一难，孙悟空去打妖怪的时候，我们看到，他和猪八戒玩玩闹闹，一点儿也不着急。因为他已经找到了属于自己的“道”，心已经踏实了。

反过来讲，无论用脑还是用心，一直处在恐惧中，睡都睡不好。所以我们先要克服心中的恐惧，克服心中恐惧的方法有很多，根上就是找到那个“一”。也许每个人的“一”不一样，每个人的“道”不一样，但找到后，最后结果都是一样的。

这一难中，菩萨的那条金鱼常年听经，它找到了“一”，它变化了。最后那个驮唐僧过河的白鼋，请唐僧到了西天后，替他问问佛祖，它什么时候能脱壳得到人身。它其实就是没有找到“一”，没有找到自信。

这一难算是比较轻松地过去了，因为孙悟空有所提升。人在有所提升的时候，面对困难自己都会感觉容易些。通天河过去之后，会发生什么事情？我们继续关注下一难。

《道德经》第三十九章原文：

昔之得一者，天得一以清，地得一以宁，神得一以灵，谷得一以盈，万物得一以生，侯王得一以为天下贞。其致之。天无以清将恐裂，地无以宁将恐发，神无以灵将恐歇，谷无以盈将恐竭，万物无以生将恐灭，侯王无以贵高将恐蹶。故贵以贱为本，高以下为基。是以侯王自谓孤寡不谷。此非以贱为本邪？非乎？故致数舆无舆。不欲琭琭如玉，珞珞如石。

《道德经》第三十九章释义：

自始得一者，天得一而清澈，地得一而宁静，神得一而灵妙，河谷得一而充盈，万物得一而生长，侯王得一而使天下安定。推而言之，天没有清澈，恐怕要崩裂；地没有安宁，恐怕要震动；神没有灵性，恐怕要寂灭；河谷不能充盈，恐怕要枯竭；万物不能生长，恐怕要灭失；侯王不能使天下安定，恐怕会被倾覆。所以，贵重以轻贱为根本，高尚以卑下为根基。因此，侯王们自称为孤、寡、不谷，这不就是以卑贱为根本吗？不是吗？所以，至高的荣誉不是荣誉。不求光彩晶莹如宝玉，而愿厚重质朴如岩石。

第四十篇　金兜山逢怪

我们继续《西游记》第四十难：金兜山逢怪。

师徒一行别了白鼋一路西行，前面有一座金兜山，山里有金兜洞，洞中的独角兕大王，是太上老君坐骑青牛，偷了太上老君的“金钢琢”溜下界。唐僧饿了，孙悟空用金箍棒在地上画了一个圆圈，让唐僧、八戒、沙僧坐在里面，自己去化斋。八戒胡说，三藏耳软，不等悟空回来就走出了圈子，被妖怪捉去，孙悟空找到妖怪争斗，妖怪用圈子把金箍棒收走。

我们看一下，这里有一个细节，孙悟空画了个圈，唐僧出了这个圈。这样理解一下，当我们已经约定好事情的时候，如果我们自己变了，就像是走出这个圈子，到另外的圈子去了。生活中我们有很多的圈子，你不走这个圈子，就会走那个圈子，就看你是不是按照心去走的。

过了通天河，取经的路已走完一半，我们想想，唐三藏和孙悟空磨合很久了，我们可以发现，唐僧到现在其实还是有些不相信自己的心，如果相信，耳根也软不了。

我们先看一下对应的《道德经》第四十章：“反者，道之动；弱者，道之用。天下万物生于有，有生于无。”返还根本，这是道的规律；柔弱虚无，不可穷极，这是道的作用。天下万物产生于“有”，“有”产生于“无”。

简单理解下，既然说每个人都有自己的“道”。A 生气的话，“道”动了，就是“反者道之动”的状态。B 看 A 生气了，说，那就听你的吧，他就弱了下来，“弱者道之用”的状态。A 生气了，B 就弱了下来，其实就是弱肉强食的状态。

《西游记》中也是如此，无论孙悟空用什么方法，只有他打败了妖怪，他们才能一路前行。为什么能打败妖怪？一是他靠自己的能力；二是他请人的能力，也就是善于运用资源的能力。

我们也是如此，人生中无时无刻不在竞争。在学校有学校的竞争，在工作单位有工作单位的竞争，在任何地方都有竞争，这时候就看自己有没有《道德经》第三十九章说的“一”，有“一”之后，就是“有”的物质。“有”是怎么产生的呢？这一章告诉大家，产生于不可见的无形质。无形质，我们可以理解为一种精神。

我们来看，太上老君的这个圈，最开始的时候打过孙悟空的头。现在它可以去吸孙悟空的兵器，非常厉害！反过来去想，其实太上老君从一开始打孙悟空根本就没有用全力。他为什么没有用全力？咱在这里先不加分析。

在这里并不是孙悟空被套进去，而是他的兵器被套进去，兵器是他认为最宝贵的东西。我们的人生也是一样的，如果我们没有很强的能力，就会进到别人的圈里。

为什么唐僧又走了，又不听孙悟空的话了？我们试着这样理解，孙悟空一个跟头十万八千里，属于“动”的过程。唐僧和他的配合属于“静”的过程。每个人都有一颗躁动的心，都喜欢动，都静不下来。可是就像一个有无的关系，天下万物生于有，有生于无，如果没有“静”的过程，动怎么产生呢？产生不了。这就是动静的结合。

在我们的生活中，如果两个人配合做事情，一方是“动”的，另外一方一定要“静”，同样的，“动”的那方也要尊重“静”的那方。

孙悟空的棒子被太上老君的圈吸走了。我们可以想想，我们最宝贵的东西被拿走以后，要怎么去做？之前说到，孙悟空已经掌握了一些方法，他是不是可以继续用这些方法往前走呢？

其实看到这我们已经习惯了，就是出现了问题，一个问题中也许有一难，也许两难，或者更多。那么每一难中，都是需要磨练的，当我们找到方法以后，还是要不断去地磨练。

我们会发现，其实孙悟空非常不容易。也就是说，自己这颗心是非常不容易的，所以平时我们需要多关注自己这颗心，能去休息的时候就休息。偶尔阶段性努力冲刺是必须的，但不能经常这样，这不能是常态。一定要克服心中的恐惧，走好属于自己的路。

现在唐僧又被抓走了，唐僧是怎么被救出来的呢？让我们共同来看下一难。

《道德经》第四十章原文：

反者，道之动；弱者，道之用。天下万物生于有，有生于无。

《道德经》第四十章释义：

返还根本，这是道的规律；柔弱虚无，不可穷极，这是道的作用。天下万物产生于“有”，“有”产生于“无”。

第四十一篇　普天神难伏

我们开始《西游记》第四十一难：普天神难伏。孙悟空的金箍棒被妖怪用圈子套去，上天去勘查没有查到。玉帝派李天王父子相助，也被妖怪用圈子抢了兵器；悟空请火德星君烧他，被妖怪抢去火具；请水德星君淹他，又淹不着。孙悟空变化进洞把兵器偷了出来，与妖怪打斗，妖怪把圈子一抛，众人兵器又都被套去。这个圈子，就是太上老君的圈子，非常厉害。

我们对应看一下《道德经》第四十一章："上士闻道，勤而行之；中士闻道，若存若亡；下士闻道，大笑之，不笑不足以为道。故建言有之：明道若昧，进道若退，夷道若颣。上德若谷，大白若辱，广德若不足，建德若偷，质真若渝。大方无隅，大器晚成，大音希声，大象无形。道隐无名，夫唯道善贷且成。"

先看字面解释：上士之人听了道，深信躬行；中士之人听闻了道，将信将疑；下士之人听了道，认为是无稽之谈哈哈大笑。若不被下士嘲笑，就不是道了。因此古人为"道"立言这样说：光明的道，其表象好似暗昧；前进的道，其表象道好似后退；平坦的道，其表象好似崎岖。至高的德好似虚谷，至纯的德好似有瑕垢，广博的德好似缺失不足，建立德行好似畏缩，质厚纯真之德好似被污染。最大的地方，没有东西南北的边界；天下大器，需要时间成就；极为宽大的音响，听起来无声无息；极为广大的形象，看起来没有形状。"道"无形无相，无以名状。只有"道"，才能施予万物成就万物。

我们先看前几句："上士闻道，勤而行之；中士闻道，若存若亡；下士闻道，大笑之，不笑不足以为道。"这几句在我们生活中经常能听到。就像孙悟空、唐僧一样，他们"闻"了取经这条道，属于上士状态，勤而行之，无论中间遇到什么事情，都往前行。

生活中也是如此，当我们听到非常好的事情，有的人觉得这个真好，我一定努力去践行；有的人将信将疑；有的人完全不信。三种状态，特别相信、将信将疑、完全不信，任何事情都逃离不了这三种状态，做的方式不一样，最后所获得的成就也不一样。

后面几句就是告诉大家，应该如何去做。“故建言有之：明道若昧，进道若退，夷道若纇。上德若谷，大白若辱，广德若不足，建德若偷，质真若渝。大方无隅，大器晚成，大音希声，大象无形。道隐无名，夫唯道，善贷且成。”

这章里面有一个词，是我们经常听到、看到的，就是“大器晚成”。

我们分析一下，大器晚成，按照这一章的说法，它是第几步呢？前面要经历几步才能达到大器晚成呢？大器晚成和年龄没有关系，经历是一样的，经历出奇地相似。当有了目标时，不管你对它是上士还是中士的态度，都一样要经历这几步。经历是一样的，成就不同罢了。

我们先看上士的状态。“明道若昧，进道若退，夷道若纇”。光明的道好似暗昧，前进的道好似后退，平坦的道好似崎岖。我们要去做一件事，如果我们是上士的状态，你会发现和你能达成共识的人少之又少。缺少这种交流，你前进的时候没有很多人可以帮你。

第一步，“明道若昧”，光明的道路好似暗昧。因为你在未知领域做，是开疆破土，看不到前景，是暗昧的状态。

第二步，“进道若退”，前进的道路好似后退。对于你来讲是新鲜的事物，当你前进了，好像又后退了。

第三步，“夷道若纇”，平坦的道路好似崎岖。在做的时候，看似平坦，其实也是一种崎岖。以上是上士要经历的三步。

我们看中士，也一样是这三步。

第一步，“明道若昧”。中士会停留在什么地方？停留在和人交流的地方，将信将疑，会找很多人咨询，懂得的人还行。如果不是同行业的人，是外行人，他们不懂还各抒己见，会发现“明道若昧”，光明道路好似暗昧。如果超过一半以上的人持反对意见，很多人就止步于第一步。

第二步，“进道若退”。有人不服还要往前走，这时他会发现，“进道若退”，前进的道路好似后退。因为他问的人太多了，他会想起之前那些人跟他说的话，前行还不如不前行了。

第三步，“夷道若纇”，平坦的道路好似崎岖。同样的，他会做得越来越累，只不过他和上士不一样，上士也经历这几步，但上士的心是一直往前走的。

同样的，“上德若谷，广德若不足”，崇高的德好似峡谷，广大的德好像不足。上德，我们之前讲了，是帮助人不留名的状态。当你成就了目标的时候，你可以不留名，也可以留名，咱们在这里暂且先讲留名。

谷，可以是峡谷，可以是吃的谷子。关键是，有了一点成绩的时候帮助小部分人还是可以的，当帮助大部分人的时候，会发现还有很多不足的东西。

“建德若偷”，自己刚刚建立的，比如知识产权，总怕人偷走。“质真若渝”。质朴而纯真，好像混沌未开。你做这些是为了什么？如果是为了帮助更多人，就是广德的状态。

“大白若辱，大方无隅，大器晚成”，最洁白的东西反而还有污垢。其实我们会发现任何东西都会有瑕疵。很多人会有受辱的感受，肯定会有人去说你不好，其实没有关系，东西已经做出来了，或者说方式、方向、思路以及各方面出来了，别人怎么说，都和你没有多大关系了。

“大方无隅”，我们可以理解为方形的状态，想象一张复印纸，边上的棱角就是“无隅”。没有规矩不成方圆，天地间也是一个方圆世界。我们把规矩做好，方圆就形成了，形成以后就是“大器晚成”。

青牛用的是太上老君的圈子，它其实就是“道”的象征。他用圈来收兵器。这个兵器最开始是“无”，后来“有”，有了后，进入“道”，就又变成了“无”。从最开始孙悟空的金箍棒，到火德星君的火具，再到天兵天将的兵器，所有的这些，告诉我们这样的道理，太上老君的圈儿比较完善，是按规则完成的。

当我们修炼成自己的圈的时候，能不能吸别人的精华进来？还是让别人的圈吸收我们的精华？这点非常关键。

所以，还是之前讲的，一定要找到属于自己的道，找到属于自己的圈。当我们不能在自己圈里转的时候，只能进入别人的圈。进入别人的圈，任何规则都要听别人的。

我们继续往后看，最后一句“道隐无名”。道才能使万物善始善终，有些事情一开始就已经结束了。没有目标，没有终点，你只是在里面循环着。知道这个道理的时候，这个圈就已经初步形成了。

同样，做任何事都可以在这圈里转，所有人都愿意在你的圈里时，说明你做得非常成功，非常游刃有余了。

这些兵器都被吸进去后，孙悟空后面要怎么办呢？就像别人的圈套住我们的心，我们的心想摆脱，应该如何去做？请看下一难。

《道德经》第四十一章原文：

上士闻道，勤而行之；中士闻道，若存若亡；下士闻道，大笑之，不笑不足以为道。故建言有之：明道若昧，进道若退，夷道若颣。上德若谷，大白若辱，广德若不足，建德若偷，质真若渝。大方无隅，大器晚成，大音希声，大象无形。道隐无名，夫唯道善贷且成。

《道德经》第四十一章释义：

上士之人听闻吾道，深信躬行；中士之人听闻吾道，将信将疑；下士之人听闻吾道，认为是无稽之谈哈哈大笑。若不被下士嘲笑，就不是道了。因此古人为“道”立言这样说：光明的道，其表象好似暗昧；前进的道，其表象好似后退；平坦的道，其表象好似崎岖。至高的德好似虚谷、至纯的德好似有瑕垢，广博的德好似缺失不足，建立德行好似畏缩，质厚纯真之德好似被污染。最大的地方，没有东西南北的边界；天下大器，需要时间成就；极为宽大的音响，听起来无声无息；极为广大的形象，看起来没有形状；“道”无形无相，无以名状。只有“道”，才能施予万物成就万物。

第四十二篇　问佛根源

我们继续《西游记》第四十二难：问佛根源。

孙悟空与众神无计可施，忽想起佛法无边。于是孙悟空去西天找如来佛祖，如来派十八罗汉用金丹砂收妖，被妖怪用圈子把十八粒金丹砂也套去了。十八罗汉临走时如来单留下降龙、伏虎二尊者吩咐：如失了金丹砂，就叫孙悟空上离恨天兜率宫太上老君处寻他的踪迹。孙悟空立即找太上老君下界收了妖怪，老君将“金刚琢”吹口仙气，穿了青牛的鼻子，跨上青牛背回了兜率宫。

这个青牛是太上老君的坐骑，非常有意思。为什么说有意思？

其一，如来佛祖的法器，也没有把青牛降服。这章的名字叫问佛根源。给我们一个很大的启示：是谁的事，就得谁来做。问佛问的是根源，而不是请佛去降服青牛。

其二，青牛是太上老君的坐骑，此前讲的，通天河里那条鱼，他在观音那里听经修了神通，太上老君的坐骑也肯定非常了得。不仅如此，他还拿了太上老君的法器，更是如虎添翼。

这个圈子的防守作用非常厉害，他有自己的一个“道”，跟其他天兵天将、孙悟空等去比，我们可以理解为那个圈的道行更深一些。平时做事也是一样的，就看谁的道行更深。孙悟空是心的化身，心猿，他已经有“道”，所以要去找“道”的根源。“道”的根源是什么？我们看看《道德经》给我们的答案。

《道德经》第四十二章：“道生一，一生二，二生三，三生万物。万物负阴而抱阳，冲气以为和。人之所恶，唯孤寡不谷，而王公以为称。故物，或损之而益，或益之而损。人之所教，我亦教之。强梁者不得其死，吾将以为教父。”

看一下字面解释：道，由无生一，由一生阴阳二气，阴阳二气相交生出新事物，生成万物。万物皆有阴阳，阴阳二气融和。人们最厌恶的，就是孤苦、寡德、无谷充饥，但王公却用这些词称呼自己。所以一切事物，减损反而增益，增益反而减损。古圣先贤的教诲，我亦如是教化世人。强横之人死无其所，我把这句话当作施教的宗旨。

我们试想，太老君这个圈，最开始打了孙悟空，也就是说它具备攻击作用，同时又具备防守作用，我们可以理解为是一个阴阳。它不像其他兵器，其他兵器要么以进攻为主，要么以防守为主，这个圈进攻防守都有。它的防守就是进攻，把别人的兵器拿过来本身就是进攻的状态。

万物背阴向阳，阴阳二气互相激荡而形成新的和谐体。修炼“道”，就是找平衡状态。做任何事，都要达到平衡状态。学习知识也是这样，学习新的知识，要将新知识转化。学习只是接收，学好后要发散出去，学以致用，运用知识帮助更多的人。这就是阴阳互动的道理。

“故物或损之而益，或益之而损”。一切事物如果减损他，反而增加；如果增加他，反而减损。我们在社会上获得了一些成就，别人会给我们贴上一个标签，比如笔者是记忆大师，别人问的都是关于记忆的事情。这样是学不到东西的。如果别人不知道你是做什么的话，你就可以一直处于学习的状态。

“人之所恶，唯孤、寡、不谷，而王公以为称。”人们最厌恶的就是“孤”“寡”“不谷”，但王公却用这些字来称呼自己。王公已经是一个最大的称呼了，所以要用最小的去平衡，就是孤寡的状态。

结合《西游记》来分析，佛祖让罗汉去帮孙悟空，这个圈套了佛祖的金丹砂，可以理解为太上老君这圈什么都能套，佛祖的法器都能套。佛祖难道不知道吗？他肯定知道。可是为什么还让太上老君去套呢？这里我们抛出这个问题，有兴趣的读者可以思考。

孙悟空忽然想起佛法无边，这个圈，形态看似有边，无边的佛法和“有”也形成对立关系，同时也形成相生关系，这就是有无相生。孙悟空的想法是非常对的，圈子“有”的状态，去找“无”的状态，佛祖这里是最后一站，他再去找太上老君，就把这件事解决了。

这一难给我们的启示就是将自己的“道”修好，达到平衡状态。之前讲的一直在修道，到这里要学会找到平衡状态，这样才能帮助更多的人。达到这样的能力后，我们还要虚心谦卑。到了这里的状态已经是成功的状态，要调整好位置，掌握好平衡，更好地施展才华。

《道德经》第四十二章原文：

道生一，一生二，二生三，三生万物。万物负阴而抱阳，冲气以为和。

人之所恶，唯孤寡不谷，而王公以为称。故物，或损之而益，或益之而损。人之所教，我亦教之。强梁者不得其死，吾将以为教父。

《道德经》第四十二章释义：

道，由无生一，由一生阴阳二气，阴阳二气相交生出新事物，生成万物。万物皆有阴阳，阴阳二气融和。人们最厌恶的，就是孤苦、寡德、无谷充饥，但王公却用这些词称呼自己。所以一切事物，减损反而增益，增益反而减损。古圣先贤的教诲，我亦如是教化世人。强横之人死无其所，我把这句话当作施教的宗旨。

第四十三篇　吃水遭毒

我们继续看《西游记》，下一难是吃水遭毒。

唐僧师徒一行离开金兜山继续西行，忽遇一条小河，这条河就是西梁女国城外的子母河，西梁女国没有男人，女子年满二十岁之后，饮河中之水，形成胎气生产后代。如果误喝，需要解阳山“落胎泉”的水解胎气。唐僧、八戒两人口渴，喝了河水，不一会儿腹内疼痛难忍。但落胎泉如今被如意真仙占着，凡取水者得给他东西才行。这如意真仙正是红孩儿的叔叔，牛魔王的兄弟，前面号山之难时，孙悟空请观音收了红孩儿，他记恨孙悟空，所以孙悟空取水时他不肯给。后来孙悟空回去叫沙僧与他同去，悟空与道人争斗，沙僧才取了水，化了唐僧、八戒腹内胎气。

我们看，唐僧的每一难看似没有关联，其实有一个隐形关联。此前孙悟空请观音收了红孩儿，没有想到后面会有诸多麻烦，引来这么一难，喝水怀孕了，红孩儿的叔叔不给落胎水。《道德经》第四十三章讲的也是水的事情。这妖怪本身不厉害，孙悟空和沙僧靠两个人的能力就解决了，他们本身也只是要取水，去解唐僧和猪八戒的胎气。

我们看《道德经》第四十三章：“天下之至柔，驰骋天下之至坚；无有入无间，吾是以知无为之有益。不言之教，无为之益，天下希及之。”

我们先看字面解释：天下最柔弱的东西，腾越穿行于最坚硬的东西中；无形的力量可以穿透没有间隙的东西，我因此认识到“无为”的益处。“不言”的教导，“无为”的益处，普天下少有能赶上它的。

这里又一次讲到“无为”。水，是天下最柔弱的东西，《道德经》第七十八章也讲了，“天下莫柔弱于水”。

最柔弱的水，进入腹中，使人疼痛难忍。这就是“无有入无间”，腾越穿行于最坚硬的东西中。水先进嘴里，绕来绕去到腹中，需要各种各样的环节。

我们从这章来分析“无为”。我们做事，刚开始也许很顺利，后面慢慢蜿蜒曲折，有时候会停滞，最后又通畅。这个状态跟人吃东西一样，先嚼烂了，咽进去，通过食道来到胃里，在胃里停留，然后再进入小肠，小肠非常长、非常曲折，然后再进大肠，最后排出去，通畅了。

做事也是如此，只是每个人做事的时候，有的喜欢嚼东西的状态，有的只喜欢通畅状态，有的喜欢消化状态（就是反复斟酌），有的喜欢弯弯绕的状态。种种状态形成一种配合。人如果把这几项都做好，对应身体，就是很舒服的状态。就是你的性格会对身体产生影响。

我们经常讲用“心”去做事，所以，心，很少会有恶性肿瘤出现。大家没听说过“心癌”吧，但有肝癌、胃癌、肠癌。我们也没听说过用肝、胃、肠做事，只有用心做事。

最柔弱的东西是水，水滋养万物。五脏对应五行、五音、五色，对应身体种种内外的各种关系。让心、肝、脾、肺、肾统一运动，就像水似的，让我们把能量都注进去，然后达到后面讲的“无为”状态。达到“无为”状态，可以保证身体健康舒服。

这一难给我们最大的启示是，当我们解决困难的时候，还要去想这个困难背后是不是还会有其他困难出现。孙悟空和牛魔王如果没有关系，也就没有这一难。或是让菩萨写个文书之类的，有个信物，证明红孩儿的确是跟着菩萨走了。

当我们做事达到游刃有余的境界，可以逐渐控制自己的新陈代谢，能做到控制新陈代谢之前要先做到像水一样柔软，就是弱下来。慢慢地你会发现可以和内脏进行交流沟通。不要像这一难，水到腹中之后产生疼痛。我们要找到相应的解决办法，也就是怎样预防。

《道德经》第四十三章原文：

天下之至柔，驰骋天下之至坚；无有入无间，吾是以知无为之有益。不言之教，无为之益，天下希及之。

《道德经》第四十三章释义：

天下最柔弱的东西，可以穿行天下最坚硬的事物；无形之物，可以进入没有间隙的东西。因为这些，我认识到“无为”的益处所在。“不言”“无为”的教益，普天下很少有人能够达到。

第四十四篇　女国留婚

我们继续《西游记》第四十四难：女国留婚。这一难是非常经典的。

唐僧、八戒吃了落胎泉水化了胎气，师徒一行别了村舍人家，继续西行几十里后，到了西梁国界。城中不分老少尽是女人，这里就是大家都熟知的女儿国。女儿国国王对唐僧未见倾心，要以一国之富、江山王位相赠，与唐僧成亲。无奈之下孙悟空出主意，让唐僧先答应成亲，倒换关文后叫三个徒弟继续去西天取经，唐僧趁送徒弟之机逃走。吃完婚宴后，孙悟空、猪八戒、沙和尚西行取经，女王与唐僧相送，告别时，唐僧下龙车，对女王拱手道："陛下请回，贫僧取经去也"。女王闻言大惊失色。

这一难，看过《西游记》的读者印象都很深刻。唐僧在这一难中有没有动情，这个不好说，但拒绝的力度显然是不够的。而且孙悟空也没去用像往常对待妖怪的那些手段。为什么？因为孙悟空是心猿，他肯定也是知道西梁女国的国王是真心对待唐僧的。

我们也一样，对方是真心，我们也不忍去伤害。也许会用"骗"，但这个"骗"是善意的谎言，因为唐僧当时的确有自己的事情要做，有自己的大业，有自己的宏愿。我们也可以理解为，与这个女王有缘无分。

我们看一下这一难和《道德经》第四十四章的联系："名与身孰亲？身与货孰多？得与亡孰病？是故甚爱必大费，多藏必厚亡。知足不辱，知止不殆，可以长久。"

我们先看字面解释：声名和生命相比哪一样更为亲切？生命和货利比起来哪一样更为贵重？获取和丢失相比，哪一个更有害？过分地爱名利就必定要付出更多的代价；过于积敛财富，必定会遭到更为惨重的损失。所以说，懂得满足，就不会受到屈辱；懂得适可而止，就不会遇见危险；这样才可以保持住长久的平安。

"名与身孰亲？身与货孰多？得与亡孰病"都是两两对比。女儿国的国王，她想倾一国的财富和唐僧结合，对于她来说，财富重要还是唐僧重要？她有她的选择。唐僧也有自己的选择，国王重要还是取经重要？

我们的人生中，一直面临各种选择，就像《道德经》这章讲的，大多数是为了名为了利在做选择。这里告诉大家，“知足不辱，知止不殆，可以长久”，当我们懂得满足，懂得适可而止，就会保持永久的平安。

唐僧先假意答应了婚事，假意跟国王一起送走徒弟们，然后他就这样走了。女儿国国王会伤心吗？肯定会伤心的。就像《道德经》这一章说的，懂得适可而止，就不会受到屈辱，就不会遇见危险。

我们也是如此，当我们得不到自己想要的东西的时候，我们也要做到适可而止。适可而止，对我们人生来讲，是一门必修的课程，毕竟人有七情六欲，不仅我们有七情六欲，别人也会有七情六欲。所以我们可以这样理解：当我们对别人适可而止的时候，别人也会对我们适可而止，这是一种相互的过程。

这期间我们要去做相应的选择。要想好我们要什么，就像唐僧这一难中所展现的，国王的位置和相应的财富，虽说不像大唐这么有势力，但毕竟也是一个国家。面对这一切，王位、江山、财富、爱恋，唐僧都不曾忘记自己的目标，自己要做的事情。

我们每个人也是如此，当遇上非常大的诱惑的时候，当遇到无比珍贵的东西的时候，回想一下，自己曾经发过的那个愿、那个目标，它还在不在自己的心里。同时也在心里想一下，到底哪个才是自己想要的。当我们找到自己目标的时候，我们一路前行的时候才不会后悔。

想好了以后，我们就能更好地依照自己的本心，带着我们相应的能力，更好地前行。这一难给我们最大的启示，就是让我们静下心来，稍稍地去做好选择，依照自己心中的目标，坚定不移地往前行。

《道德经》第四十四章原文：

名与身孰亲？身与货孰多？得与亡孰病？是故甚爱必大费，多藏必厚亡。知足不辱，知止不殆，可以长久。

《道德经》第四十四章释义：

名誉与生命哪个更亲切？生命和财物哪个更贵重？得到和失去哪个更有害？所以，过分贪爱必定要付出更多代价，收藏过多财富必会有更多损失。知足就不会被侮辱，知止就不会有危险，这样可以长久。

第四十五篇　琵琶洞受苦

我们继续看《西游记》下一难：琵琶洞受苦。

唐僧告别西梁女国国王，国王拉住三藏不肯放，沙僧把师父抢出，扶侍上马。忽从路旁闪出一个女子把唐僧摄走了。这个女子是一只母蝎子精化成的，住在西梁国不远处毒敌山琵琶洞，她摄去唐僧是想和唐僧成亲，并无杀害之意。这妖精十分厉害，蜇过如来，如今躲在琵琶洞，菩萨也近她不得。

孙悟空找到她的洞府，被她在头上蜇了一下，疼痛难忍，又叫八戒与之同行斗那妖精，结果八戒嘴上又被蜇了一下，兄弟二人败下阵来。这时观音菩萨化作一个老妈妈，指点悟空到东天门光明宫找昴日星官降妖。悟空、八戒把妖怪引出，昴日星官现出本相，是一只双冠大公鸡，昂起头来，对着妖精叫一声，妖精立即现了蝎子精的本相。

我们先来分析一下这个故事。身外很多事情，其实是人的内心所化现。就像我们看一个人，我们眼里的优点，在另一个人眼里也许是缺点；我们认为的缺点，从别人的角度看可能是优点。所以，没有绝对的优缺点，无非是自己心的化现。

上一难的时候，西梁女国国王扯住唐僧不放，沙僧把师父抢出，扶侍上马。当我们的心放不下的时候，对方的心也放不下。所以，当我们心中有目标的时候，如果你苦牵着一些其他的东西不放，后面就会出来一些妖怪。在这里化现的妖怪，已经讲得很明白了，这妖怪也想和唐三藏成亲。这就是唐三藏的心魔化现。

我们可以看到，到这一难的时候，唐僧的化现能力开始变得越来越强。他所化现的这只蝎子精，就是为了和他成亲的。和女儿国国王是同样的状况，只不过国王是人，她没有这样的能力。化出来的这个妖怪是有能力的，能把他摄入洞中。

所以还是开篇讲的，佛即是心，心即是佛。此前唐僧昧了心，假意答应女儿国国王去成亲。化现的能力是很强的。当我们总是从美的角度去看世界，久而久之，回馈我们的，也是美的感受。

现在我们看对应的《道德经》第四十五章："大成若缺，其用不弊；大盈若冲，其用不穷。大直若屈，大巧若拙，大辩若讷。躁胜寒，静胜热，清静为天下正。”

我们先看字面解释：最完满的东西，好似有残缺一样，但它的作用永远不会衰竭；最充盈的东西，好似空虚一样，但是它的作用是不会穷尽的。最正直的东西，好似有弯曲一样；最灵巧的东西，好似最笨拙的；最卓越的辩才，好似不善言辞一样。充盈不知寒冷，静心不觉酷热。清静无为是正道。

这里已经告诉我们很直接的道理了：“大成若缺，其用不弊；大盈若冲，其用不穷”。最圆满的东西好似有残缺一样。好似有残缺，其实就是有残缺，这样它的作用永远不会衰竭。最充盈的东西好似空虚一样，它的作用是不会穷尽的。所以我们才有学无止境这句话。

这些妖魔可以理解为唐僧发的誓言，是他的心之所化。所以这里最累的是谁？是孙悟空。孙悟空是心猿，由于妖怪是唐僧的心所化，孙悟空这个心猿还得去降妖除魔。

“大直若屈，大巧若拙，大辩若讷”。最正直的东西，好似有弯曲一样；最灵巧的东西，好似最笨拙的；最卓越的辩才，好似不善言辞一样。反方向的理论，也是人生的一种智慧，从这点分析唐僧的这一难，看似女儿国国王是人，你认为人是最好欺负的，但其实这一难，包括背后的一些东西，是连佛祖都没办法的。我们可以理解为，人其实是最厉害的。

我们继续看《道德经》后面的话，“躁胜寒，静胜热。清静为天下正。”这里明确指出了，对唐僧来讲，清静无为是很关键的。

但是按照前面讲的一个圆的理论，从最低点到最高点，再往下滑是一种惯性。他从最低点走到最高点所遇上的问题，在下来的时候还是会遇上。前面通天河那一难，孙悟空就知道师父不会有什么危险。可还是有危机出现。但是这种危险已经变成他心中所化，也就是说，这些东西都是他心中想的。换句话讲，也就是真正的没有危险了。

这时候的唐僧开始进入一种“无为”状态，剩下的就是要去完成清静的修为。

我们看最后蝎子精是怎么被降服的呢？悟空请到昴日星君。昴日星君是一只大公鸡，专门对付蝎子之类的妖精，一物降一物。这种相生相克的原理，对于人来讲是非常关键的。

有些事情，佛祖都做不了，但是通过相生相克却可以做到。反过来讲，每个人都有自己的使命，我们只需要找到自己的使命，朝前去行，就不会是空洞的状态。

因为使命是转起来的，起点便是终点。你一圈圈地转，会感觉生命更加有意义。如果使命与利益众生有关，那么向着目标前行时，就会越来越有信心。

《道德经》第四十五章原文：

大成若缺，其用不弊；大盈若冲，其用不穷。大直若屈，大巧若拙，大辩若讷。躁胜寒，静胜热，清静为天下正。

《道德经》第四十五章释义：

最圆满的东西，表象好似有残缺，但它的效用不会凋敝；最充盈的东西，表象好似空虚，但它的效用没有穷尽。最直的东西，表象好似弯曲；最巧妙的东西，表象好似拙劣；最明辨者，表象好似不善言辞。充盈不知寒冷，静心不觉酷热，清静是天下正道。

第四十六篇　再贬心猿

我们继续看《西游记》第四十六难：再贬心猿。

孙悟空请昴日星官降伏了妖精，从琵琶洞救出唐僧，师徒一路西行。八戒卖弄想叫白龙马快走，马不听他的。孙悟空把金箍棒晃一晃，那马如飞似箭，唐僧挽不住缰绳，走出几十里才慢下来。忽然从路旁闪出三十多人拦住去路，把唐僧吊在树上，悟空赶上后救下唐僧，等唐僧走远，他把两个强盗头子打死，被师父埋怨了一顿。

师徒继续前行，又遇这伙强盗一路追杀，吓得唐僧没了主意，孙悟空拿出铁棒一路打杀，把这伙强盗全杀光。唐僧一看，念起紧箍咒来，疼得悟空满地打滚。悟空怕再念，驾云空中，欲回花果山恐被见笑；欲投奔天宫恐不容久住。求师父留下自己，唐僧不理只管念咒，悟空疼得死去活来，无奈，只好驾云去寻找观音菩萨。

我们从上难得知，唐僧唯一过不去的，其实是人这一关，这一难直接化现的就是人。之前两难是女儿国的国王，是女人；这一难是强盗，是男人。他唯独不认可孙悟空的一点是打杀人。

他认可过孙悟空吗？肯定是认可过。如果我们所见的人都是心中化现，我们认可他，其实是认可自己；我们不认可他，其实也是不认可自己。

现在我们看一下《道德经》第四十六章："天下有道，却走马以粪；天下无道，戎马生于郊。祸莫大于不知足，咎莫大于欲得；故知足之足，常足矣。"

先看字面解释：治理天下有道，国泰民安，良马被放到田间去耕种而不是作战；治理天下不合乎道，战争频起，战马在战地郊野生下小马驹。最大的祸害莫过于不知足，最大的过失莫过于贪欲。知道什么地步该满足，是恒久满足。

我们想一下，走到现在，已经过半了，孙悟空为什么去打杀那几个强盗？我们换另外的角度想，其实他们遇上了唐僧是他们的终结。因为他们不抢唐僧，后面会危害更多的人。只不过唐僧想逃避，不想造过多杀孽。

结束他们，就会减少对其他人的危害，这是每个人都明白的道理。他不认可孙悟空，就是不认可自己，不认可自己这个心。人有四项，衣、食、住、行。衣，要穿合意的；食，吃合自己口味的；住，住自己觉得舒服的；行，去找觉得可行的道路。修行就是去修我们不认同的东西。

唐僧不认同，这难肯定会发生。为什么不认同？因为不知足。反过来想，人的欲望是无限大的，在上一章《道德经》已经讲了，"大成若缺，其用不弊"。认为比较完满的东西，看似还有缺失。它是连绵不绝的状态，所以我们要知道满足。

换个想法，我们站在唐僧的角度，孙悟空已经帮他打了一路，保护了他一路。他还是对悟空不认同。对悟空不认同、不知足，就是对自己的心不认同、不知足。你去强迫自己的内心，去指责自己的内心，你的内心肯定会发生相应的一些事情。孙悟空中间回来了一次，唐僧还是贬了他，继续念紧箍咒，孙悟空最后选择奔南海而去。

这一章给我们最大的启示，就像《道德经》讲的，做事要合乎"道"。不能为自己想太多，要多为别人去想。唐僧为自己去想，不愿多造杀孽。如果换另外的人杀这些强盗，他也许就不会管。如果杀了强盗，就不会有更多人被这些强盗所杀，正反对错，都在一念间，完全凭自己。

它给我们的另一个提示是要知足、满足。当我们取得一定成绩后，可以定一个利益众生的目标，这时候可以一直往前走。

"故知足之足，常足矣"。知道了到什么地步该满足的人，永远是满足的。父母在各种事情上满足、知足，孩子就没有这么大的欲望。我们总说孩子不听话，反过来去想想家长自己，也是有很多欲望和不满足，于是孩子也会说想要这个，想要那个，孩子和父母是共生的状态。

如果想让孩子达到心中满足，达到我们想要的那种状态，我们自己得先达到那种状态，这样才能和孩子共生。达不到怎么办呢？就像《西游记》这一难讲的，有些事情必须得先经历，才能达到。这就是人生。

我们不要忘了，孙悟空、猪八戒、沙和尚、白龙马，他们都是属于神仙级别的，唯独唐僧，他是肉眼凡胎，是个人。从女儿国国王再到唐僧，我们发现，人的确很厉害，最难过的关是人。

唐僧把孙悟空贬走之后，孙悟空学到的是放下。你这样做，我放下了，我直接去找观世音菩萨。我们看一下，当心放下的时候，后面到底会发生怎么样的事情呢？

《道德经》第四十六章原文：

天下有道，却走马以粪；天下无道，戎马生于郊。祸莫大于不知足，咎莫大于欲得。故知足之足，常足矣。

《道德经》第四十六章释义：

治理天下有道，国泰民安，良马被放到田间去耕种而不是作战；治理天下不合乎道，战争频起，战马在战地郊野生下小马驹。最大的祸害莫过于不知足，最大的过失莫过于贪欲。知道什么地步该满足，是恒久满足。

第四十七篇　识得猕猴

孙悟空被师父唐僧赶走后，唐僧、八戒、沙僧师徒继续西行。唐僧又饥又渴，八戒、沙僧找水不归，忽见悟空跪在眼前给他水喝（这是六耳猕猴变的孙悟空）。唐僧说："不喝你水，渴死任命，你去罢。"假悟空变了脸，抡铁棒打昏了唐僧，夺了行李不知去向。

唐僧苏醒后对八戒、沙僧备言前事，气得兄弟二人大骂孙悟空。沙僧去花果山寻行李，看到悟空正在念通牒官文，旁边还有一个假沙僧，沙僧抡起禅杖打死了假沙僧，急驾云去南海找观音菩萨，却见悟空已在菩萨那里。

悟空、沙僧同到花果山，真假悟空杀得天昏地暗分不出胜负，无奈又去找菩萨，菩萨也难辨认，又打到唐僧面前，念咒头都疼，也分辨不出。打到天宫、打到冥府都不能辨认，最后到如来前分出了真假。假悟空见被识破急欲逃生，被如来抛出钵盂盖在底下，乃是六耳猕猴，被孙悟空一棒打死，至今绝此一种。

我们先不说六耳猕猴到底是生是死。我们可以将六耳猕猴看作孙悟空的心魔所化。孙悟空是唐僧的心，这颗心本身也是有生命的。当完全不被认同的时候，他会形成一股恶念，后面才会抢了他的行李。

这是有一个关键点，真假孙悟空菩萨识别不出，唐三藏念咒也能识别。到了天宫，到了地府，都没有查出来，唯独到如来那里识别出来了。我们想一下这是为什么？

我们先看一下《道德经》第四十七章："不出户，知天下；不阚牖，见天道。其出弥远，其知弥少。是以圣人不行而知，不见而明，不为而成。"

先看字面解释：不出户，可知天下；不望窗外，就知道自然规律。向外走的越远，对"道"知道的就越少。因此，圣人不出行，就能知道天下事；不窥察，就明了自然规律；不作为，一切自然成就。

"不出户，知天下"，不出门户就可以推知天下的事理。佛祖知道六耳猕猴是假悟空，还能分析得头头是道，这说明一点，佛祖的知识体系非常庞大。如果有小朋友看《道西游》，看到这一难，要明白这个道理，学习知识很关键。知识是必须学的，如果不去学习的话，就不能明白天下事。如果你看的书比别人多一倍、多十倍、多一百倍的话，你的知识就更多。

有很多事情，菩萨不知道，唯独佛祖知道，就是因佛祖的知识是非常多的。知识多的人，众人都佩服他；知识多，就能更好地解决当下的事。

当知识达到一定程度，一定要去修自己，也就是修内，不出门就能知道天下事理。修完外之后要修内，就好比照顾好吃、穿、用、事业、学习等，还要照顾好内在精神、心情、情绪等。内外都照顾好，就会过得越来越幸福。

刚开始的时候，可以先注重外，之后再注重内；也可以先注重内，再注重外。最好的办法是什么呢？就是像唐僧师徒一样，内外兼修。如果有一方没兼顾，它在下一难就会体现出来。

这一难，我们可以这么理解，上次贬完孙悟空，唐僧有没有发生这些事情？没有，只是遇到金銮殿变虎这一难。现在他的心中到底有没有孙悟空呢？有，没有的话就不会有假的孙悟空出现。

按照我们上一篇的理论来讲，这些难都是唐僧心中所化现。他认为孙悟空恶，那么恶的孙悟空会过来；真孙悟空过来的时候，就是善的孙悟空又回来了。最后才说，六耳猕猴，他因心生善念而灭，心生恶念而生。

当我们遇上一些过不了的事情的时候，慢慢把它放下。如果放不下，要学着如何去放下，这就是修行。

人生也是如此，很多人不相信自己的内心，最后给自己带来很大的困扰。同样，有人相信自己的内心，然后获得了相应的成功。修行的路上，不仅是唐僧一个人在成长，孙悟空也在成长。

每个事物都是有生命的，我们的内脏也是有生命的。我们是不是该按照四时的变化来照顾它，顺应时辰来养护它。

排毒的时候，内脏肯定要有自己的运动，如果长期占用它（比如不休息），它肯定会不高兴，过后肯定会给我们点"颜色"看看。所以保护好自己的内脏会给我们减少很多麻烦和负担。

我们可以多看一些关于养生方面的书籍，比如时辰对应内脏的运行规律，好好保护、重视自己的心，休息一下，别太累，该睡觉就睡觉，该吃饭就吃饭。

《道德经》第四十七章原文：

不出户，知天下；不阚牖，见天道。其出弥远，其知弥少。是以圣人不行而知，不见而明，不为而成。

《道德经》第四十七章释义：

不出户，可知天下；不望窗外，就知道自然规律。向外走的越远，对“道”知道的就越少。因此，圣人不出行，就能知道天下事；不窥察，就明了自然规律；不作为，一切自然成就。

第四十八篇　火焰山高（一借芭蕉扇）

师徒继续西行，渐觉热气蒸人。一打听，前方是八百里火焰山，只有铁扇公主的芭蕉扇才能对治火焰山，“一扇息火，二扇生风，三扇下雨”。铁扇公主正是牛魔王之妻、红孩儿之母，此前孙悟空请观音菩萨收服红孩儿，红孩儿做了观音的善财童子不得自由，与父母见少离多，铁扇公主记恨着孙悟空。

孙悟空第一次去借扇，铁扇公主斗不过悟空，拿扇子一扇，把孙悟空扇得滚了一夜，直到天明才落在小须弥山上，也就是此前灵吉菩萨降黄风怪之处。悟空寻到灵吉菩萨，灵吉菩萨给他一粒“定风丹”。于是悟空返回芭蕉洞与铁扇公主争斗，公主又用扇子扇他，悟空纹丝不动。铁扇公主转入洞中不出，悟空变作小虫从门缝钻进洞里，飞在茶沫之下，被公主喝进肚子，悟空在公主肚子里乱蹬，疼得公主求饶，把假扇借与悟空。结果悟空一扇火光烘烘，二扇火气愈盛，三扇火头飞有千丈之高，才知道上当受骗。

我们知道，这一难还是之前红孩儿那一难留的根儿，一会儿叔叔出来，一会儿铁扇公主出来，这件事一直没过去。之前红孩儿是怎么出现的？当时讲是智慧出来了，也就是文殊菩萨的狮子变作假的唐僧，即此前被魔化身的故事。

火焰山是怎么来的？是孙悟空种下的。当年齐天大圣踢倒了太上老君的八卦炉，种下了火焰山。从另一个角度分析，此前各难，一直是唐僧的心的化现，到这里是孙悟空的心之所化，他以前所做的事，到现在遇上了相应的困难。

之前六耳猕猴出来的时候，唐僧应该知道自己是存在问题的。那么唐僧既然知道存在问题，他选择放下，也不得不放下。妖怪能放下，菩萨能放下，人也能放下。后面修炼更多的是孙悟空，孙悟空是心，心已经生出善念、恶念，心已经活了。心活了以后，就要以心的内容去体现。

就和很多人是一样的，以前做过一些事，做的这些事对于以后有没有帮助呢？要去看他是不是能放下。现在我们看对应的《道德经》第四十八章：“为学日益，为道日损。损之又损，以至于无为。无为而无不为，取天下常以无事。及其有事，不足以取天下。”

“为学日益”，当我们学到的越多欲望也就越多；“为道日损”，求道的人，欲望一天比一天减少。当去追求内在的道，找到自己内在本身的时候，有些东西慢慢就会减少，类似无欲无求的状态。最后告诉大家，“损之又损，以至于无为”，减少又减少，到最后无为的境地，“无为而无不为”，如果能够做到无为，即不妄为，任何事情都可以有所作为。

很多人一直在追求一种“无为”的状态，以为“无为”就是不去做，其实我们可以试验一下，你坐在那儿十秒钟，什么都不做、不想，你能做到吗？肯定做不到。城市生活的人，静下来一两个小时很难，即便是静下来，也都是看电视、玩手机等，你会感觉每天都过得非常累，因为一直在运动过程中，都在“动”中，没有“静”。

静，不是没事儿做。我们看火焰山这一难，是孙悟空当年种下的因，现在去承担这个果。过了通天河后，告诉大家的就是要把以前所做的弥补一下，弥补之后才能继续前行。

他种下的因，肯定还得是他去弥补，别人也做不了。因为之前红孩儿这一难有点小问题，借芭蕉扇时才产生了这些大问题，上当受骗了。就像我们的人生，也会上当受骗。

上当受骗是什么状态？火焰山这一难中，火越扇越大。当受骗的时候，越扇这火就越大。为什么会受骗？其实就是当年种下的因。可是这件事，是因为太上老君主动请缨想把他炼成丹。为什么把他炼成丹呢？是因为孙悟空大闹天宫，吃了他的仙丹。所以说，冤冤相报何时了？

这一难讲的更多的是放下。让唐僧放下，让孙悟空放下。那么他们能不能顺利过火焰山呢？这难没有讲，我们会从下一难找寻答案。我们可以回头再分析一下，这一难到底给我们什么启示。

当年种下所有的因，在后面都会有相应的果出现。只有去克服才能通过。很多事情，当经历过半的时候，后一半往往是在去除前一半的结果。十万八千里，先经历五万四千里，五加四是九，是极数，就到了根本，再去弥补以前的过失，这时候离成功就不远了。为什么我现在做事，好像是在弥补以前的事情？当你发现这个特点的时候，离真正的成功就不远了。

《道德经》第四十八章原文：

为学日益，为道日损。损之又损，以至于无为。无为而无不为，取天下常以无事。及其有事，不足以取天下。

《道德经》第四十八章释义：

求学，每日增益新知和技能；求道，每日减少妄念和私欲。一步步减少，最后到了无为的境地。到了无为的境界，则无所不为。治理天下，要以无为的方式，如果造作施为，治理不了天下。

第四十九篇　求取芭蕉扇（二借芭蕉扇）

孙悟空一借芭蕉扇未成，师徒进退两难，火焰山的土地（本是兜率宫守炉的道人，太上老君怪他失守，降至凡间）告诉悟空，牛魔王现在撇下铁扇公主，在玉面公主那里。悟空找牛魔王帮忙，牛魔王为红孩儿的事记恨悟空而跟悟空大战。悟空变作牛魔王模样偷了牛魔王的坐骑避水金睛兽去骗铁扇公主，把扇子骗到手。牛魔王发现丢了避水金睛兽，变作八戒又把扇子骗回。

我们来看，这一难一直是一个“骗”字。从修行角度，骗这关也需要去过。不过我们会发现，当你用骗的形式去做事，最后得到的也是骗。前面女儿国那一难，用了骗，后来引出来了蝎子精。在这里又骗，后面得到的也是骗的结果。

我们可以这样理解，就是以什么样的手段过去，就会有什么样的手段回来，这很符合“道”的状态。我们看一下《道德经》第四十九章：“圣人无常心，以百姓心为心。善者，吾善之；不善者，吾亦善之，德善。信者，吾信之；不信者，吾亦信之，德信。圣人在天下，歙歙为天下浑其心。百姓皆注其耳目焉，圣人皆孩之。”

之前讲了，孙悟空以骗的形式去，后面以骗的形式给他返回来。我们看，自打六耳猕猴出现，孙悟空的心像能力也开始出现了。对应《道德经》这一章，讲的正好也是心，对于他们即将成圣，需要怎么去做呢？就是“圣人常无心，以百姓心为心。善者，吾善之；不善者，吾亦善之，德善。信者，吾信之；不信者，吾亦信之，德信”。圣人没有私心，以百姓之心为心。对于善良的人，我善待他；对于不善良的人，我也善待他，这是善良博爱之德。对于守信的人，我信任他；对于不守信的人，我也信任他，这是诚信之德。

这就是讲你能不能融入自己的过去，认可自己的过去，把自己的过去补回来。如果说你认可自己的过去，做好自己的过去的话，其实很多事情，就像这章讲的：对于善良的人，我善待于他；对于不善良的人，我也善待他，这样就可以得到善良了，从而使人人向善。对于守信的人，我信任他；对不守信的人，我也信任他，这样可以得到诚信了，从而使人人守信。

“圣人在天下，歙歙为天下混其心”，圣人治天下，和顺无我，使天下之心都归于浑厚纯朴。我们可以想象一下，芭蕉扇灭的是什么火？灭的就是孙悟空的心头火。前面再贬心猿一难，他回来以后，对于唐僧还是有一些心头火，这个心头火以火焰山的外像展现出来。谁能给自己呈现外像？只有自己的过去才能呈现自己的外像。很多火气，只要你静下来，就放下了。就像《道德经》这章最后一句讲的：有道的人是婴儿般淳朴的状态，即使当下有气，也能放下。

“百姓皆注其耳目焉”，百姓专注于自己耳聪目明，圣人使他们都回复到婴孩般质朴的状态。我们放下了，回归到婴儿般的状态，婴儿有记忆吗？是有的，可是长大以后又有多少人能记得婴儿的状态？我们要学会放下，并且去解决过去的一些问题。发现问题，再去解决问题，没有发现问题，不用杞人忧天。很多人做事时会这样，明明还没有发生，他却想这事会怎么发生，那事怎么办。如果你本身是有修行的人，你心中所想的、所恐惧的，必然会出现；如果你放下，它必然就会放下。

到这里，孙悟空还是没有借到扇子。他骗到扇子，然后又被骗了回去。他到底怎么样才能借到扇子呢？我们一起欣赏《西游记》的下一难。

《道德经》第四十九章原文：

圣人无常心，以百姓心为心。善者，吾善之；不善者，吾亦善之，德善。信者，吾信之；不信者，吾亦信之，德信。圣人在天下，歙歙为天下浑其心。百姓皆注其耳目焉，圣人皆孩之。

《道德经》第四十九章释义：

圣人没有私心，以百姓之心为心。对于善良的人，我善待他；对于不善良的人，我也善待他，这是善良博爱之德。

对于守信的人，我信任他；对于不守信的人，我也信任他，这是诚信之德。

圣人治天下，和顺无我，使天下之心都归于浑厚纯朴。百姓专注于自己耳聪目明，圣人使他们都回复到婴孩般质朴的状态。

第五十篇　收缚魔王（三借芭蕉扇）

孙悟空二次借扇未成，带着八戒找牛魔王争斗，土地众神都来助力围困。魔云洞内玉面公主被八戒一耙打死，原来是个玉面狐狸精。牛魔王与悟空赌斗变化，抵不住败了阵往北走，早有五台山秘魔岩神通广大泼法金刚奉如来佛旨，布天罗地网在此擒之。牛魔王慌向南逃，又撞见峨眉山清凉洞法力无量胜至金刚奉佛旨在此等候擒拿。往东逃，却逢须弥山摩耳崖毗卢沙门大力金刚；向西，又遇见昆仑山金霞岭不坏尊王永住金刚。驾云头望上，早有托塔李天王并哪吒三太子等众神将奉玉帝旨意特来剿除牛魔王。悟空拿扇子向火焰山连扇四十九扇，灭了火焰山，造福一方百姓。

我们看一下对应的《道德经》第五十章："出生入死。生之徒，十有三；死之徒，十有三；人之生，动之死地，亦十有三。夫何故？以其生生之厚。盖闻善摄生者，陆行不遇兕虎，入军不被甲兵。兕无所投其角，虎无所措其爪，兵无所容其刃。夫何故？以其无死地。"

字面解释：人始出于世而生，最终入于地而死。属于长寿的人有十分之三；属于短命而亡的人有十分之三；人本来可以活得长久些，却自己走向死亡之路，也占十分之三。为什么会这样呢？因为奉养太过度了。据说，善于养护自己生命的人，在陆地上行走，不会遇到凶恶的犀牛和猛虎，在战争中也受不到武器的伤害。犀牛于其身无处投角，老虎对其身无处伸爪，武器对其身无处刺击。为什么会这样呢？因为他没有进入死亡的领域。

这一难中，牛魔王第一抛弃罗刹女，第二阻了唐三藏西行。就算有仇，过去就过去了，没有必要这样做。阻挡西行是魔的状态，所以当孙悟空努力化解这件事的时候，再加上他的使命，诸天神佛都来帮助他围剿牛魔王。

牛魔王有点像"死之徒十有三"。本来可以活得长久，却自己走向灭亡之路。我们要学会几点：第一，善于养护自己，不把自己陷入危难之地，也就是养护心性；第二，人生有目标，这目标如果非常好、非常正，诸天神佛都会来守护我们。当我们有信念的时候，我们做事也会更加得心应手。

当然，很多困难还需要自己克服，只要是自己克服，来帮助我们的贵人就会非常多。《西游记》中是以神佛方式出现。我们人，是以贵人形式出现的。只要我们发心是正的，贵人无处不在。

这一难也体现了事不过三，孙悟空三借芭蕉扇，三次去做这件事情，他也是想办法弥补之前的过错。之前的过错弥补不了，唯一能做的是就更好地前行。往前行的时候，如果对方再去搅着不放，周围的贵人会帮助自己。

“盖闻善摄生者，陆行不遇兕虎，入军不被甲兵”。我们希望更多的朋友可以做到这一句所讲的，善于养护自己的生命。《道德经》讲无为状态，就是要放下自己每一念，放下每一念的方式就是更好地前行，不是什么都不做。以前的事情做过就做过了，现在我们要有新的目标，然后往前行，这就是对自己最好的养护。中途遇上什么困难，就像孙悟空一样：一借不行，二借；二借不行，三借。事不过三，总会有贵人来帮助我们。

这难中我们学到的就是，做任何事一定要先有目标，然后我们自己只要努力去克服困难，就有贵人相助。火焰山过后又会经历什么，我们一起看下一难。

《道德经》第五十章原文：

出生入死。生之徒，十有三；死之徒，十有三；人之生，动之死地，亦十有三。夫何故？以其生生之厚。盖闻善摄生者，陆行不遇兕虎，入军不被甲兵。兕无所投其角，虎无所措其爪，兵无所容其刃。夫何故？以其无死地。

《道德经》第五十章释义：

人始出于世而生，最终入于地而死。属于长寿的人有十分之三，属于短命而亡的人有十分之三；人本来可以活得长久些，却自己走向死亡之路，也占十分之三。为什么会这样呢？因为奉养过度了。据说，善于养护自己生命的人，在陆地上行走，不会遇到凶恶的犀牛和猛虎，在战争中也受不到武器的伤害。犀牛于其身无处投角，老虎对其身无处伸爪，武器对其身无处刺击。为什么会这样呢？因为他没有进入死亡的领域。

第五十一篇　赛城扫塔

师徒四人过了火焰山一路西行，来到祭赛国，看到好多和尚披枷戴锁沿街乞讨，只因金光寺塔顶有一放光宝珠被人盗走，国王怪寺内僧人偷走，捉拿和尚拷打致死。唐僧离长安时，在法门寺立愿：上西方逢庙烧香，遇寺拜佛，见塔扫塔。因此，唐僧扫塔，悟空紧随。

对应的《道德经》第五十一："道生之，德畜之，物形之，势成之。是以万物莫不尊道而贵德。道之尊，德之贵，夫莫之命而常自然。故道生之，德畜之，长之、育之、亭之、毒之、养之、覆之。生而不有，为而不恃，长而不宰，是谓玄德。"

我们先看字面解释：道生成万事万物，德养育万事万物。万事万物现出各种各样的形态，环境使万事万物成长起来。故此，万事万物莫不尊崇道而珍贵德。道之所以被尊崇，德之所以被珍贵，就是由于道生长万物而不加以干涉，德畜养万物而不加以主宰，顺其自然。因而，道生长万物，德养育万物，使万物生长发展，成熟结果，使其受到抚养、保护。生长万物而不据为己有，抚育万物而不自恃有功，导引万物而不主宰，这就是奥妙玄远的德。

我们来分析这一章和这一难的关系。塔顶有一个宝珠，是妖怪偷走的，国王认为是僧人偷走的，拷打僧人。唐僧非常虔诚，见塔扫塔，一层一层去扫，孙悟空在后面保护他的周全。

唐僧的这个动作就是"德"的体现。回想唐僧在大唐被万人敬仰，开坛讲经，皇帝也非常器重他，其实就是德的体现。生活中也是如此，德行高尚的人，会得到人们尊重。德是怎么体现的呢？《道德经》这一章讲述了，"德蓄养万物而不加以主宰，顺其自然"。

我们平时聊天会有一个现象，当别人遇上什么事情了，我们会说，你应该这样做，你应该那样做。《道德经》讲顺其自然，道生长万物，这件事情发生肯定是因为有道的产生。之前讲了每个人都有一条道，那么一个人之所以要去做一件事，也许因为看见了相应的人、事、物，而让他心底生出了那种欲望。

道生长了万物，这时候他去问的人是很关键的，这个人德行越高，滋养的物就会越好。

比如种一粒种子，有德行的人去种，会非常关注它，也会让它顺其自然地发展；心急的人去种的话，可能拔苗助长。

唐僧扫塔时非常虔诚，他看见这座塔不干净，是他认为的不干净，为什么呢？因为他见过干净的塔。他的心停留在过去，过去他的心是干净的，他为了让现在这个心干净，现在这个塔是他心的一种浮现。扫塔，是在找自己的心。

刚才说了，唐僧在法门寺立愿，逢庙烧香，遇寺拜佛，见塔扫塔，他也是不忘初心。不忘初心在生活中会起到什么作用？我们拿种树举例。假设我们从原点先种下一棵树，走上几公里以后，有一个随从，你告诉他定期浇那棵树，随从的名字就叫初心。他一直去灌溉，走了几年、十几年、二十几年，那棵树已经长成了，再回到原点就可以去乘凉了。在这一路上他做了一些事情，都是围绕初心去做。我们可以去想，最开始给自己种了一棵可以乘凉的树，后面回来时就可以乘凉，我们说开始即结束，可开始和结束之间毕竟有一段时间。

从开始到结束，发现终于有一个可以乘凉的地方，就好像一个人通过多年努力，仍然不忘初心，一直在做。相当于开始“道”养育了它，用“德”去滋养它的初心，若干年后，就可以生活得非常轻松、幸福、快乐。所以说如果现在感到生活压抑，不如回头去想一想初心是什么，你还记得不记得。在行使初心的过程中是不是中间的事情已经忘却了，如果忘却了重新找回来，幸福感也会慢慢回来的。

有人会认为现在扫塔不是关键，找到宝珠才是关键。其实对于人心来讲，当下做的每一件事都是关键的事。现在是过去的未来，专注做当下的每一件事，认可当下这件事，也是直接认可了过去。现在是未来的过去，把现在这件事做好，未来也会很好。宝珠和扫塔也有必然联系。

《道德经》第五十一章原文：

道生之，德畜之，物形之，势成之。是以万物莫不尊道而贵德。道之尊，德之贵，夫莫之命而常自然。故道生之，德畜之：长之、育之、亭之、毒之、养之、覆之。生而不有，为而不恃，长而不宰，是谓玄德。

《道德经》第五十一章释义：

道生化万物，德养育万物，之后聚合万物之象，形成万物之势。因此，万物莫不尊道而贵德。道之所以被尊崇，德之所以被珍贵，就是因为万物的生养不是靠命令强制，而是遵循恒常的自然之法。所以，道生化万物，德养育万物：生养万物、抚育万物、增长万物、成就万物、滋养万物、养护万物。生养万物而不据为己有，抚育万物而不自恃有功，增长万物而不主宰，这就是玄妙的德。

第五十二篇　取宝救僧

唐僧扫塔，一直扫到第十层，腰酸腿痛坐下，便叫悟空替他扫剩下的三层，悟空在第十三层塔心捉住两个妖精，是乱石山碧波潭（孙悟空二借芭蕉扇时去玉面公主处找牛魔王争斗后，牛魔王赴会的地方）的两个巡塔鱼精。碧波潭老龙王招一驸马在祭赛国下了一场血雨，偷走了塔顶之宝佛家舍利子，龙宫公主又偷了王母灵芝。悟空与唐僧见到国王说明缘由，替国王寻宝，师兄弟二人与驸马争斗，乃是一个九头虫，他二人一时难以取胜。正在此时，二郎神打猎路过，与悟空叙旧后，二郎神的鹰犬把九头虫的头咬下来。悟空、八戒打死龙王，抓住龙婆穿了琵琶骨，把她锁在塔心柱上看塔上之宝舍利子。悟空将金光寺改名伏龙寺。

我们看一下对应的《道德经》第五十二章："天下有始，以为天下母。既得其母，以知其子；既知其子，复守其母，没身不殆。塞其兑，闭其门，终身不勤。开其兑，济其事，终身不救。见小曰明，守柔曰强。用其光，复归其明，无遗身殃；是为习常。"

先看字面解释：天地万物本身都有起始，这个始作为天地万物的根源。如果知道根源，就能认识万物；如果认识了万事万物，又把握着万物的根本，那么终身都不会有危险。塞住欲念的孔穴，闭起欲念的门径，终身都不会有烦扰之事。如果打开欲念的孔穴，就会增添纷杂的事件，终身都不可救治。能够察见细微的，叫作"明"；能够持守柔弱的，叫作"强"。运用其光芒，返照内在的明，不会给自己带来灾难，这就是万世不绝的"常道"。

《道德经》这章开头写得非常好，天地万物本身都有起始，我们也一样，做任何一件事之前也会有起始。这个是天地万物的根源，如果知道根源就能认识万物；如果认识了万物，又把握着万物的根本，那么终生不会有危险。

舍利子被偷肯定有原因，财不可露白，不怕贼偷，就怕贼惦记。偷了，是恐惧的状态。万物都是心中化现，这个宝物也是唐僧心中丢失的宝物。有一个细节，唐僧扫塔扫到第十层扫不上去了，剩下的让悟空去扫。扫上去后，悟空抓到了两个妖怪，得知宝珠被偷的真相。这件事也许是孙悟空的心像化现，也许是唐僧心像化现。可以这样想，孙悟空到目前为止，心中还是想着降妖伏魔的。

我们可以这样分析，悟空想着降妖伏魔，但没有想降妖伏魔能给他带来什么。降妖伏魔会造福一方百姓，孙悟空是这样想的吗？也许是，也许没怎么想，只是在展现自己。我们看，孙悟空从最开始就是在展现自己，为什么？无非是让更多人认可他。当年大闹天宫，被玉帝官封弼马温，是他的丑闻，就像我们人一样，希望被自己最关注的人认可。仔细想一想，我们最需要的就是身边人的关注与认可，就像孩子向父母表现，希望得到的父母认可一样。

即便他没有去想降妖除魔之后的事，即便他还是有表现的因素，可孙悟空已经发生变化了。我们看，二郎神过来的时候，他们叙旧，并邀请他一起加入战斗，但当年二郎神和孙悟空打得热火朝天，孙悟空此时已经放下了，在这一难中，孙悟空已经有所成长、有所进步了。

正所谓人多力量大，心齐就容易成功。本身九头虫也不是厉害角色，从名字上看的感觉是思绪很多，一般人不如他聪明。孙悟空、二郎神、猪八戒一起战斗，九头虫当然不是对手。只要用心战斗，对方用脑阻挡，斗不过这颗心。

我们若能做到心脑合一，就达到相当厉害的程度。很多人做事到一定程度会头疼，其实是他忘了初心，就是没有用心做事，只是用脑做事，只是用脑子想办法达到目的。这时候心也累、脑也累。

这一难我们看九头虫斗不过二郎神。二郎神给我们什么印象？有第三只眼。第三只眼叫天眼，是聪明智慧的象征。头脑抵不过第三只眼的智慧，心脑达成一致，就是一心一意。意在脑上，心和意去配合。

宝珠在塔顶闪灵光，我们常说头脑灵光一闪。那么当我们的心和灵光达成一致的时候，生活会越来越轻松。

孙悟空扫到塔顶的时候，他的心一直是有的，现在要锻炼他的脑，他的紧箍在脑上。他将宝珠寻回，心和这个宝珠连上了。正是“用其光，复归其名”的状态。从这一难开始，孙悟空的聪明和智慧合为一体了，后面再去做事的时候，它的心更加宽广了，做到海纳百川了。

我们会发现，自打孙悟空再次归来后，他的脾气、秉性都发生了一些变化。所以如果我们不认可自己脾气秉性的话，可以像孙悟空一样多做事，多做有目标的事情，展现自己的价值。当自身价值得以展现，很多问题就迎刃而解了。我们的心和脑可以连在一起的话，就会找到头顶上那颗宝珠。

最后总结一下：我们做事时，要像这一难的孙悟空一样，用心包容一切，找到自己头上的那个宝珠，更好地往前行。

《道德经》第五十二章原文：

天下有始，以为天下母。既得其母，以知其子；既知其子，复守其母，没身不殆。塞其兑，闭其门，终身不勤。开其兑，济其事，终身不救。见小曰明，守柔曰强。用其光，复归其明，无遗身殃；是为习常。

《道德经》第五十二章释义：

天地万物本身都有起始，将这个始作为天地万物的根源。如果知道根源，就能认识万物；如果认识了万事万物，又把握着万物的根本，那么终身都不会有危险。塞住欲念的孔穴，闭起欲念的门径，终身都不会有烦扰之事。如果打开欲念的孔穴，就会增添纷杂的事件，终身都不可救治。能够察见到细微的，叫做“明”；能够持守柔弱的，叫做“强”。运用其光芒，返照内在的明，不会给自己带来灾难，这就叫作万世不绝的“常道”。

第五十三篇　小雷音遇难

唐僧师徒一行一路向西，见前面有座“雷音寺”，慌得三藏滚下马鞍，骂悟空哄他不是雷音寺，悟空笑着说：“师父莫恼，上面是四个字”。三藏战战兢兢再看是“小雷音寺”，他不听行者劝告，进寺倒头就拜，被妖怪杀个措手不及，把几人一并拿住，悟空也被扣在妖怪的金铙里。

很多人看《西游记》的时候就说，唐三藏怎么这么无知呢？明明是妖怪还拜。其实笑他的同时，我们想想自己是不是曾经也走过唐三藏的路。明明是个陷阱，仍然跳进去，还不听周围人的劝阻。妖怪用一副金铙将孙悟空收在里面，就像唐僧这颗心，把孙悟空扣在里面，仍然还是不相信他。

孙悟空这一路保护唐僧，是孙悟空和唐僧之间的磨合。前面几难遇上妖怪，唐僧已经百分之百认可了悟空，而后面的事情，他到底认可不认可悟空，其实也是一个考验，可以看出，他还不认可这个心。

我们看一下《道德经》第五十三章：“ 使我介然有知，行于大道，唯施是畏。大道甚夷，而民好径。朝甚除，田甚芜，仓甚虚，服文彩，带利剑，厌饮食，财货有余，是谓盗夸。非道也哉！”

我们看开头的这句是不是和唐僧有些像：“使我介然有知，行于大道，唯施是畏。大道甚夷，而民好径。”假如我非常有知，我会行于大道，唯一担心的是冗余的施为（就是错误的多余的行为）。大道非常平坦，但人们却喜欢走小径。

很多人在工作的时候，或者是初入社会的时候，气血方刚，初生牛犊不怕虎。对唐僧来讲所有的庙都是好的，都要去尽力拜，可是他自己可曾想过为什么要拜吗？

对于人来说，有一个不得不面临的问题就是，我做这件事情是为了什么。有人说我做事什么都不为，什么都不为，其实是对自己的未来不负责。我们做好当下，也是对未来负责。

回过头来想一下之前的《道德经》，“圣人无常心，以百姓心为心”，如何得到众人的心？当我们只面对一个人的时候，让这个人信任我们；遇上两个人的时候，让两个人信任我们；遇上十个人的时候，可以做到让十个人信任我们，这时候已经很优秀了。如果可以做到让一百个、一千个人都信任我们，就是相当优秀的状态。当我们已经做到这么优秀的时候，就不要像《道德经》第五十三章后面说的，“服文采，带利剑，厌饮食，财货有余，是谓盗夸。非道也哉！”穿着锦绣的衣服，配着锋利的宝剑，饱餐精美的饮食，搜刮占有富余的财货，引得盗贼随之而来。这是多么无道啊！

当我们得到了一些东西的时候，还要保持最初那颗心，不忘初心，还要按道去走，因为我们得到的非常不容易。如果像后面描述的那样去做的话，完完全全是一种报复心态，也是一种无道的状态。

我们可以做到用一种有益的方式、比较适合的方式，去帮助更多的人。猪八戒、沙和尚、白龙马，他们没有火眼金睛看不到，唐僧其实只需要和孙悟空磨合好了，孙悟空说行就行，如果说不行，唐僧也可以跟他说，我肉眼凡胎，我曾经发过愿，是妖怪也得进去拜，那孙悟空也会拼死保护唐僧的周全。

反过来说，如果孙悟空执意说你不能进去，唐僧可以放下，暂时不进，这个难也就不存在了。这一难之所以存在的一个原因，就是因为唐僧有一副金铙扣在心里面，当有这个金铙的时候，它会把“心”牢牢扣住，只能请外援帮忙。

《道德经》第五十三章原文：

使我介然有知，行于大道，唯施是畏。大道甚夷，而民好径。朝甚除，田甚芜，仓甚虚，服文彩，带利剑，厌饮食，财货有余，是谓盗夸。非道也哉！

《道德经》第五十三章释义：

假如我非常有知，我会行于大道，唯一担心的是冗余的施为。大道非常平坦，但人们却喜欢走小径。建造奢华的宫殿，田地荒芜，仓库空虚，穿着华丽的衣服，佩带锋利的宝剑，吃厌美食，聚敛多余的财货，引得盗贼随之而来。这些不符合于道！

第五十四篇　困天神

我们继续小雷音寺的故事。上一难，悟空被妖精用金铙扣在里面出不来，念咒叫来五方揭谛众神。揭谛留众神保护唐僧，自己去见玉帝，玉帝传旨二十八宿星辰去降妖。亢金龙用角尖拱进金铙，悟空叫亢金龙忍痛，将金箍棒变作一把钢钻在角尖上钻个小孔，藏在里面随亢金龙撤角出来，把金铙打得粉碎。

再战，悟空被妖精用一个白布搭包装了进去，逃出后去南赡部洲武当山找荡魔天尊，天尊派龟、蛇二将和五大神龙来帮忙，也被妖精一搭包装了去。又去南赡部洲盱眙山玭城找大圣国师王菩萨助力，国师王派小张太子领四将降妖，也被妖精一搭包装了进去。悟空正凄惨之时，忽见一朵彩云坠地，原来是弥勒佛，告知此妖是他面前司磬的一个黄眉童儿，趁他赴元始天尊会，偷了未来袋子等几件宝贝作怪。弥勒佛叫悟空变作一个大西瓜，诱骗妖精吃了，在他肚子里施威，收服了妖精。弥勒佛将碎金铙复原，径转极乐世界去了。

《西游记》这一难非常精彩，我们都知道，弥勒佛是未来佛，你不认可现在这颗心，你的未来就会有诸多阻挠。就像弥勒佛说了许败不许胜，就是认可当下这颗心。不认可当下这颗心，请了诸天神佛也不管用，只有未来才能帮你。

我们也是一样的，最开始需要做过去的事，中间时候做现在的事，做到一定程度以后，就要做未来的事。如果不认可当下这颗心，死守着过去，就会遇上很多困难，请诸天神佛都无济于事。

现在我们看《道德经》第五十四章。“善建者不拔，善抱者不脱，子孙以祭祀不辍。修之于身，其德乃真；修之于家，其德乃余；修之于乡，其德乃长；修之于国，其德乃丰；修之于天下，其德乃普。故以身观身，以家观家，以乡观乡，以国观国，以天下观天下。吾何以知天下然哉？以此。”

先看字面解释：善于建立的人，他所建立的，不会轻易动摇；善于抱持的人，他所抱持的，不会轻易脱落。子孙世世代代祭祀不绝得以传承其道。修德于自身，“德”就是真；修德于家庭，“德”使家庭丰余；修德于家乡，

“德”和睦绵延；修德于国，“德”丰盛硕大；修德于天下，“德”普及遍满。所以，用修身之道来观察别身，以修家之德观照别家，以修乡之德观照别乡，以天下百姓心，观天下之道。我怎么会知道天下的情况是如此呢？就是因为我用了以上的方法和道理。

我们在分析事情的时候，大多数是以“我”的状态去分析的，分析别人家情况的时候也是以我家的状态为参照。如果我们的家非常祥和，你去别人家看到一丝争吵，可能都看不过去。如果我们家天天过的是“雷鸣”般的生活，你看到别人家的平静就会觉得幸福祥和。我们到外地，会用自己生活的城市和这个城市做比较；我们到国外，会用我们的国家和这个国家对比。

“子孙以祭祀不辍”，祭祀是中华文明的一部分，我们祭祀是不忘祖先的体现，也是“德”的体现。

怎样对得起未来的这颗心？我们先要知道唐僧的这一难是必须要经过的，也就是说在这一难中，他还需要和孙悟空去磨合。

黄眉怪为什么变出小雷音寺骗唐僧，而不像其他妖怪那样占山头？就是因为唐僧心中有“见佛拜佛、见塔扫塔”的念，这一难就是让他破除这个念。换句话讲，我们要把过去放下。什么叫把过去放下？把过去、现在和未来当成三个人，你把过去放下，就是你让他自由了；过去的你自由了，现在你就自由了；现在的你自由了，未来的你就会处于不败的状态。

很多人放不下过去。有人说我付出这么多努力，怎么能放下过去呢？如果你放不下过去，就会像唐僧一样在这里停滞不前，同时你的心会被金铙扣住，做事的时候会发现更加停滞不前。过去你付出这么多努力，它已经是过去了，过去已经成功。现在去做的事，现在已经成功。现在要做的事，是让你的未来成功。

人不可避免的三项就是过去、现在和未来，如果过去和现在已经做得很成功了，那么恭喜你，你只需要把未来做好就可以了。我们观照自身，看看还有什么放不下的，是不是可以放下它；有什么还要修正的，是不是可以修正它。当真正放下以后，我们就好好做好当下事；做好当下事，也是在做好未来事。这难当中，相信唐僧和孙悟空都明白了这个道理，那么他们后面会怎样呢？我们继续看下一难。

《道德经》第五十四章原文：

善建者不拔，善抱者不脱，子孙以祭祀不辍。修之于身，其德乃真；修之于家，其德乃余；修之于乡，其德乃长；修之于国，其德乃丰。修之于天下，其德乃普。故以身观身，以家观家，以乡观乡，以国观国，以天下观天下。吾何以知天下然哉？以此。

《道德经》第五十四章释义：

善于建立的人，他所建立的，不会轻易动摇；善于抱持的人，他所抱持的，不会轻易脱落；子孙世世代代祭祀不绝得以传承其道。修德于自身，“德”就是真；修德于家庭，“德”使家庭丰余；修德于家乡，“德”和睦绵延；修德于国，“德”丰盛硕大；修德于天下，德普及遍满。所以，用修身之道来观察别身；以修家之德观照别家，以修乡之德观照别乡，以天下百姓心，观天下之道。我怎么会知道天下的情况是如此呢？就是因为我用了以上的方法和道理。

第五十五篇　朱紫国行医

唐僧师徒一路继续西行到了西牛贺洲朱紫国，三藏进殿倒换关文不提。却说朱紫国国王因三年前妖怪把皇后摄去，得病久治不愈，出榜招医。孙悟空揭了皇榜给国王治病，国王见悟空丑陋躲到帐内，悟空用毫毛变作三根丝线给国王悬空把脉，说此病乃是“双鸟失群”相思之症，国王心服口服。

我们看一下到底是什么问题引发了这一难。西牛贺洲，西方五行属金，对应人身体肺部，朱紫国就是心和肺的交流。皇帝思念皇后，相思用心，说明心不在了。

我们看一下《道德经》第五十五章：“含德之厚，比于赤子。蜂虿虺蛇不螫，猛兽不据，攫鸟不搏。骨弱筋柔而握固，未知牝牡之合而全作，精之至也。终日号而不嗄，和之至也。知和曰常，知常曰明，益生曰祥，心使气曰强。物壮则老，谓之不道，不道早已。”

这一章生僻字多一些，单看原文不好理解，我们先看一下简单的白话文解释：厚德之人就像初生的婴儿。蜂虿虺蛇等毒虫不螫他，猛兽不扑击他，凶恶的鸟不用翅膀拍击他。他筋骨柔弱，拳头却握得很牢固；他不知道男女交合之事却勃起，因为精气充沛。他整日啼哭嗓子却不沙哑，因为和气纯厚。知道和谐的道理就知道“恒常”，知道恒常就是“明道”。贪生会遭殃，动了心气就是逞强。事物过于壮盛就会衰老，这不合于道，不合于道就会过早消亡。

我们这颗心，像孩子一样，握紧拳头的时候，它是很有力气的。可是孩子要有人关照呵护，心中最想的那个人如果不在身边，便会产生思念，会没有力气。这一难设计得非常巧妙，前面是唐僧和孙悟空之间的磨合，现在已经磨合得差不多了，那么还要给他安排一些磨难。朱紫国国王又代表了谁呢？我们细想一下，刚得到东西的时候，会不会害怕失去？是的。一般来讲，得不到和已失去的，会非常挂念。这里讲，如果失去的话，你要怎么办。

朱紫国国王的病，是孙悟空讲的双鸟失群、雌雄二鸟相思。我们在世间，是不是也会有一些事情思来想去夜不能寐、饭也难以下咽？这一难属于行医的过程，告诉我们很多疾病，原本是我们自己想来的，不是想这个病，是想相应的人、事、物。

就像有的家长，想孩子的成绩，孩子成绩不好，久而久之头疼了。也许当下头没疼，孩子考完试以后头疼了。一直思考孩子成绩的时候，气是绷在头上的，放松下来，头就疼了。有的学生考前精神压力非常大，考完后一放松，病了，严重的有住院的。这一难就是告诉我们一个道理，当我们认可了过去，认可了现在，已经做好准备去找寻未来的时候，我们需要做的是"放松"。

最亲近的人不在了，我们需要用心把他感召回来，这个活还得孙悟空去干。当我们把他找回来以后，要去做的就是放松，然后往前走。因为你已经认可了过去，已经认可了现在，你的未来和过去、现在是同样的，你已经有了前面成功的两例，第三例依然也会成功。

过去我们做事是紧张状态，现在是紧张放松交替状态，做未来事情的时候，只需要放松就可以了，让心做事，就像《道德经》这一章最后讲的，"终日号而不嗄，和之至也。知和曰常，知常曰明，益生曰祥，心使气曰强。物壮则老，谓之不道，不道早已。"他整天啼哭，但嗓子却不会沙哑，这是因为和气纯厚的缘故。认识淳和的道理叫做常，知道常的叫做明。贪生纵欲就会遭殃，欲念主使精气就叫作逞强。事物过于壮盛了就会变衰老，这就叫不合于道，不遵守常道就会很快地死亡。

我们的未来要结合精气神共同完成，事物过于壮盛就会衰老，一直死抱着过去不放，会慢慢进入衰老状态，这就不合乎道，就会很快死亡。现在放松了，过去和现在都放松了，才会有更多的力气、更多的精神、更多的力量去做未来的事情。

这一难告诉我们，一些事情当我们找到原因后，要努力把这件事情完成。完成以后，后面就轻松了。

《道德经》第五十五章原文：

含德之厚，比于赤子。蜂虿虺蛇不螫，猛兽不据，攫鸟不搏。骨弱筋柔而握固，未知牝牡之合而全作，精之至也。终日号而不嗄，和之至也。知和曰常，知常曰明，益生曰祥，心使气曰强。物壮则老，谓之不道，不道早已。

《道德经》第五十五章释义：

厚德之人就像初生婴儿。蜂虿虺蛇等毒虫不螫他，猛兽不扑击他，凶恶的鸟不用翅膀拍击他。他筋骨柔弱，拳头却握得很牢固；他不知道男女交合之事却勃起，因为精气充沛。他整日啼哭嗓子却不沙哑，因为和气纯厚。知道和谐的道理就知道“恒常”，知道恒常就是“明道”。贪生会遭殃，动了心气就是逞强。事物过于壮盛就会衰老，这不合于道，不合于道就会过早消亡。

第五十六篇　拯救疲癃

我们继续朱紫国期间的第二难：拯救疲癃。疲癃，在这里，可以当需要救助的人理解。上一难中，悟空敲定病因开方用药，八百八味共计二千四百二十四斤，用大黄、巴豆、锅底灰、白龙马的尿搅和一处，搓了三个大丸子，取名“乌金丹”。请东海龙王敖广打了两个喷嚏降下甘露叫做“无根水”，国王用无根水送服乌金丹，排了几次，少顷精神抖擞。

这难有两个要点。唐僧为什么会经历此难？为什么让他看见国王相思成疾？

我们回想下之前的女儿国。女儿国国王，要尽一国财力，让唐僧当国王，和他成亲繁衍后代。唐僧走了，紧跟着后面遇上蝎子精想跟他成亲，当时我们讲了蝎子精的出现是唐僧心中所化。这两难之后，唐僧放下了吗？我们平时问自己某件事放下了吗，就看后面同样的事情会不会再出现。如果出现，你就知道自己是不是放下了。

朱紫国国王就好比唐僧当时成了国王，而他思念的是皇后，如果国王好了起来，皇后也找到了，其实也是了了唐僧的心愿。

我们生活中会有这样的情况，心中有所欠的人，未来会有和他长得极其相似并且有感觉的人出现，觉得帮了他就帮了心中原来那个人。唐僧现在就是在解决这样的事情。这是第一个要点。

第二个要点，朱紫国国王得这个病以后，孙悟空做了什么事呢？就是让他拉肚子。很多人思念成疾的时候，身体里是有堵的地方的，堵的话有两条通道，一是吐，一是往下排。

现在我们共同看一下《道德经》第五十六章：“知者不言，言者不知。塞其兑，闭其门，挫其锐；解其分，和其光，同其尘，是谓玄同。故不可得而亲，不可得而疏；不可得而利，不可得而害；不可得而贵，不可得而贱，故为天下贵。”

先看简单的字面解释：知“道”的人，因知其不可言说所以不多说；多说话的人，必不知“道”。塞住欲念的心，关闭欲念的门；锉掉锐气，消解纷争，收敛光耀，混同尘世，这就是融合混同的境界。达到这样的境界，就超脱了世人的亲疏、利害、贵贱等分别，所以会被天下人所敬重。

“知者不言，言者不知。塞其兑，闭其门，挫其锐；解其分，和其光，同其尘，是谓玄同。”这一难当中唐僧已经达到“玄同”境界，超脱了亲疏、利害、贵贱的世俗范围。他所经历的朱紫国，国王就是他，把他带入其中，这就是玄同，就是从另外一个境界中想象着自己。西行这么长时间，唐僧已经有能力达到玄同境界。

达到玄同境界，人还会有欲望吗？即使有欲望，也会马上呈外像显现出来。帮助那个外像，就是帮助自己那颗心。这个时候心中的欲望还有没有？其实已经没有了。有人说，我的心随时随地都会出现欲望。当人达到玄同境界，有欲望的时候，会立刻以外在形式显现，欲望从心中出去了，出去了也就没有了。唐僧达到玄同境界的时候，离他成圣就已经不远了。

只要达到“通”的状态，很多事情都能过去。这一难，孙悟空明明可以先把人救了，但救人之前他让国王自己先通畅，因为孙悟空也明白了一个新的道理，本人先要通畅，后面做事才会通畅很多。

当我们找别人帮忙的时候，如果让他通畅，他会更好地帮助我们。所以说见面时必要的寒暄是很重要的，让两个人相互认可很关键。让双方相互认可的能力，在现实生活中是需要修炼的。

我们在某个领域，要达到世间法的高的状态，必要的头衔和展示也是要有的。孙悟空露了一手悬丝把脉，说出国王的问题。我们都知道那些药并没有用，药物就是渲染。国王一听用这么多药材，肯定是个高手，再加上悬丝把脉和无根水，国王就更加相信。头衔是为了让世人更加相信我们，当然前提是自己必须有相应的真实的能力。

悟空已经让国王通畅，后面再去救皇后的时候，是不是更加得心应手？救回来的皇后，是不是合朱紫国国王心意？我们共同期待下一难。

《道德经》第五十六章原文：

知者不言，言者不知。塞其兑，闭其门，挫其锐；解其分，和其光，同其尘，是谓玄同。故不可得而亲，不可得而疏；不可得而利，不可得而害；不可得而贵，不可得而贱，故为天下贵。

《道德经》第五十六章释义：

知“道”的人，因知其不可言说所以不多说；多说话的人，必不知“道”。塞住欲念的心，关闭欲念的门；锉掉锐气，消解纷争，收敛光耀，混同尘世，这就是融合混同的境界。达到这样的境界，就超脱了世人的亲疏、利害、贵贱等分别，所以会被天下人所敬重。

第五十七篇　降妖取后

这一难依旧是朱紫国的故事，悟空医好了朱紫国国王，国王拜请悟空救回金圣娘娘。掠走金圣娘娘的妖怪赛太岁是观音菩萨的坐骑金毛犼，有三个宝物铃铛，晃第一个金铃，火光烧人；晃第二个，烟气熏人；晃第三个，黄沙迷人。行者变作小妖见了娘娘说明原因，请娘娘配合盗走了金铃，拿金铃一摇，满天烟火，遍地黄沙，逼得妖王走投无路。

正在此时，观音菩萨来了，道出原委。朱紫国国王还是太子的时候，射猎伤了佛母孔雀大明王菩萨二子。佛母忏悔后，叫他拆凤三年。观音坐骑金毛犼听到此言留了心，摄走皇后，与王消灾。摄走后，紫阳真人给娘娘彩衣一件，妖怪不能触碰，三年来也未曾玷污娘娘。

我们看一下这个故事，这里提到忏悔，我们好好去分析一下。

佛母忏悔后叫他拆凤三年，忏悔这个词流传到现在已经很长时间了，很多人讲忏悔，但并不明白忏悔的作用，我们可以理解为关于心的一种能力。当我们做了自己认为该去忏悔的事，进行忏悔后，会发现很多事情转变了。当我们停滞不前的时候，我们可以想想，有没有做过忏悔。

这里有个有意思的情节，王子伤了佛母之子，佛母做了忏悔，做忏悔以后，国王拆凤三年，身体也有相应的疾病。当时是皇子有错，可是佛母进行了忏悔，有点像我们的公式，负负为正。她已经是受害者，受害者还忏悔，已经很委屈了。可是就因为她做了忏悔，所以才惩罚到国王那里。可以这么理解，前面我们提过，就像努力再加一把力，已经很累，再加一把力，就能成功，也是负负为正的道理。这里也一样，她已经受伤了，需要关怀，可她还做忏悔，这时候负负为正，事情就产生了反转。

我们看一下《道德经》这一章最后几句："我无事而民自富，我无欲而民自朴。"所以有道的圣人说，我无为，人民就自我化育；我好静，人民就自然富足；我无欲，而人民就自然淳朴。这个"我"到底是谁，之前笔者讲过，当我们看一个人的时候，眼中只有他，我们看不见自己，可以暂且认为自己当下就是他。外面呈现的一切，都是我们自己内心的投射。外面我们所看到的、所产生的情绪，都是内在习惯性的情绪化。

当我无为、无欲、好静的时候，很多事情都足了。听学生讲过一个现象，今天心情不好，随意点开一首歌，就是一首悲伤的歌；今天心情特别好，随意点开一首歌，就是一首非常欢快的歌，这也是一种内心的显化。就是说，现在心情非常难受，外在显化也是难受的；如果内在很高兴，没有任何担忧，外在显化也是很高兴的状态。

我们看这个故事，观音的坐骑在旁边听见了，就下界来做这件事。老话说，“说者无心，听者有意”，法不过六耳，必然有其中的道理。菩萨坐骑去做这件事情，也算是了了之前的业。

从这难中我们学到一个道理，但凡有鲜活生命的东西，我们能不伤尽量不伤，因为它毕竟是一个生命。上天有好生之德，我们所看到的这个活物，也是我们心中的呈现。它活了，我们的心从某一处也就活了。

《道德经》第五十七章原文：

以正治国，以奇用兵，以无事取天下。吾何以知其然哉？以此。天下多忌讳，而民弥贫；民多利器，国家滋昏；人多伎巧，奇物滋起；法令滋彰，盗贼多有。故圣人云，我无为而民自化，我好静而民自正，我无事而民自富，我无欲而民自朴。

《道德经》第五十七章释义：

以正道治理国家，以奇用兵，以清净无为得天下。我如何知道这些呢？根据在此：天下禁忌越多，人们越贫穷；人们谋略越多，国家越混乱；人们智巧越多，离奇之事越多；法令越繁多，盗贼就越多。所以圣人说，我无为，人们自然化育；我好静，人们自然正派；我无事，人们自然富足；我无欲，人们自然淳朴。

第五十八篇　七情迷没

我们继续《西游记》新的一难：七情迷没。师徒别了朱紫国国王，西行至一处人家，三藏执意要去化斋，家中只有七个女子，用人肉做饭，唐僧想要走，被众女子捆了悬梁高吊，从肚脐吐出丝绳把整个庄门罩住。悟空三人正玩耍，悟空忽见有一片光亮（丝所发的光），拘来土地小神一问，得知此地是盘丝岭，盘丝洞里有七个妖精。趁妖精在濯垢泉洗澡，悟空变作老鹰把衣服叼走，妖精没有衣服只能在水里躲着等天黑。八戒变鲇鱼精去水里和她们嬉戏，被妖精吐丝罩住。她们的干儿子变成千万只蜂虫来叮三兄弟，行者拔毫毛变作成千上万的黄鹰、麻鹰、鹞鹰把小妖吃尽。进洞救下师父，烧了盘丝洞。

这一难也非常有意思，看过《西游记》的朋友对这一难应该还是有印象的，这七个妖精我们也许只是看新鲜热闹，但是这一难其实是讲人的七情六欲。七情，是会迷惑我们的。

唐僧之前把内在各方面显化，有的没的，已经做了很多。到这一难之后，他开始有七情的化现。为什么有七情化现？我们看，三藏执意要去化斋，他饿了。人家高高兴兴给他请了进去，做了饭他又不吃，最后被女子高吊在悬梁上。

人经常会被七情所困，困住以后会怎么样呢？就像妖精吐的丝一样，把你牢牢地捆住了。所以很多人进入一种情感中很难出来，原因就在这里。这里说了，只有孙悟空可以解决，孙悟空就是这颗心，也就是说，解决七情的问题，还是得靠这颗心。

现在我们看一下《道德经》第五十八章："其政闷闷，其民淳淳；其政察察，其民缺缺。祸兮福之所倚，福兮祸之所伏。孰知其极？其无正？正复为奇，善复为妖，人之迷，其日固久。是以圣人方而不割，廉而不刿，直而不肆，光而不燿。"

先看简单解释：政令看似闷闷不明无政可举，人民就淳真质朴；政令赏罚明晰，人民反而感觉缺失。幸福依傍在灾祸里，灾祸藏伏在幸福中。谁知道究竟是灾祸还是幸福？它们并没有确定的标准。正忽然转变为邪，善忽然转变为恶，人们的迷惑，由来已久。因此，圣人方正但不尖刻，清廉但不伤人，正直但不肆意，光明但不炫耀。

如果唐僧不执意去化斋，是不是也不会出现被七情所困的事情了？有些事情用心去做就可以了。他平时都是让孙悟空去完成的，这次却执意要自己去，让孙悟空去会更安全。但是如果他不走这一步，他其实是不清楚的。

从另一个角度来讲，唐僧已经是师父了，这些事情理应让徒弟来做，中国自古有这些传统。我们看最后一句，因此有道的圣人方正而不生硬，有棱角而不伤害人，直率而不放肆，光亮而不刺眼。圣人也方正、也有棱角，直率光耀。对于唐僧来讲，他现在是取经，就是经历，解决问题。解决谁的问题？解决自己的问题。后来又加上孙悟空、猪八戒、沙和尚、白龙马，我们经常说《西游记》一行人原本是一体的，如果都是唐僧，就是解决唐僧的问题，都是孙悟空，就是解决孙悟空的问题，猪八戒、沙和尚还有白龙马，他们几个人都是如此。

可是这里重点讲的是唐僧，唐僧在这期间仍然会被七情所困。七情是自己的性情，我们生活在世间，需要把性情修好。

这个性情，就像《道德经》这章讲的“是以圣人方而不割，廉而不刿，直而不肆，光而不耀”。圣人，他也是可以有棱角的，也可以直率，也可以光亮，也可以丰盛。只不过，方正但是不能太生硬；有棱角，但是不能伤害人；直率，但是不能放肆；光亮，但是不能刺眼。之前讲过“圣人常无心，以百姓心为心”，到这儿我们要了解，当我们以百姓心为心的时候，真到了做不下去的时候，棱角也许就会出现，出现这个棱角就可以不做，但不要去伤害别人。

我们之前讲过，当你越过了一个困难，就会有下一个困难显化，这个困难就是你心中所化现。如果你心中已经没有困难的话，那么七情，包括其他种种心情，我们能了解的、知道的，都会对我们进行一次考验。所以，面对各种考验，我们记住《道德经》中这句话就可以了：“祸兮福之所倚，福兮祸之所伏”，灾祸啊，幸福依傍在它的里面；幸福啊，灾祸藏伏在它的里面。谁能知道究竟是灾祸还是幸福呢？它们并没有确定的标准。只要有这个心，我们都能思考并且突破它。

我们听过一个道理，有毒物的地方，在它周围必然存在相应的解药。所以当我们迷惑的时候，其实解决的办法就在我们身边，只要静下来好好用心思考，就可以解决。这种时候，也可以把这种状态当成一种游戏，当我们把七情迷惑当成一种游戏的时候，其实很快就跳出去了，就可以过了这一关。

这一难，教会我们的一点就是用心。幸福和灾祸是并存的，我们不用太执著，用心跳出去。即使有道的圣人，他也是方正、有棱角的。

《道德经》第五十八章原文：

其政闷闷，其民淳淳；其政察察，其民缺缺。祸兮福之所倚，福兮祸之所伏。孰知其极？其无正？正复为奇，善复为妖，人之迷，其日固久。是以圣人方而不割，廉而不刿，直而不肆，光而不耀。

《道德经》第五十八章释义：

政令如果闷闷不明无政可举，人民就淳真质朴；政令赏罚明晰，人民反而感觉缺失。幸福依傍在灾祸里，灾祸藏伏在幸福中。谁知道究竟是灾祸还是幸福？它们并没有确定的标准。正忽然转变为邪，善忽然转变为恶，人们的迷惑由来已久。因此，圣人方正但不尖刻，清廉但不伤人，正直但不肆意，光明但不炫耀。

第五十九篇　多目遭伤

我们继续《西游记》下一难：多目遭伤。八戒烧了盘丝洞，师徒继续西行，忽见前面一道观“黄花观”，内有一道士，是七个蜘蛛精的师兄。七妖逃到这里向师兄细数此前遭遇，道士用百鸟粪制成的毒药放在茶中毒死师徒几人，只有悟空未吃。唤出土地问明情况后，悟空把七个蜘蛛精打个稀烂。道士见师妹被打死，两胁千只眼放出金光，晃得悟空钻入地里躲避。悲切之中，黎山老母指点悟空到紫云山拜请毗蓝婆菩萨。毗蓝婆菩萨是昴日星官之母，她取出绣花针破了金光，道士原是蜈蚣精。毗蓝婆菩萨给了悟空三粒毒丹，救了唐僧、八戒和沙僧。

前一难讲了，七个蜘蛛精就是人们的七情。这一难，我们知道了她们还有个师兄蜈蚣，蜈蚣有毒，用好可以入药，用不好是剧毒。如果七情这关我们过不去的话，再往后走，就是有毒的状态，甚至会伤害身体。

所以被七情所困一定要用心跳出去，没能力跳出来的，会被困住，久了身体会出现问题。当身体真出现问题的时候，慢慢也就放下了。我们有事情的时候，一定要说出来，不要憋在心里。说出来，就已经出去了。当然，说的方式方法要选择适当的。

我们看一下《道德经》第五十九章：“治人事天莫若啬。夫唯啬，是谓早服。早服谓之重积德，重积德则无不克，无不克则莫知其极，莫知其极，可以有国。有国之母，可以长久。是谓深根固柢，长生久视之道。”

我们先来看一下前几句的解释：治理百姓和祭祀天地，要像农夫耕种一样顺应自然之道。顺应自然要早准备。早准备要不断积德；不断积德，则无物不克；无物不克，他终极的力量就不可估测。很多道理就是一句话的事情，如果我们没有学过相应的道理，也可以理解为德不够。现在有句流行的话叫“德不配位”，它不只是说身居的位置、所挣的钱财不匹配，包括所学的知识也是如此，当德不够的时候，有些知识是学不到的。

当我们懂的很多，并且亲自实践的时候，就会发现遇上什么事情都能很快过去。一点道理都不懂的人，其实遇上事情也能很快过去。唯独有些人，懂点道理，又不懂道理，把自己陷在里面。这种情形也可以理解为德不够，也就是说，之前没有爱惜自己的精神。有的人一直在苦恼。苦恼，不如去做，哪怕做了不成，却积累了经验。

做的时候，只需要注重一点就可以。就是看这件事情，你能帮助别人什么，能给自己带来什么，这就是不断积德的状态，不断积累力量。当这个力量够了，就不会被七情所困，更不会到下一步有毒的状态了。

在这一难中也是如此，孙悟空是我们这颗心，只要好好去用这颗心，就可以帮助我们。换句话讲，养心、养精神是我们每个人必需的。

我们看这一难，蜈蚣精放出了金光，这金光让我们找不着道路，我们要重新回到根本，就是静下心来，好好去想到底为什么会这样。当养成这个习惯，无论发生什么事情都多问自己一个“为什么”，很多事也就解决了。

就好比做数学题，做错了，被老师批评，问一下自己为什么做错。同样的，当我们被七情所困，以至于身体出现问题，问一下自己为什么会发生这个问题，把这个问题解决了，这个问题就不存在了。

这一难，破除欲网、跳出情牢，后面还会遇到什么事情？我们共同期待下一难。

《道德经》第五十九章原文：

治人事天莫若啬。夫唯啬，是谓早服。早服谓之重积德，重积德则无不克，无不克则莫知其极，莫知其极，可以有国。有国之母，可以长久。是谓深根固柢，长生久视之道。

《道德经》第五十九章释义：

治理百姓和祭祀天地，要像农夫耕种一样顺应自然之道。顺应自然要早准备。早准备要不断积德；不断积德，则无物不克；无物不克，他终极的力量就不可估测；这种无法穷极的力量，可以担负治国重任。有了治国家之道，就能长久。这就是深根固柢，长久之道。

第六十篇　路阻狮驼

我们开始《西游记》下一难：路阻狮驼。狮驼岭这一段，也是分了四难，显然是很不好过的一段。我们逐一来看。

上一难中，毗蓝婆菩萨帮行者收了蜈蚣精，师徒一行出了情网欲牢策马西行。正行处遇一高山阻路。见有一老者，悟空上前打探，知有几个妖精，急忙回来告诉唐僧无妨。唐僧问他是何山何洞多少妖精，悟空没问这些答不上。唐僧埋怨他，又派八戒打探。老者告诉八戒："此山叫做八百里狮驼岭，中间有座狮驼洞，洞里有三个魔头。"忽见一小妖寻山，挂着金牌上面写着"小钻风"，悟空变成"总钻风"跟他调侃。小钻风详细讲了三个魔头的情况，悟空打死了小钻风，却又后悔，他本是好意，只因师父阻路，没奈何干出这事来。

我们先看一下《道德经》第六十章："治大国若烹小鲜。以道莅天下，其鬼不神。非其鬼不神，其神不伤人；非其神不伤人，圣人亦不伤人。夫两不相伤，故德交归焉。"

先看一下字面解释：治理大国，好像煎烹小鱼（不可来回翻动，否则鱼肉会碎掉）。用道治理天下，鬼起不了作用。不是鬼没有作用，是鬼的作用伤不了人；不但鬼的作用伤不了人，圣人也不伤害人。因为"德"交归于人，所以两不相伤。

这一章还是遵从我们经常讲的道和德。唐僧在这一难遇上狮驼岭三魔头，狮子、大象分别是文殊菩萨、普贤菩萨的坐骑，中间的大鹏跟如来有很近的关系。文殊菩萨、普贤菩萨都位列四大菩萨，文殊菩萨象征智德，普贤菩萨象征理德、行德，跟文殊菩萨的智德相对应。文殊、普贤是娑婆世界释迦牟尼佛左右胁侍，三者合称为华严三圣，很多读者都知道。

说到这儿我们就清楚了，唐僧离目标又近了一步，现在需要先过他们坐骑这一关。我们不要忘了，唐僧在上一难当中已经是死过的人了，死而复生。就好像我们被七情所困，后来出了一些问题，然后重新复活一样。那么更要把德行修好。

另外一点提示就是，做事谨慎。孙悟空简单问了一下，就回来反馈了。

唐僧也依然去埋怨孙悟空，其实这个埋怨就是表现了唐僧自己做事不谨慎。我们看《道德经》这一章给我们的提示，“治大国若烹小鲜”，治理大国好像煎烹小鱼，用道治理天下，鬼神起不了作用。治大国若烹小鲜，就是说你要非常细致。从这里讲，就是说这颗“心”还不够细致。做事情，尤其快到最后的时候，不细致就会引来更大的灾祸。

就像下棋，一步走错，满盘皆输。一失足成千古恨，这样的例子数不胜数。这时候就更加要细心，为什么要细心？因为就像《道德经》后面讲的，当我们更加细心用道的方式行事的时候，周围都不会去伤害你。

既然现在还有相应的难出现，肯定说明自身还是有问题的。我们看，小妖怪叫小钻风，当我们自身已经有守护作用之后，风，还是会钻进来，所以说，我们还需要给自己更多的、更深层的保护。

举个例子，比如学了一个公式，今天老师出这道题我们会了，可以用公式解出来。明天我们又去做这道题，也可以做出来。过了一个星期之后，再去做题的时候，同样的题型，发现有些不会了。我们学会一个公式之后，要反复去应用，才能彻底了解它、运用它。需要经常做题，才能让这种防护更加稳妥。唐僧是死而复生，他现在是婴儿的状态，就更要把相应的准备工作做好。

因为是婴儿状态，唐僧和孙悟空现在暂时是合体的。这一难中，他遇上了妖怪，而不是此前孙悟空发现有妖怪，说“你别往前走”。他们目前是一体。后边会不会分开呢？会不会出现问题呢？这个我们先不要去想，我们先看当下的问题，先解决当下的问题。

我们看这三个魔头，从小钻风嘴里说出来，是一只狮子、一只大象还有一只鹰，这三种动物在自然界里也是非常厉害的。前面我们刚讲过，祸兮福所倚，福兮祸所伏，看似困难的事情其实也有幸福的一面，这时候就是考验唐僧这颗心了，他能不能敢于挑战，并且通过。这颗心能不能去打过他们，并且用智慧重新通过此难，其实是对他们另外的一个考验。这考验是勇气的考验，是智慧的考验，是一种愿意去西行的“德”的考验。

现在孙悟空去打妖怪是游刃有余的，不像以前非常鲁莽，现在他也开始学会用智慧了。孙悟空本身是“心”，这个心它自己又生出了智慧，它后面会怎么样？我们共同期待下一难。

《道德经》第六十章原文：

治大国若烹小鲜。以道莅天下，其鬼不神。非其鬼不神，其神不伤人；非其神不伤人，圣人亦不伤人。夫两不相伤，故德交归焉。

《道德经》第六十章释义：

治理大国，好像煎烹小鱼（不可来回翻动，否则鱼肉会碎掉）。用道治理天下，鬼起不了作用。不是鬼没有作用，是鬼的作用伤不了人；不但鬼的作用伤不了人，圣人也不伤害人。因为“德”交归于人，所以两不相伤。

第六十一篇　怪分三色

我们继续欣赏《西游记》第六十一难，也是狮驼岭的第二难：怪分三色。悟空变作小钻风进入洞里，见高坐三个狰狞老妖。大魔是青毛狮子怪，是五台山文殊菩萨的坐骑；二魔是黄牙老象，是峨眉山普贤菩萨的坐骑；三魔是大鹏雕。小钻风说孙悟空如何厉害，大魔、二魔有点害怕，却被三魔识破，把假小钻风装在瓶子里，悟空拔毫毛变成金刚钻逃了出来。与大魔赌斗，八戒来助战，大魔丢了刀现了狮子原身，张开大口吞了悟空，回洞要吃药酒毒死悟空，却被悟空在肚里拳打脚踢，疼得他死去活来。

这一难叫怪分三色，之前讲唐僧已经死过一次了，狮驼岭一难是复活。我们整理一下，大魔是狮子，狮子是文殊菩萨的坐骑，也是智德的象征；二魔是大象，是普贤菩萨的坐骑，是理德、行德的象征；三魔是大鹏雕，是如来的亲戚。最厉害的是谁？是老三。

我们平时做事，会用过去的智慧来做现在的事情，去“行”现在的事情，对应文殊（智）和普贤（行），这里对应青毛狮子（文殊坐骑）和黄牙大象（普贤坐骑）。最厉害的是谁？是三魔头，他代表未来。他可以翱翔天空，是最接近佛祖的状态。

唐僧已经是死过一回的人了，他能不能放下过去和现在？之前我们讲过，唐僧应该放下过去和现在，进行未来的事情。可是这一难中，我们发现这三个魔头，他们本身是结拜一体的，是生死与共的。也就是说，当唐僧死了一次以后，他需要重新找回过去的智慧以及现在所去“行”的这些事情。就是说，需要先放下，然后再去得到；或者说，先得到，再去放下。我们经常讲的放下即得到，得到即放下，就是这样一个道理。我们不认可过去，所以现在要努力，为了创造更美好的未来，这是一种方式。还有一种方式，我们认可过去，因为认可过去就是认可现在，同时让生活过得更美好。至于选择哪种生活方式，完全凭自己。

现在我们看一下《道德经》第六十一章：“大国者下流。天下之交，天下之牝。牝常以静胜牡，以静为下。故大国以下小国，则取小国；小国以下大国，则取大国。故或下以取，或下而取。大国不过欲兼畜人，小国不过欲入事人。夫两者各得其所欲，大者宜为下。”

先看简单解释：大国居于下，如海纳百川一样，是天下汇聚之处，天下交流之处。雌以静胜雄，因为静居于下。所以，大国居小国之下，小国自然归附大国；小国居大国之下，大国自然容纳小国。所以，不管是居下为聚拢，还是居下求容纳。大国不过要兼并蓄养小国，小国不过想归附大国。两者都可以达到目的，大国应该居于下。

对应《西游记》这一难，这里讲的主要是大和小之分，这三个妖怪到底谁大谁小？其实他们彼此负责的方面是不一样的。我们做事会分大事还是小事，公司有大的和小的，企业里也有相应的职级划分，生活中各方面亦如此。

这一章告诉我们，对于大的，如果我们是小的状态，应该怎么去做；如果我们是大的，对于小的我们应该怎么去做。这里给予我们很好的提示，应该借鉴。

返回来看《西游记》，孙悟空和狮子打，狮子明显不是对手，为什么不是对手呢？我们可以理解为狮子是过去的状态，而悟空已经身经百战了，他融合了过去、现在和未来的状态，“过去”肯定不是敌手。这三者合一的话，孙悟空能不能打过，就不得而知了。这里很有意思，孙悟空为什么进到狮子的肚子里面？其实就是刚才讲的，我们要融入自己的过去，信任自己的过去。

这里讲的是一种状态，我们可以称作“开悟”或“悟道”。有能力“悟道”以后，过去就不存在了，记忆会忘却，慢慢再去找回来。所谓找回来，就是认可自己的过去。孙悟空在狮子肚子里面，过去很厉害，在里面需要慢慢融入，过去再厉害也得听现在的。但过去又代表智慧，所以要相互融合。这个状态跟“死”过是一样的，看似凶险，内在藏着幸福，祸兮福之所倚、福兮祸之所伏，道理是一样的。正好还对应了一个大和小，本身没有什么大小，只不过就是另外的你自己回来了。其实就是让过去服自己，孙悟空钻进“过去”的肚子里（狮子是文殊坐骑，代表智慧，代表过去），他没有去大象肚子里（大象是普贤坐骑，代表现在），悟空现在就是“现在”的状态，最难缠的是代表未来的大鹏，他能飞而且跟如来关系很近。

《道德经》这一章给我们的智慧，我们总结一下。第一，生活当中我们处于大的状态，怎么去应对小的；我们处于小的状态，怎么去应对大的。第二，不认可过去，努力做好现在，去创造未来，认可过去，更好地把握现在，去创造未来。这是完全不同的两种心态，生活还是同样的生活，心态是可以转变的，给我们自己以及身边人、事、物的幸福感也是不一样的。

《道德经》第六十一章原文：

大国者下流。天下之交，天下之牝。牝常以静胜牡，以静为下。故大国以下小国，则取小国；小国以下大国，则取大国。故或下以取，或下而取。大国不过欲兼畜人，小国不过欲入事人。夫两者各得其所欲，大者宜为下。

《道德经》第六十一章释义：

大国居于下，如海纳百川一样，是天下汇聚之处，天下交流之处。雌以静胜雄，因为静居于下。所以，大国居小国之下，小国自然归附大国；小国居大国之下，大国自然容纳小国。所以，不管是居下为聚拢，还是居下求容纳。大国不过要兼并蓄养小国，小国不过想归附大国。两者都可以达到目的，大国应该居于下。

第六十二篇　城里遇灾

我们继续狮驼岭的第三难：城里遇灾。

上一难我们讲到，悟空进入狮子肚里乱蹬，疼得妖怪管悟空喊外公。三魔悄悄对狮子说，等他出来时一口嚼碎。被悟空听到，把金箍棒立着，大魔一口把牙崩碎了。三魔见不行，使激将法，说钻肚里算什么勾当，悟空一听，别坏了老孙名声，拔根毫毛变根细绳，一头拴住妖怪的心肝，手抓着另一头出了肚子。三怪一齐战悟空，悟空把绳头尽力一扯，老魔心里疼，慌得那二怪、三怪跪在坡下哀求。悟空叫他们抬轿来送唐僧，妖怪口头答应暗使奸计把八戒卷起扔进池塘。悟空去救八戒，变作“勾司人”（阴间专勾人灵魂的鬼）从八戒身上搜出些藏的碎银子。兄弟二人来打二怪，悟空把金箍棒变作细针伸进二怪鼻孔里牵着二怪，让他们护送唐僧，不许再要花招。三怪又暗使诡计，突然与悟空三兄弟一人战一个，趁此机会叫小妖把唐僧抓走。

这里讲的，是孙悟空这个“心”在和他的过去、现在和未来做“心”计上的较量。最聪明的是谁呢？是未来，因为未来还没有发生，很多东西具有不确定性，不确定性就可以有思考的余地。过去和现在是已经成形的，会有受制的状态。

我们看一个细节，悟空化作勾司人从八戒身上搜出四钱六分银子，悟空认为八戒不应该有这个钱。看过《西游记》的读者都知道，取经到最后，阿难和迦叶还要了人事。所以这是孙悟空的心的困扰，他觉得不该有这个钱，实际上取经也需要人事。所以我们不要拧着自己去做，怎么叫拧自己去做？我们简单区分下。说话的时候，如果你是用一种很硬的态度说出来，别着别人的劲，也别着自己的劲；如果我们是很软的态度，用词也是慈爱的，对方爱听我们也爱听。

我们看一下《道德经》第六十二章：“道者万物之奥，善人之宝，不善人之所保。美言可以市，尊行可以加人。人之不善，何弃之有！故立天子，置三公，虽有拱璧以先驷马，不如坐进此道。古之所以贵此道者何？不曰以求得，有罪以免耶？故为天下贵。”

我们先看下字面解释：“道”，是万物庇荫之处，善人珍贵它，不善人也要保全它。美好的言辞超过一切货物的价值，良好的行为被人敬重。“道”庇护万物，怎会舍弃不善之人？所以，天子即位、设置三公的时候，虽然有合抱的宝璧和众多贵重马匹，不如恭敬地进献此“道”。自古以来，人们为何如此尊崇“道”？不正是由于有求皆得，有罪能被宽恕吗？因此被天下珍视。

我们借着这一段去讲的话，当下孙悟空牵扯住了大魔的内脏，使得大魔疼痛不已，悟空这个“道”，就是让他们三个求他的宽恕。可是他们是不服的。“道”本身是视之不见、听之不闻的状态，我们不能很好地把它讲出来，我们又看不到它，如何去相信它呢？

比如两个朋友，因为什么结的缘？可能因为一场电影，或是一本书，那么这场电影和这本书就是两个人中间的道。这时候保护好对于这场电影以及这本书的认知，就是保护好这条“道”。“多个朋友多条路”，这本书和这个电影，相当于一种信仰，重视它之后，就是真实的“道”。

“道”是无所不包的，孙悟空现在相当于他们三个的那条“道”，他们是怕他的。如果大鹏雕不精心算计的话，他们三个是没什么危险的。就是因为他精于算计，后面必然会被悟空所降服。

这期间悟空也有很大转变，以前悟空肯定和他们打得死去活来，而这次悟空用了智慧，先是钻进了大魔的肚子里，其实已经有饶过他们的心了。换句话讲，孙悟空从这一难开始真正地进入了一种转变，他开始有了慈悲。这难一开始，悟空打死小钻风的时候，已经有了悔意，也就是说，到了狮驼岭这一难，悟空具备了慈悲心。

大鹏雕使计谋又把唐僧抓了进去，这时候孙悟空还能不能忍，这个我们需要等待下一难才见分晓。

这一篇我们总结一下：用美好的言辞换来别人的尊重，这是《道德经》这一章的智慧。如果两个人结缘是因为某种事物，那就保护好这种事物，这种事物就是两人的缘分。

人如此，事也如此。当我们决定做某些事情的时候，就是因为中间有一个人触动我们去做这些事情。当我们对这个人恭敬的时候，这些事情也会做得非常顺利，因为这个人就是你和这个世界连通的“道”。做这件事情而不尊重这个人的时候，我们以为能做得很好，其实已经脱离了“道”，这时候即使做，也会做得很困难，不会太好。

《道德经》第六十二章原文：

道者万物之奥，善人之宝，不善人之所保。美言可以市，尊行可以加人。人之不善，何弃之有！故立天子，置三公，虽有拱璧以先驷马，不如坐进此道。古之所以贵此道者何？不曰以求得，有罪以免耶？故为天下贵。

《道德经》第六十二章释义：

“道”，是万物庇荫之处，善人珍贵它，不善人也要保全它。美好的言辞超过一切货物的价值，良好的行为被人敬重。“道”庇护万物，怎会舍弃不善之人？所以，天子即位、设置三公的时候，虽然有合抱的宝璧和众多贵重马匹，不如恭敬地进献此“道”。自古以来，人们为何如此尊崇“道”？不正是由于有求皆得，有罪能被宽恕吗？因此被天下珍视。

第六十三篇　请佛收魔

我们继续《西游记》第六十三难，也是狮驼岭的第四难：请佛收魔。

三魔齐心协力与悟空三兄弟力战，八戒被大魔咬住，沙僧被二魔鼻子卷住，三魔现了本相扇开两翅拿下悟空。妖怪抬出铁笼，要把四个和尚蒸熟吃。悟空择机逃出，念一声“唵蓝净法界，乾元亨利贞”，拘唤北海龙王变作一阵冷风，吹入锅下保护唐僧师徒，救出唐僧、八戒、沙僧，一起逃走。被妖怪发现，唐僧、八戒、沙僧又被抓回去，无奈，悟空去西天找如来，如来叫文殊、普贤一起到狮驼城收服了三个妖怪。

这里又重复一个道理，孙悟空斗不过三个妖怪，最后没有办法，去请了佛祖。为什么？因为是佛祖让他们去取经的，所以他去找佛祖降服三个魔头。对照现实生活，很多老板抱怨员工什么事都做不了，最后还得自己亲自出手，这就相当于佛祖的状态，老板是佛祖，员工是孙悟空。孙悟空能力大，也有很多事做不了。这个事情是你让他做的，很多事情还得你去解决。所以当老板遇上这样的员工的时候，不用抱怨，你让做的，必然你去承担。

我们看一下《道德经》第六十三章：“为无为，事无事，味无味。大小多少，报怨以德。图难于其易，为大于其细。天下难事必作于易，天下大事必作于细，是以圣人终不为大，故能成其大。夫轻诺必寡信，多易必多难，是以圣人犹难之。故终无难矣。”

“为无为，事无事”，以无为的态度，然后去有所作为，以不滋事的方法去处理事务，做好自己本分的事情，不用去滋事，这样才是有所作为的处事方法。“大小多少”，大生于小，多生于少，刚开始可以慢慢做，如若做大，必然从小处去做。“图难于其易，为大于其细”，出现问题了，处理问题要从容易的地方入手；实现远大目标，要从细微的地方入手。

“天下难事必作于易；天下大事必作于细”。天下难事，一定要从简易的地方入手，否则就做不起来了。大事一定要从微细的地方开端。从妖怪的角度，吃唐僧师徒是件大事，他们又知道孙悟空难斗，这件事没有做细，就吃不到唐僧肉。从唐僧的角度，唐僧这一路练的就是胆大心细，各种事都经历了，取经取的就是经历。

“是以圣人终不为大，故能成其大。夫轻诺必寡信，多易必多难。是以圣人犹难之，故终无难矣”。因此有道的圣人始终不贪图大贡献，所以才能做成大事。那些轻易发出诺言的，毕竟很少能去兑现。为什么会这样？当我们做出承诺的时候，压力也随之而来了。这时你把事情看得太容易，就势必遭受很多困难，因为容易和困难是相对的。我们之前讲的困难是心中所化，容易也是心中所化。但是我们不要忘了，唐僧最后取得真经也是要去经历九九八十一难的。

结合之前讲的“圣人无常心，以百姓心为心”，任何事情我们埋头去做，把任何事情都当成困难，就没有困难了。什么是困难？困难就是人们认为的困难。如果圣人去解决人们认为的困难的时候，终究也就没有困难了。

最后解决困难的是谁呢？是佛祖。佛祖、观音一直在做一件事，就是增加唐僧一行人的信心，增加他们对佛的信心。通过这一难孙悟空、唐僧已经发现，越到后面越困难，没有佛祖支持已经很难过去了。这一路上，每当他们生出来一些信心、一些骄傲的心，马上就会被打回去。其实是告诉我们，人要一直有谦卑的心。

《道德经》第六十三章原文：

为无为，事无事，味无味。大小多少，报怨以德。图难于其易，为大于其细。天下难事必作于易，天下大事必作于细，是以圣人终不为大，故能成其大。夫轻诺必寡信，多易必多难，是以圣人犹难之。故终无难矣。

《道德经》第六十三章释义：

以无为的态度作为，以无事的方式做事，以无味当作有味。天下事物，以德报怨。图谋艰难的事情要从容易的地方着手，做大事要从细微的地方着手。天下难事，一定从简易之处开始；天下大事，一定从微细之处开始。因此，圣人始终不图大，才能成就大事。那些轻易许诺的很难兑现承诺；把事情看得太容易必然遇到更多困难。因此，圣人认真对待各种困难，行进中反而没有更多的困难。

第六十四篇　比丘救子

狮驼岭一难，孙悟空请如来收了众怪，救了唐僧，离开狮驼城一路西行，到了比丘国，现在改名叫小子城，家家门口放着一个鹅笼，笼内都装着小男孩。原来三年前，一道人模样的老人进贡一美女，受国王宠幸，封美女为美后，封道士为国丈。国王贪欢毁了身体，国丈提供秘方并采了药，只等药引子。药引子是一千一百一十一个小儿的心肝，所以比丘国成了小子城。孙悟空念动真言，请众神各使神通连笼带小儿摄出城外看护。

我们看一下《道德经》第六十四章："其安易持，其未兆易谋，其脆易泮，其微易散。为之于未有，治之于未乱。合抱之木，生于毫末；九层之台，起于累土；千里之行，始于足下。为者败之，执者失之。是以圣人无为，故无败；无执，故无失。民之从事，常于几成而败之。慎终如始，则无败事。是以圣人欲不欲，不贵难得之货。学不学，复众人之所过，以辅万物之自然，而不敢为。"

先看字面解释：局面安定时容易维持，没有征兆时容易谋划，脆弱时容易消解，细微时容易消散。事情发生以前就要准备，祸乱产生以前就要治理。合抱的大树，从细小的枝梢生长起来；九层的高台，从一层层泥土搭建起来；千里之行，从脚下第一步开始。若违反这些规律，作为将会失败，执著将会受损。因此，圣人无为，所以也不会失败；无所执著，所以也不会遭受损害。人们做事，总是在快要成功的时候失败。始终保持谨慎，就不会失败。因此，圣人无欲，不以难得之货为贵。顺应自然，使众人没有过错，遵循万物的自然本性而不加干预。

这一章有一句大家很熟悉的话，"千里之行，始于足下"，我们说起工作或者教育孩子时常常会说起这句。"合抱之木，生于毫末；九层之台，起于累土；千里之行，始于足下。"唐僧这一路走来，其实就是千里之行，始于足下。

"民之从事，常于几成而败之。慎终如始，则无败事。"这句讲做事的谨慎程度。很多事请会在过程中失败，为什么？因为过程中的关注度及谨慎度都不及一开始的时候，起了懈怠的心，行程自然而然就慢了。我们看孙悟空在这一难中，先将小儿妥善保护好，然后再去打探，按他最开始的脾气估计早就冲上去了。此前狮驼岭时咱们讲过，孙悟空已经开始有智慧了。这里也是一种体现，他又多了谨慎的智慧。

“为者败之，执者失之。是以圣人无为，故无败，无执，故无失。”有意为之的将会失败，有所执著的将会遭受损失。我们举个例子。比如，你呕心沥血的发明，被别人盗走了成果。如果你执著，肯定会遭受损害，无论是精神还是身体，肯定会有损害。圣人以无为的方式作为，所以不会失败，无所执，所以不会遭受损失。换句话讲，如果这东西是以“无为”的方式制作出来的，别人想要拿也拿不走，《金刚经》讲“一切贤圣皆以无为法而有差别”。每个人“无为”的方法是不一样的，认识自然，顺应自然之道是一种方式。

这一难中，国王要一千一百一十一个小儿的心肝，是因女人而起。妖后迷惑国王，需要小儿心肝治病。我们想想，朱紫国国王那里，是王后的事情，比丘国国王这，是妃子的事情，都和女人有关。如果外像是唐僧心之显化，说明这些事从他心中一直没有过去。当然，显化出来了，就放下了，我们可以这样去理解。

“其安易持，其未兆易谋；其脆易泮，其微易散。为之于未有，治之于未乱。”局面安定时容易保持和维护，事变没有出现迹象时容易图谋；事物脆弱时容易消解；事物细微时容易散失；做事情要在它尚未发生以前就处理妥当；治理国政，要在祸乱没有产生以前就早做准备。我们来看，为什么唐僧每到一处，就会产生一难？之前咱们一直讲的，说是心的显化。我们忽略了一个问题，行业或标签的问题。

笔者拿自己举个例子。笔者是记忆大师，那么笔者见到任何人，只要对方知道笔者是世界记忆大师，一定有人问关于记忆的问题。如果你是练武术的，是某个门派的传人，人们一定问你关于武术的问题。如果你是中医，人们肯定会问关于身体健康的问题。原因是什么？你的标签定成什么，别人就会被标签所吸引。唐僧取经，他必然就要经历磨难。《西游记》里有句很熟悉的话，“听说大唐有一个和尚要去西天取经，吃了他一块肉可以长生不老”，这就是唐僧的一个标签，有这个标签自然有相应的妖怪要去吃他。

唐僧经历这么多难，身心已经疲惫了，产生多“心”的状况了。我们做事，刚开始的时候一门心思去做，做到一半更多人参与的时候，就会想会发生这样的事吗？会发生那样的事吗？这一难中以小孩的心来展示。小孩是什么状态？就是会突然给你带来各种困扰的状态。

《道德经》第六十四章原文：

其安易持，其未兆易谋，其脆易泮，其微易散。为之于未有，治之于未乱。合抱之木，生于毫末；九层之台，起于累土；千里之行，始于足下。为者败之，执者失之。是以圣人无为，故无败；无执，故无失。民之从事，常于几成而败之。慎终如始，则无败事。是以圣人欲不欲，不贵难得之货。学不学，复众人之所过，以辅万物之自然，而不敢为。

《道德经》第六十四章释义：

局面安定时容易维持，没有征兆时容易谋划，脆弱时容易消解，细微时容易消散。事情发生以前就要准备，祸乱产生以前就要治理。合抱的大树，从细小的枝梢生长起来；九层的高台，从一层层泥土搭建起来；千里之行，从脚下第一步开始。若违反这些规律，作为将会失败，执著将会受损。因此，圣人无为，所以也不会失败；无所执著，所以也不会遭受损害。人们做事，总是在快要成功的时候失败。始终保持谨慎，就不会失败。因此，圣人无欲，不以难得之货为贵。顺应自然，使众人没有过错，遵循万物的自然本性而不加干预。

第六十五篇　辨认真邪

我们继续在比丘国的第二难：辨认真邪。众神祇救走小儿不提，第二天唐僧入朝拜见国王倒换关文，悟空变成小虫一同入朝打探消息，认出国丈是个妖精。小儿不见了，国丈说更好的药引子是唐僧的心肝。悟空把唐僧变成自己模样，自己变作唐僧去见国王。

国王要借唐僧的心肝做药引子，假唐僧也就是悟空把肚子剖开滚出一堆心来。有红心、白心、黄心、悭贪心、利名心、嫉妒心、计较心、好胜心、望高心、侮慢心、杀害心、狠毒心、恐怖心、谨慎心、邪恶心、无名隐暗之心、种种不善之心，更无一个黑心。国丈打不过悟空，带着美后不知去向。

悟空与八戒追赶妖怪，南极老人星出现，说“此怪乃是我的一副脚力，只因东华帝君过我荒山，我留坐下棋，一局未终，这孽畜走了，成此妖怪。”寿星收了白鹿。美人也现了本相，是白面狐狸。寿星医好国王的病，众神将小儿们平安送回。

我们来看一下《道德经》第六十五章：“古之善为道者，非以明民，将以愚之。民之难治，以其智多。故以智治国，国之贼；不以智治国，国之福。知此两者，亦稽式。常知稽式，是谓玄德。玄德深矣，远矣，与物反矣，然后乃至大顺。”

先看简单解释：自古以来善于为道者，不是教人们知晓智巧，而是教人们淳实厚朴。人们之所以难治理，是因为他们智巧太多。所以用智巧治国，会危害国家；不用智巧治国，是国家的福祉。这两种方式，就是治国法则。了解治国法则，就具备了玄德。玄德深邃幽远，与万物复归真朴，然后才能顺乎自然。

“古之善为道者，非以明民，将以愚之。民之难治，以其智多。故以智治国，国之贼”。古代善于为道的人，不是教导人们知晓智巧伪诈，而是教导人们淳厚朴实。人们之所以难于统治，乃是因为他们使用太多的智巧心机。用智巧心机治理国家，就必然会危害国家。这一难中，无论国丈当初用了什么心，不是他的，终归不是他的。他虽然打扮成道士模样，但他教导比丘国的国王，不是淳厚朴实的状态。

我们回顾一个情景，孙悟空让八戒找来一堆泥，唐僧变成悟空，悟空变成唐僧，真正意义就是，孙悟空和唐僧已经合成一个人了。剖出来的心是谁的？内在的是孙悟空，外在的是唐僧。唐僧到这一难，已经有了这么多心。有朋友会想：怎么生出了这么多心？妖怪一直抓他，能不生出恐怖心吗？能不生出杀害心吗？能不生出邪恶心吗？种种不善之心能不生出来吗？肯定也会生出来的，这些都是“多心”的状态。这一难，借着妖怪和国王的做法，唐僧把这些心都倒了出来。

这一难以及《道德经》这一章的智慧，告诉我们要多沟通，尤其事情做到一半多的时候要多沟通。沟通就是把你的多心吐出来，沟通好了，很多事情就解决了。每个人都在修行，修的是什么？就是去掉自己的多心。假想的事想想就成真了，所以要放下这颗多心。

多一颗心就多费一份力。这里讲的心有二十几种，孙悟空还有七十二变，就像七十二颗心。人心难测，平时这么多心的话，生活压力就很大了，所以我们要慢慢去放下那些不必要的心，让生活多一份精彩。

为什么要放下这些心？《道德经》最后告诉我们，“玄德深矣，远矣，与物反矣，然后乃至大顺。”玄德又深又远，和具体的事物复归真朴，然后才能极大地顺乎于自然。我们经常讲“顺其自然”，做到一心一意，就是顺乎于自然。

这一难启发我们智慧的是，生活中去掉多心，一个人的时候还会生出这么多心，生活该多累啊。试着和别人多沟通，不开心、放不下的时候，和长辈、老师、朋友以及比较亲近的人沟通，把心放下之后就舒服了。需要注意的是，如果你放出的都是负能量，对方接受的也是负能量，无形当中会给对方造成困扰，所以可以采取运动、读书等方式把这个多心去掉。

这一难就到这里，希望大家慢慢找回一心一意的感觉，恢复真朴的幸福生活。

《道德经》第六十五章原文：

古之善为道者，非以明民，将以愚之。民之难治，以其智多。故以智治国，国之贼；不以智治国，国之福。知此两者，亦稽式。常知稽式，是谓玄德。玄德深矣，远矣，与物反矣，然后乃至大顺。

《道德经》第六十五章释义：

自古以来善于为道者，不是教人们知晓智巧，而是教人们淳实厚朴。人们之所以难治理，是因为他们智巧太多。所以用智巧治国，会危害国家；不用智巧治国，是国家的福祉。这两种方式，就是治国法则。了解治国法则，就具备了玄德。玄德深邃幽远，与万物复归真朴，然后才能顺乎自然。

第六十六篇　救女怪卧僧房

唐僧师徒一行离开比丘国继续西行，面前是高山峻岭、黑松大林，悟空去化斋，一女子喊“救人”，唐僧便喊八戒、沙僧去救树上绑的女人，悟空突然赶来，说她是妖精不要救。那女子看师徒远去，恨悟空识破她的阴谋，又叫救命，唐僧肉眼凡胎不识真相，发慈悲救下那女子，一同前行。

这次又是女人关，唐僧一直在过女人关。只不过这次有个变化，就是孙悟空说那是妖怪的时候，他们暂时没有救，走了。可是后来那女子又叫的时候，唐僧还是不忍心，还是去救了。在女人这件事上，唐僧和悟空之间还是有一些小问题，毕竟现在的唐僧还是肉眼凡胎。当他救下这女子的一刹那，这一难就已经傍身了。

这一难中唐僧已经有进步了，孙悟空说是妖怪的时候，他已经停下脚步，可是他最后还是救了。反过来想，孙悟空知道唐僧是肉眼凡胎，会抵不过一些诱惑，每次遇到这样事情的时候，他也可以想一想，是不是问问唐僧救还是不救，唐僧再去问他救不救，然后两人商量，也许能商量出一个很好的结果。这一难一旦过了，下一难就不会再出现类似情况。

为什么女妖怪的事一直就没断过呢？就是因为前面没放下，后面就一直有。生活中很多事情都是这样，我们经常讲过去、现在和未来，其实未来就是过去的轮回。如果你在一件事情上担心，后面但凡遇到这样的事情都会担心。

《道德经》第六十六章：“江海所以能为百谷王者，以其善下之，故能为百谷王。是以圣人欲上民，必以言下之；欲先民，必以身后之。是以圣人处上而民不重，处前而民不害，是以天下乐推而不厌。以其不争，故天下莫能与之争。”

先看简单字面解释：江海之所以能够成为百川汇集之处，是因为它所处地势最低，所以能够成为百川之王。因此，圣人要领导人民，必定言语谦卑；若要居于人先，必将自身居于人后。所以，圣人居于人上，人民并不感到沉重；居于人前，而人民并不感到受迫害。天下人都乐意拥戴他不厌离他。因为他与民不争，所以天下自然顺化，没有人能和他相争。

“江海所以能为百谷王者，以其善下之，故能为百谷王。”这是心胸体现，我们心胸越大，能容纳的就越多，海纳百川。“是以圣人欲上民，必以言下之；欲先民，必以身后之。是以圣人处上而民不重，处前而民不害。是以天下乐推而不厌。”人民都非常爱戴他。我们看，唐僧在女妖怪这个问题上，他的心还不能达到“江海所以能为百谷王者，以其善下之，故能为百谷王”的状态，他的心胸还是没有完全打开、放下，所以他必须去承受（遇到很多跟女人有关的难）。毕竟唐僧还是肉眼凡胎，凡胎就会被七情六欲所困扰。即使中途你有过经历、有过经验，但困扰还是必然存在的。

这期间又要去麻烦孙悟空这颗心了，这个心一直在帮我们，不管我们做了什么，最后操心的还是这颗心，所以才说“操心”。

“是以圣人欲上民，必以言下之；欲先民，必以身后之。”圣人要领导人们，必须用言辞对人们表示谦下：要想领导人们，必须把自己的利益放在他们的后面。我们已经做得很成功了，才能去做这一步。《西游记》到了这一难离成功已经不远了。同时这也是生活之道，让别人感到有价值，到这一步，我们的价值已经被体现了，我们要让对方具有价值感，成就别人也是成就另外的自己。

这一难中，唐僧不仅救了女子，还让这女子一同前行，来到寺院借宿，后面又会发生什么事呢？我们共同期待下一难。

《道德经》第六十六章原文：

江海所以能为百谷王者，以其善下之，故能为百谷王。是以圣人欲上民，必以言下之；欲先民，必以身后之。是以圣人处上而民不重，处前而民不害，是以天下乐推而不厌。以其不争，故天下莫能与之争。

《道德经》第六十六章释义：

江海之所以能够成为百川汇集之处，但因为它所处地势最低，所以能够成为百川之王。因此，圣人要领导人民，必定言语谦卑；若要居于人先，必将自身居于人后。所以，圣人居于人上，人民并不感到沉重；居于人前，而人民并不感到受迫害。天下人都乐意拥戴他不厌离他。因为他与民不争，所以天下自然顺化，没有人能和他相争。

第六十七篇　无底洞遭困

我们继续《西游记》第六十七难：无底洞遭困。这一难和上一难救女怪卧僧房是一个故事。师徒几人救了女子，一同到镇海禅林寺借宿。住了三日，寺里不见了六个和尚，却发现了残骸。悟空去降妖，变作小和尚夜里念经，进殿一个美貌佳人（就是他们所救的女子）调戏小和尚，悟空随她到后院，拿出金箍棒就打，女子敌不过，脱下一只花鞋，吹口气变作自身与悟空打斗，真身化一阵清风而去，把唐僧摄走。

我们看，唐僧的一个心软，造成后面这个负担。这难告诉大家，这件事就是一个无底洞的状态，名字已经给我们很好的提示了。我们继续看故事。

悟空询问山神土地，得知那女人是陷空山无底洞的妖精所化，悟空变作苍蝇飞到洞底见了师父，叫师父给妖精倒酒，他变作虫藏在酒花之中，但妖精没喝。

悟空二次进洞让师父与妖精到花园散心，他变作桃子让妖精吃，这回妖精上当了，悟空在她腹中折腾，妖精疼痛难忍放了唐僧。悟空从妖精肚中钻出来与她格斗，八戒、沙僧也来助阵，妖精见机会来了，又脱下花鞋变作自身，真身化作清风把唐僧再次摄入洞中。

悟空三进无底洞，这洞很大，方圆三百里，他找不到师父，见到一牌位上书“尊父李天王位”“尊兄哪吒三太子位”。悟空拿着牌位上天向玉帝状告李天王父子。原来这妖精是金鼻白毛老鼠精，三百年前，在灵山偷吃了如来的香花宝烛，如来差李天王父子将她拿住，原是死罪，饶她不死。因感恩拜李天王为父、哪吒为兄。天王带哪吒到无底洞收了妖精。

我们看《道德经》第六十七章。“天下皆谓我道大，似不肖。夫唯大，故似不肖。若肖，久矣其细也夫。我有三宝，持而保之。一曰慈，二曰俭，三曰不敢为天下先。慈，故能勇；俭，故能广；不敢为天下先，故能成器长。今舍慈且勇，舍俭且广，舍后且先，死矣！夫慈，以战则胜，以守则固，天将救之，以慈卫之。”

我们先看一下字面解释：天下人都说我“道”大，看起来似乎不像。正因为它极为广大，所以才不像具体事物。如果它看起来就像很大，这种相对的大，时间长了，也就显得渺小了。我有三件宝，守持珍视它：第一件叫“慈”，第二件叫“俭”，第三件叫“不敢为天下先”。由于柔慈，所以能猛；由于俭朴，所以广大；由于不居天下之先，所以能成就万物生长。现今如果舍弃柔慈而追求勇猛，舍弃俭朴而追求广大，舍弃处后而追求超越，结果就是死路一条。柔慈，征战必勇猛而胜，守卫必固若金汤。上天若欲救护谁，就以柔慈保卫他。

对应《西游记》，看看它们的关联。“天下皆谓我道大”，“道”，太普泛了，就像最开始如来说的那句话，心即是佛，佛即是心，也是普泛的道理，很难加以把握。我们看这一路唐僧走来，包括之前这些难当中多了这么多心，去了这么多心，可见心是很难把握的。有时候我们都不听心的，就像不听心猿悟空是一样的。悟空明知道是妖怪，唐僧还是不听，引来众多麻烦。

“一曰慈，二曰俭，三曰不敢为天下先”。第一件叫做慈；第二件叫做俭；第三件是不敢居于天下人的前面。有了这柔慈，所以能勇武；由于俭朴，所以广大；由于不居天下之先，所以能成就万物生长。我们仔细琢磨一下，这一难中，如来、李天王都有一个“慈”的状态，我们讲“慈父”也是这个“慈”。如来饶她不死，李天王收她为义女，都是“慈”。

唐僧知道是妖怪还去救，也是因为“慈”，他有一颗慈悲的心，看不得人受苦。这就是人“情”。很多人，也许能看得很明白，像孙悟空一样，可是当你遇上最亲近的人，他冥顽不灵的时候，自己那颗心还是放不下。我们作为他的朋友或亲人，不能支持的话，就要像孙悟空一样守在他身边。

这一难我们学会了什么？第一，唐僧这颗慈悲心，无论怎么样，已经和孙悟空结合在一起了。虽合上了，但还差一些，所以还是会被妖怪所骗，但最起码他已经听孙悟空的话了，和以前不一样了。第二，孙悟空明白一个道理，就是找源头。这个难出现了，看谁能解决就去找谁。他找的不是李天王，而是找玉帝，也就是找李天王的头儿，这是比较快的方式。这个办法如果解决不了，他还是会找观音、如来。孙悟空这颗心，已经总结出来一套完整的解决问题的模式。

我们在生活中有没有找到一套完整的解决问题的模式呢？我们可以问问自己这颗心。

唐僧后面还要经历什么，孙悟空后面又能学到什么，我们共同期待下一难。

《道德经》第六十七章原文：

天下皆谓我道大，似不肖。夫唯大，故似不肖。若肖，久矣其细也夫。我有三宝，持而保之。一曰慈，二曰俭，三曰不敢为天下先。慈，故能勇；俭，故能广；不敢为天下先，故能成器长。今舍慈且勇，舍俭且广，舍后且先，死矣！夫慈，以战则胜，以守则固，天将救之，以慈卫之。

《道德经》第六十七章释义：

天下人都说我“道”大，看起来似乎不像。正因为它极为广大，所以才不像。如果它看起来就像很大，这种相对的大，时间长了，也就显得渺小了。我有三件宝，守持珍视它：第一件叫“慈”，第二件叫“俭”，第三件叫“不敢为天下先”。由于柔慈，所以能猛；由于俭朴，所以广大；由于不居天下之先，所以能成就万物生长。现今如果舍弃柔慈而追求勇猛，舍弃俭朴而追求广大；舍弃处后而追求超越，结果就是死路一条。柔慈，征战必勇猛而胜，守卫必固若金汤。上天若欲救护谁，就以柔慈保卫他。

第六十八篇　灭法国难行

我们继续《西游记》的下一难：灭法国难行。上一难中，悟空找托塔李天王父子从无底洞中救出唐僧，师徒一路西行。正行处，见一老母挽着一个小孩儿，告诉唐僧不要前行，说前面是灭法国，国王要杀一万个和尚，已杀了九千九百九十六名和尚，再等四个和尚就能凑成一万。悟空认出老母是观音菩萨和善财童子，倒身下拜。

悟空到客栈，偷了客人衣服，一行人换下僧服，扮做贩马人睡在柜中，夜间贼把柜子和白马一同劫走，被守门官劫下。悟空施法把皇宫内院所有人的头发都剃光，包括国王、王后的头发。国王暗想是杀了太多和尚的果报，已心生悔意。巡城总兵把劫获的柜子打开一看，里面正是唐僧师徒。满朝文武随国王一起朝拜，从此不再杀和尚。

我们看对应的《道德经》第六十八章："善为士者不武，善战者不怒，善胜敌者不与，善用人者为之下。是谓不争之德，是谓用人之力，是谓配天古之极。"

先看一下字面解释：善于统御将士的人，不凌弱；善于征战的人，不滥杀；善于胜敌的人，不争强；善于用人的人，对人的态度谦和居于人下。这就是不争的品德，用人的能力，自古以来终极的境界。

我们回到《西游记》，这个"善于……善于……善于……"的状态，孙悟空现在已经学会用智慧了，所以他只是把国王一众人等的头发去掉了，并没有伤及他们的性命，用智慧选择简单易行的方法解决问题，不再是一言不合举棒就打。这里可以看出，孙悟空的状态也慢慢受唐僧影响，跟三人行必有我师的道理是一致的。

这一难一开始，观音菩萨就出现了，提示他们前面有危险。就像我们做事前，别人会善意提示我们一些情况。至于要不要过，你怕了就过不去，不怕往前走，还是可以过去的。

怎么过呢？用心。我们看，这一难其实并没有给师徒带来什么磨难，只是因为都是凡人，不能大开杀戒。孙悟空也明白了，如果开杀戒又会招来唐僧念紧箍咒等不必要的麻烦，悟空也有了慈悲心，也明白凡人没什么抵挡的力气。“是谓用人之力，是谓配天古之极”。

这一章给我们的启发是，遇到问题，我们用轻松简单的办法去完成，不逞勇猛、不动怒，不与敌人正面冲突，对人表示谦下，不与人争，这样才符合自然的道理。

我们可以分析一下，后面会生出什么心，生出这个心对唐僧有帮助还是没有帮助。我们共同期待下一难。

《道德经》第六十八章原文：

善为士者不武，善战者不怒，善胜敌者不与，善用人者为之下。是谓不争之德，是谓用人之力，是谓配天古之极。

《道德经》第六十八章释义：

善于统御将士的人，不凌弱；善于征战的人，不滥杀；善于胜敌的人，不争强；善于用人的人，对人的态度谦和居于人下。这就是不争的品德，用人的能力，自古以来终极的境界。

第六十九篇　花豹迷人

我们继续欣赏《西游记》第六十九难：花豹迷人。在上一难当中，孙悟空很简单地就解决了问题，在灭法国，一是“借来”俗家人的衣服掩盖僧人身份；一是剃光国王头发以示警戒。这一难过得很简单，请大家分析，如果是我们，这样简单就过关，后面会生出什么心？是的，轻敌之心。现在我们看这一难中，是不是会有同样的状态出现。

师徒四人辞别灭法国君臣继续西行，正行间见一座高山阻路，悟空跳到半空，见悬崖岩边坐着一个妖精。他想捉弄八戒，回去说前面人家正蒸白面馍馍斋僧。八戒急忙就去，被一群小妖围住推推拥拥见了老妖。悟空觉得玩笑大了，假身留在师父身边，真身来助八戒打败老妖。

妖精想吃唐僧肉，一个当初从狮驼岭逃出的小妖献分瓣梅花计，选三个小妖变作老妖模样，分别对付悟空三兄弟，闲下老妖去抓唐僧，老妖依计行事，把唐僧摄入了洞府。又依小妖之计扔出去一个人头说是唐僧，三兄弟掘了坟塚哭泣。然后，悟空与八戒去洞府找妖精报仇，打死被封为先锋的献计小妖，老妖逃回洞府。悟空变作一只水老鼠，进洞府发现师父还没死，用瞌睡虫把老妖和众小妖都弄睡着了，救出师父，打死花皮豹子精。

到此离西天已不满千里。

上一难我们讲孙悟空多了智慧，有了一些新能力。这难中，我们都知道花豹并不厉害，但是悟空他们迷了心，《道德经》第六十四章讲“慎终如始则无败事”，他们失去了谨慎，没放心上，无端生出这个难。

我们看，一开始孙悟空捉弄猪八戒，引发了这一难，其实原本不会发生的。上一难过得简单，这一难就生出轻敌心，“祸莫大于轻敌”。就像平时做事，明明有些事情不会发生，可是还是发生了。这个过程中，肯定是迷了自己这颗心，所以做事还是要谨慎。

我们现在来看《道德经》第六十九章：“用兵有言，吾不敢为主而为客，不敢进寸而退尺。是谓行无行，攘无臂，扔无敌，执无兵。祸莫大于轻敌，轻敌几丧吾宝。故抗兵相加，哀者胜矣。”

我们看下字面解释。用兵的人这样说：“我不敢主动出兵，而采取守势；

不敢冒进一步，而失去阵地。”这就叫做，欲行阵相对，却无阵可行；欲援臂而前，却无臂可举；欲与敌相争，却无敌可就；欲执兵相向，却无兵可执。祸患莫过于轻敌，轻敌几乎丧失了我的“三宝”。所以，两军实力相当的时候，慈悲的一方必相惜而胜。

我们都知道这一难是孙悟空轻敌，花豹根本就不厉害，孙悟空一棒子或猪八戒一耙子都可以除掉。我们看《道德经》，“吾不敢为主而为客；不敢进寸，而退尺”。我不敢主动进犯，而采取守势；不敢冒进一步。这也是用兵之计。

这一难有个特点，和前面的狮驼岭有一些关系，狮驼岭的一个小妖，逃到了这里，也就是说在狮驼岭留下了一些问题。平时做事也一样，很多事情有一些遗留问题没有去解决，怎么办？只能往前走，往前走的时候就知道有哪些没有解决，然后更好地去解决它就可以了。

这个小妖会用智慧，所以很轻易地把唐僧摄入洞中。生活中也是如此，当遇上以小搏大的局面的时候，我们一定要善用智慧。虽然说孙悟空很厉害，因为有智慧，那些妖怪依然敢去动唐僧。同样的，孙悟空也并没有被妖怪骗到，也是用智慧，想办法把唐僧救出来。

《道德经》这里讲“祸莫大于轻敌，轻敌几丧吾宝”。吾宝就是第六十七章讲的，“一曰慈，二曰俭，三曰不敢为天下先”。写文章尚且如此，后面跟着，承上启下。每一难也是如此，每一难有联系又没有联系。我们该有的智慧就是，该放下时就放下。

我们看孙悟空还学会了什么。这两难，他用得最多的是瞌睡虫，让别人睡着了，他做自己的事情，是迷惑对方的状态。以前上学，别人睡觉，我们学习，很容易就超过了，讲的也是生活中的道理。

这一难告诉我们，离最后目标已经不远了，这一难逐渐从妖怪回归人的本性，其实是告诉我们，真正的修行，还是人的状态。

这一难，花豹迷了心，之后迷心的事还会出现吗？需要继续往后看。这一难以及《道德经》这一章教给我们的智慧是，要谨慎，即便你是行家里手，也要谨慎，慎终如始则无败事。

《道德经》第六十九章原文：

用兵有言，吾不敢为主而为客，不敢进寸而退尺。是谓行无行，攘无臂，扔无敌，执无兵。祸莫大于轻敌，轻敌几丧吾宝。故抗兵相加，哀者胜矣。

《道德经》第六十九章释义：

用兵的人这样说："我不敢主动出兵，而采取守势；不敢冒进一步，而失去阵地。"这就叫做，欲行阵相对，却无阵可行；欲援臂而前，却无臂可举；欲与敌相争，却无敌可就；欲执兵相向，却无兵可执。祸患莫过于轻敌，轻敌几乎丧失了我的"三宝"。所以，两军实力相当的时候，慈悲的一方必相惜而胜。

第七十篇　凤仙国求雨

唐僧师徒下了雾隐山继续西行，前方一城池，正是天竺国外郡凤仙郡，三年滴雨未下，正张榜招仙求雨。悟空把东海龙王敖广请来，龙王说凤仙郡侯冒犯了上天，让悟空请玉帝降旨方敢下雨。悟空来到天上方知，三年前凤仙郡侯将斋天的贡品推倒喂狗，并口出秽言。玉帝立三事，一座米山、一座面山，米山旁有一只鸡吃米，面山旁有一只狗舔面。悬一尺三四寸长的金锁，下有一盏灯燎那锁。鸡吃完米，狗舔完面，灯烧断锁，才肯下雨。

悟空闻言大惊，四大天师指引他“若有一善慈，惊动上天，米山、面山即时就倒！”悟空别了玉帝，怒喝郡侯，郡侯说出实情，因妻不贤，恶言相斗，才发怒推倒供桌，唤狗来吃了。悟空告诉郡侯，作善即可解。郡侯答天谢地，引罪自责，人有善念、天必从之，米山、面山俱倒，天降甘露。郡侯建四人生祠“甘霖普济寺”。

我们看对应的《道德经》第七十章：“吾言甚易知，甚易行，天下莫能知，莫能行。言有宗，事有君。夫唯无知，是以不我知。知我者希，则我者贵，是以圣人被褐怀玉。”

先看一下简单的解释：我所说的话很容易理解，很容易践行，而天下人竟没有谁理解，没有谁践行。言论有宗旨，行事有根据。因为不懂得这个道理，所以也不理解我。能理解我的人很少，效法我的人更为珍贵。因此有道的圣人外表穿着普通人的粗布衣服，内在抱一守道，藏着美玉不显露。

人们常“聊天”“说地”，某种契机会说出不敬的话。我们脚踩大地，大地让我们很踏实；天降甘露，农作物蓬勃生长。我们吃这些农作物，吸收天地精华而生存。我们的身体就是一个小天地。眼睛是心灵的窗户，我们看见天地，天地就在我们心中。不敬天地的时候，也就是不敬自己，伤害的还是自己。这里的郡侯，伤害的就是一城百姓。

这一难如何解？行善就可以，很简单、很容易实行。就像《道德经》这一章讲的“吾言甚易知，甚易行，天下莫能知，莫能行”。我的话很容易理解，很容易实行，但是天下没有谁能理解，能实行。

所谓行善，心里去想好事的时候，能量是充足的，想不好的事的时候，能量就是不会这么足。心中想好事的时候，力气会很大；想不好的事的时候，力气就会减小；有害人之心，哪怕是个念头，也是伤害自己。

我们看一个细节：一只鸡、一只狗、一盏灯，对应酉时、戌时、亥时，天暗需要灯，是阴的状态。这里指“阴德”不够，需要行善积德。老话说要“积一些阴德”，就是这个道理。

我们所看见的天地，是身体所化，尊重天地，就是尊重我们身体及内在。身体是靠五脏六腑协同协作来完成的，包括其他一些器官，所谓祭拜就是让内脏休息，让我们身体器官得到尊重、得到休息。

试想，有人给我们供养能量，我们从来没有感谢过他，他还源源不断持续给我们能量，时间长了以后，他铁定会不高兴，所以我们的内脏总是出问题。我们尊重眼前的一切，就是尊重自己内心的显化，尊重以后，能量是非常正的，会让我们身心非常舒服。

“言有宗，事有君，夫唯无知，是以不我知。知我者希，则我者贵。是以圣人被褐怀玉。”这一难最后求雨求来了，和《道德经》这一章最后一句也是对应的。言论有主旨，行事有根据。话很容易理解，很容易实行，只要实行就可以了。当我们有一个好的想法的时候，对方如果不了解我们、没有经验、不能帮助我们，可以不用和他说，因为你和他说的时候，他的思路没有这么宽，你的路就走不通了。如果你找一个有经验的人咨询，只需要照他的话去做就可以了。

举个例子，笔者经常遇到想要考世界记忆大师的人，有人不去问世界记忆大师，而去问其他人，给自己设了很多障碍。如果他问的是世界记忆大师，告诉他需要怎样练习，只需要照着做就可以了。

无论走什么路都是自己的选择，少走弯路，行进目标会更快，再加上敬天礼地，保护好我们的身体，做事速度会更快的。

一路西行，快到地方了，非常累了，身体是很重要的。最开始的时候感觉什么都不重要，到后面发现什么都重要。后面有什么是重要的？我们一起欣赏下一难。

《道德经》第七十章原文：

吾言甚易知，甚易行，天下莫能知，莫能行。言有宗，事有君。夫唯无知，是以不我知。知我者希，则我者贵，是以圣人被褐怀玉。

《道德经》第七十章释义：

我所说的话很容易理解，很容易践行，而天下人竟没有谁理解，没有谁践行。言论有宗旨，行事有根据。因为不懂得这个道理，所以也不理解我。能理解我的人很少，效法我的人更为珍贵。因此有道的圣人外表穿着普通人的粗布衣服，内在抱一守道，藏着美玉而不显露。

第七十一篇　失落兵器

我们继续欣赏《西游记》第七十一难：失落兵器。走到这里，我们想想，如果我们遇上困难之后，一步一步去解决，其实也是一件幸福的事情，一件很有价值的事情。

之前讲过，因为吃一块唐僧肉可以长生不老，所以妖怪抓唐僧主要是想吃他。我们人生当中，看你所做的是什么，你做的是什么，人们找你就是为了什么。换句话讲，你有没有树立好目标，有没有像唐僧一样去前行，你只要往前走，奔着你的目标去走，自然而然就会有人找你。

回到故事中。话说唐僧师徒离开凤仙郡，一路西行到了天竺国下郡玉华县。到玉华王府倒换关文，小王子要他们比试，见识了行者三兄弟的本事，拜他们为师。请悟空三人将金箍棒、九齿钉耙、降妖杖放在工匠那里拟照样子打造。这些兵器都是随身之宝不得离身，现放在场院中，霞光万道，引得豹头山虎口洞的妖精将兵器摄走。

这一难告诉我们随身之物不可轻易放下，要给就直接给出去，不要临时拿出去。一些技术、发明等相关的事物，不能做到像老子讲的“无为”状态，而是“有为”去做出来的，就不能放出去。钉耙、金箍棒都是别人所赐的，不是内生的东西，一旦离手就会惹来一系列问题。财大量露白，让妖精有机可乘。

我们先看《道德经》的第七十一章：“知不知，上；不知知，病。夫唯病病，是以不病。圣人不病，以其病病，是以不病。”

看看简单字面解释：知道“道”而不以为知，这是最高的境界。不知“道”却自以为知，这是祸患（有害的）。有道的圣人没有祸患，因为他知道缺点是缺点。正因为他不强为知，所以他没有祸患。

这里讲的还是负负为正的道理。“知不知，上”。知道“道”而不以为知，或者理解为知道自己还有所不知，这是很高明的。从一个领域来讲，当你达到顶峰的时候，你会认为很多东西自己都是知道的，其实这是一件很糟糕的事情。为什么很糟糕？当你认为什么都知道的时候，自己很难再前进了。很难前进的时候，你会发现做任何事，开始逐渐停滞不前。当我们有什么变化的时候，周围也会发生相应变化。当你什么都知道的时候，你发现自己不能有变化了，停滞不前了，你做的其他事其实也是停滞不前的状态。很多人明明握有很高的技术，可是一直处在停滞不前的状态，原因就在于此。

要怎么办？你可以把这个停滞不前当作缺点，把缺点当作缺点，这个时候就没有缺点，负负为正，反而可以用另外一种方式前进。另外的方式是什么？当你不知道未来做什么的时候，可以去修正你的过去。想想过去还有哪儿没有完善的，然后去修正自己的过去，这也是一条路。这条路比又要行未来又要修过去的人强得多。

当你达到一个很高的点，其实就是为了让你往回走，这时候你比别人要轻松很多。

《西游记》这难，无非就是讲述他们仨人卖弄本事，然后收王子为徒，也就是好为人师。这一难提示我们，好为人师，后面会出现很多事情，那会有什么事情呢？我们给对方出主意，这个主意到底是适合对方还是适合自己？往往是适合自己的，对方还没有去做就恐惧了。心和心是连着的，假设是我们的言语让对方恐惧，我们自己还没有办法可以解决的时候，对方这种恐惧迟早会回到自己这里，相当于间接承担了对方的负担，无形中给自己造成很大压力。所以好为人师者，时间长了以后他的心会很累的，原因就在于此。

这一难给我们的启示是，好好去做自己的事情，向着自己的目标去走。好为人师会带来冲突阻碍，但这也是练心的一个阶段，经历才能明白。

这难中他们的兵器丢了，兵器怎么丢了？到底是谁偷走的？下一难又会出现什么呢？我们共同期待下一难。

《道德经》第七十一章原文：

知不知，上；不知知，病。夫唯病病，是以不病。圣人不病，以其病病，是以不病。

《道德经》第七十一章释义：

知道“道”而不以为知，这是最高的境界。不知“道”却自以为知，这是祸患（有害的）。有道的圣人没有祸患，因为他知道缺点是缺点。正因为他不强为知，所以，他没有祸患。

第七十二篇　会庆钉耙

我们继续欣赏《西游记》第七十二难：会庆钉耙。这是在玉华国的第二难。铁匠天明不见了兵器，悟空打听附近可有妖怪，王子告诉他城北豹头山虎中洞内有妖怪。悟空变作蝴蝶，打探出大王夜得三种兵器，明朝开宴庆钉耙会。兄弟变化进入洞中，拿了兵器乱打，老妖敌不过逃走。三人打死洞内群妖，火烧洞府，转回州城。

妖精奔九曲盘桓洞找祖翁九灵元圣，祖翁带领众狮精直奔玉华城报仇。八戒敌不过被抓去。第二日，九头狮叫其他小狮王缠住悟空、沙僧，自己变作九个头的狮怪，一口噙着唐僧，一口噙着八戒，一口噙着老王，一口噙着大王子，一口噙着二王子，一口噙着三王子，回到洞中。次日，悟空和沙僧寻来，也被九头怪张口衔入洞内。

九头怪是太乙救苦天尊的坐骑九头狮子，看狮子的小童偷吃酒睡着，狮子跑下界为妖作怪。悟空逃出洞穴上天找到太乙救苦天尊收了九头狮子，救出师父及玉华王等人，回至王府，传授王子武艺，离城而去。

救苦天尊的狮子如此厉害，孙悟空一个照面都打不过，这说明了什么？

九灵元圣，元，初始，达到了“圣”的级别，九灵，也是比较高的。它跟随的是谁？太乙救苦天尊，是为人间解除苦难的。

人有一苦，看见别人有这么大能力的时候，会生出一种心，现在讲叫“羡慕嫉妒恨”。反过来讲，作为师者，不能很好、很快地将这种能力传授给别人，这项能力修得还不是太到位。

什么样人应该传？什么样的人不应该传？要看德行。正好我们讲《道德经》，如果此人德非常到位的话，可以传他所看重的东西。从这里看，面对最原始的状态，是没有招架之力的，所以才讲返璞归真。

太乙救苦天尊，救的是什么苦？就是当你碰见这个人有苦难，向你寻求帮助的时候，你要帮助他们。我们每个人形成某种自己的能力的过程中，会吃很多苦，你帮助了他们，就是帮助了以前的自己。

以前的苦，对于现在舒服的状态来说是源头，是根本。当碰上同样的苦的时候，我们往往就会生出想帮助对方的心。

我们看一下对应的《道德经》第七十二章："民不畏威，则大威至。无狎其所居，无厌其所生。夫唯不厌，是以不厌。是以圣人自知，不自见；自爱，不自贵。故去彼取此。"

看看简单字面解释：当人们不畏惧统治者的威压时，那么，可怕的祸乱就要到来了。不要逼迫人们不得安居，不要阻塞人们谋生道路。只有不压迫人们，人们才不厌恶统治者。因此，有道的圣人不但有自知之明，而且也不自我表现；有自爱之心也不自显高贵。所以要舍弃后者（自见、自贵）而保持前者（自知、自爱）。

"民不畏威，则大威至"。当人们不畏惧威压时，可怕的祸乱就要来了。这里的智慧就是，要有敬畏的心，不能因为有了某种能力，就无所畏惧。天地之间自然有规则在里面，"自然"也有自然的规则，就好像刮风、闪电、打雷、下雨，是自然的一套规则体系。《道德经》这章的最后几句，讲的也是这个道理。"是以圣人自知不自见，自爱不自贵。故去彼取此。"

他不是去表现自己有什么样的能力，而是能帮助你什么。那么对方如果信，他的信心是十足的，在玉华国，孙悟空、猪八戒、沙和尚卖弄了一些能力，让对方羡慕不已，所以才拜他们为师。好为人师，招来九头狮。

我们讲究有缘人，有缘的人，当你说话的时候，字字句句都好像有能量在里面。我们回顾一下《道德经》第五十四章，"修之于身其德乃真，修之于家其德乃余，修之于乡其德乃长，修之于国其德乃丰，修之于天下其德乃普"。普，普通，普天之下都能通，那么他的"德"已经达到"修之于天下"的高度了。

有人台上台下是一样的状态，台上是某某级别的人，台下如果别人还认为你是台上那样的话，这个人其实就没有自己的生活，久而久之心理会出现问题，现在这样的例子数不胜数。从这个角度讲，不好为人师的时候，也是给自己一个空间。

唐僧走了这么多路，已经非常接近圣人的状态了，要给自己一些独立的空间。每个人都是如此，奋斗很长时间有所成就的时候，也要考虑给自己一些独立的空间。

给自己独立空间，就是让自己更加轻松。当自己轻松的时候，身边的人沾上了你的能量，也会轻松。对于有压力的人，这也是可以帮助他们的减压方式。

通过这一难我们学会了不炫耀，等有缘的人过来，而不去用炫耀的方式找到有缘的人。非常累的时候，这种状态也能很好地休息。

八十一难，走到这里，越往后面，逐渐又回归于人的状态。到这里，唐僧师徒还有什么没有经历？要再经历什么才能求取真经，功德圆满？我们共同期待下一难。

《道德经》第七十二章原文：

民不畏威，则大威至。无狎其所居，无厌其所生。夫唯不厌，是以不厌。是以圣人自知，不自见；自爱，不自贵。故去彼取此。

《道德经》第七十二章释义：

当人们不畏惧威压时，祸乱就要到来。不要逼迫人，不要阻碍人。不阻碍人们，人们才不厌离他。因此，有道的圣人有自知之明，但不彰显；有自爱之心但不自贵于外。所以要舍弃后者（自见、自贵），保持前者（自知、自爱）。

第七十三篇　元夜观灯

我们继续《西游记》下一难，元夜观灯。唐僧师徒一行离开天竺国的玉华城，到了天竺外郡金平府慈云寺。时值正月十三，众僧人留唐僧，等看完上元节灯会再走。师徒于是留在慈云寺，闲要游戏观灯。上元节当日，唐僧又有了扫塔之意，披上袈裟，一层层扫塔祈福，圆扫塔的心愿。

夜里众人进城观灯，见金灯桥上有水缸大小的三盏金灯，满缸酥合香油，传说夜里佛爷收了灯，保五谷丰登。正说时，佛爷现身，唐僧倒身下拜，被妖怪摄走。

悟空追去，正遇见年、月、日、时四值功曹赶着三只羊吆喝着“开泰”，对悟空说：你师父在慈云寺贪欢，泰极生否，设此三羊应开泰，破你师之否塞。并向悟空介绍，此处青龙山玄英洞中有辟寒大王、辟暑大王、辟尘大王三个妖怪，在此已有千年了。

悟空找到洞府与三怪战了一日，杀了平手。回慈云寺跟八戒、沙僧趁月光降魔，驾起祥云出城而去。

我们现在看一下，为什么这里讲唐僧贪欢、泰极否来？就是因为他们已经快到了，就像我们做事，快要成功的时候，往往会放松警惕。我们非常高兴时，往往会出现一些小差错。

这一难提示我们，成功固然是喜悦的，可是你依然要保持稳定的心，就像《道德经》第六十四章讲的“慎终如始则无败事”。你还需要像以前一样慎重。其实每次都是考验，特别开心的时候，就会懈怠，明明可以今天完成的工作，可能就放到明天完成，时间会拖得更长。

我们看一下《道德经》第七十三章：“勇于敢则杀，勇于不敢则活。此两者，或利或害。天之所恶，孰知其故？是以圣人犹难之。天之道，不争而善胜，不言而善应，不召而自来，繟然而善谋。天网恢恢，疏而不失。”

先看简单的解释：勇于刚强必死，勇于柔弱必活。这两种勇的结果，利害不同，活为利，死为害。天所厌恶的，谁又能知晓其中的缘故呢？圣人也难以说明白。天道的规律，不与万物争，万物莫能与之争；不与万物言，万物顺天而动；不召唤万物，万物自然而至；坦然而善于筹划。天道宽广无边，虽然宽疏，但任何东西都不会从中漏失。

从《西游记》第八十一难来看，很多难，是因为心的起伏，所以才遇上相应的事情。如果你的心是“平”的状态，很多难就不会有。就是说我不理这些东西，一路去取经，这样的话会少很多难。但是从另外一个角度看，也就失去了做人的滋味。

唐僧见塔扫塔是为了应自己说的话，以前这么说，现在就要这么做。可是我们会发现，当他每次按照以前说的去做时，总会遇上相应的妖怪。那么在这里是不是需要反省，当我们一直按照过去的想法去做的时候，其实是抓住过去不放。

举个例子，以前我们教孩子，孩子会非常听话，几年以后逐渐不听话了，为什么不听话呢？因为我们抓住过去不放。我们的心是正的、是善的，我们是想让生活过得越来越好，那么我们要与时俱进。你知道现在最流行什么歌曲吗？你会发现孩子们都知道，但我们已经不知道了。当我们不知道的时候，其实就已经与现代脱节了，和孩子自然而然也脱节了。

教育孩子如此，我们自己的成长也是如此。我们不仅要融入孩子的成长，也要融入社会生活。这期间可以通过唐僧元夜观灯、见塔扫塔这一难来提醒自己，过去的事情，该放下就放下吧。有的人心直口快，很多人经常说，哪儿都挺好，就是心直口快。如果你还认为心直口快是优点的话，就要出现问题了。

《道德经》第七十三章原文：

勇于敢则杀，勇于不敢则活。此两者，或利或害。天之所恶，孰知其故？是以圣人犹难之。天之道，不争而善胜，不言而善应，不召而自来，繟然而善谋。天网恢恢，疏而不失。

《道德经》第七十三章释义：

勇于刚强必死，勇于柔弱必活。这两种勇的结果，利害不同，活为利，死为害。天所厌恶的，谁又能知晓其中的缘故呢？圣人也难以说明白。天道的规律，不与万物争，万物莫能与之争；不与万物言，万物顺天而动；不召唤万物，万物自然而至；坦然而善于筹划。天道宽广无边，虽然宽疏，但任何东西都不会从中漏失。

第七十四篇　赶捉犀牛

我们继续慈云寺的第二难：赶捉犀牛。悟空回到慈云寺，与八戒、沙僧连夜驾云至青龙山，八戒、沙僧被捉，悟空上天请玉帝查妖怪来历，原来是三个犀牛精，玉帝派许天师与四星下界收降。当地府县官为师徒建生祠，为四星建立降妖之庙。唐僧师徒怕耽误取经，次日五更悄悄早起离开了慈云寺。

看一下对应的《道德经》第七十四章："民不畏死，奈何以死惧之！若使民常畏死，而为奇者吾得执而杀之，孰敢？常有司杀者杀，夫代司杀者杀，是谓代大匠斲。夫代大匠斲者，希有不伤其手矣。"

先看简单的字面解释：人们不畏惧死亡，又如何以死亡来吓唬他们呢？假如人们畏惧死亡，对于诡异乱群的人，我们可以按规矩杀掉他，谁还敢为非作歹？通常有专管杀人的人去执行杀人的任务，代替专管杀人的人去杀人，就好比代替大匠去砍伐木头。代替大匠砍伐木头的人，很少有不砍伤自己手的。

说到这里，想想我们的人生，经常会出现这样的事情。本来不该你管，可是你去管了，必然就会伤到自己。明明每个环节都很通畅，为什么做起来还有诸多不顺利呢？有一个原因，就是我们给别人出的点子太多，而对方没有去做。我们并不是专门给人出点子的人，也不是专门出点子的公司，时不时给别人出点子，我们的行进速度会变慢，我们和对方是共同生长的。

就像唐僧，他这一路到现在心也去掉了，各方面都很好了，可为什么还有妖怪？我们细想，他去每个地方都要指出别人的对与错，应该怎么去做才对，讲的时候非常刚硬。他认为对的那些，对方并没有接触过。对方虚心听你讲，并且按你讲的去做的时候，就是在你的世界里去做，当进入到你的世界去做的时候，必然和周围产生联系。那么这个人遇上什么困难，我们自己必然也会形成某种困难。

最后唐僧也明白了，他要离开慈云寺赶紧走。天上的云和风是共同流动的，像我们身体里气和血的状态。气凝结住了，很多事情就通不过去。凝结住了，相当于云。云多了以后，形成"虚症"，久了成"实症"。所以我们去看天上的云，慢慢会散开的，有些事情也需要慢慢散开。

我们要反省自己哪里做错了，是不是不该自己做的事情，自己去做了。别人想去做事业，我们不懂却给人出点子，然后出现问题了。承认过错，反省自己。到这里，唐僧离佛祖已经越来越近了，现在就是在修正自己的过去。将自己过去修正好，把心修正，把自己做好，很多事情就完成了。

这一难给我们的提示是，当别人需要我们帮助的时候，我们去帮；当别人不需要我们帮助的时候，我们去帮了，对方不听，会对我们造成影响；听了，也会对我们造成影响。“夫代大匠斲者，希有不伤其手矣。”古人常说“悟”，给一个起点，讲一些故事，自己去悟，而不是指手画脚应该怎么去做。这样做可以让人们心服口服，同时也能更好地提升自己。

唐僧的心已经完善了，现在就是弥补自己的过去。还有什么没有弥补？我们共同欣赏下一难。

《道德经》第七十四章原文：

民不畏死，奈何以死惧之！若使民常畏死，而为奇者吾得执而杀之，孰敢？常有司杀者杀，夫代司杀者杀，是谓代大匠斲。夫代大匠斲者，希有不伤其手矣。

《道德经》第七十四章释义：

人们不畏惧死亡，又如何以死亡来吓唬他们呢？假如人们畏惧死亡，对于诡异乱群的人，我们可以按规矩杀掉他，谁还敢为非作歹？通常有专管杀人的人去执行杀人的任务，代替专管杀人的人去杀人，就好比代替大匠去砍伐木头。代替大匠砍伐木头的人，很少有不砍伤自己手的。

第七十五篇　天竺招婚

唐僧师徒离开慈云寺，风餐露宿继续西行，大约半个多月到了“布金禅寺”，也就是舍卫国给孤独园寺。唐僧往后院看孤独基址，听到悲切之声，老僧道来，某年春深时，一阵风吹来一貌美女子，说是天竺国公主，赏花时被风刮来。老僧进城打探全无此事，望圣僧明辨。

原来当年天竺国公主在御花园赏月，一妖将公主摄走，自己变作假公主。得知唐僧到此，搭台抛绣球，抛中唐僧要和他成亲。

悟空识出假公主，妖精拿短棍跟悟空打斗，打不过悟空，逃往西天门，悟空让天神挡住，妖精败回正南山。悟空唤土地、山神找到穴口继续交战，危急之际，空中出现太阴星君请悟空手下留情。太阴道：“这个妖邪是广寒宫的玉兔，公主也不是凡人，是蟾宫的素娥。十八年前，她曾打了玉兔儿一掌。素娥思凡下界做了公主，玉兔儿怀恨那一掌之仇，出广寒宫抛素娥于荒野。”太阴星君收了玉兔，见国王说明缘由，师徒辞别众人继续西行。

我们看一下《道德经》第七十五章：“民之饥，以其上食税之多，是以饥。民之难治，以其上之有为，是以难治。民之轻死，以其求生之厚，是以轻死。夫唯无以生为者，是贤于贵生。”

先看字面解释：百姓遭受饥荒，因为赋税太多，所以饥荒。百姓难以治理，因为政令繁苛，所以难治。人们轻视死亡，是因为上面过于执生，所以人们才轻视死亡。只有不以生身为重的人，才比看重生命的人高明。

这一难，首先提示我们多为人们考虑，多为身边的人考虑。因为第七十五难已经是最后阶段了，就像我们做事，坚持做一件事，到最后已经有所成就了，需要给予人们更多的方便，给予身边人一些方便，也是为了让他们提升。

我们看这一难的背景，当年一掌，十八年后寻仇。过去做的事，之前犯下的过错，对方怀恨于心，就会现出阻碍。生活中，有人占据我们的成果，做得比我们还好，可以理解为以前有所相欠。当我们这么想的时候，心也就宽了。人生不如意十有八九，但做好事，莫问前程。当我们去“行”的时候，很多事情理所应当发生，我们不会因为发生了某些事情而感到困扰，我们能做的就是更好地前行。

太极的阴阳两面，对应我们内在的黑白两点。白点很容易找到，黑点很难找到，但不是找不到。唐僧之前，就是黑点不具足，一直会被妖精所骗，一直会有这些难。很多一直被骗的人，就是因为心软，每次都说，下次我一定要怎么怎么样，但下次还是被骗，其实就是内在的黑点还没有完善。

这一难，黑点已经过来找你了，放下即得到，需要把它放下。那么他救出公主，打退玉兔精，黑点就已经可以找到了，心就开始转了起来。

当我们需要某项技能或者在某个领域有所造诣时，必须有属于自己的时间付出在这件事上。你会发现当你开始努力的时候，周围各种事都会干扰你，会耽误很多时间，无形中拉长了时间。做每件事，都像经历这八十一难一样，只是形式不一样。其实练的都是这颗心，我们羡慕有些人做事情很快，其实是我们没有做到一心一意，这期间生出多心，中途会放弃。如果没放弃，还在继续努力，就要把这些心去掉。

我们需要找到属于自己的黑白两点，人生不长，经历一次八十一难就可以了。只要明白人生的道理，做事的速度就会比别人快。任何事情，都是我们内在的显化，我们重提一下，好比我们看这个人，你对他的了解是这样的，另外一个人对他的了解是那样的，都是心的不同变化。

《道德经》第六十七章讲“天下皆谓我道大”，当我们立志做什么事，只要一心去做就可以了，其他的一切干扰都是磨难，明白了《西游记》八十一难的时候，对这些干扰不理会，继续前行，就可以更快到达。

可是在这之前，必须把八十一难完完整整地走完，你不走，心是过不去的。到这一难，唐僧的心基本上已经补完了，后面还有什么事没完成呢？

《道德经》第七十五章原文：

民之饥，以其上食税之多，是以饥。民之难治，以其上之有为，是以难治。民之轻死，以其求生之厚，是以轻死。夫唯无以生为者，是贤于贵生。

《道德经》第七十五章释义：

百姓遭受饥荒，因为赋税太多，所以饥荒。百姓难以治理，因为政令繁苛，所以难治。人们轻视死亡，是因为上面过于执生，所以人们才轻视死亡。只有不以生身为重的人，才比看重生命的人高明。

第七十六篇　铜台府监禁

我们继续看《西游记》第七十六难：铜台府监禁。

唐僧师徒离开布金寺，继续西行半月之余，到达地灵县铜台府，寇员外许愿斋万僧，用了二十四年，已斋僧九千九百九十六人，再有四人即圆满。员外要做功德，留唐僧师徒住半月有余，唐僧取经心切，执意要走，员外挽留不住，请鼓乐队送唐僧出城。

师徒出城后，铜台府一伙强盗将寇员外家洗劫一空，并踢死寇员外。寇员外妻子认为是唐僧不受斋供执意要走，员外铺张相送招来贼人，心生恨意，指使儿子诬告唐僧师徒，师徒被押在狱中。悟空知道师父该有此难，也不分辩，只是不忍唐僧受苦，受刑时替师父受过。单等过这牢狱之灾后，天亮出牢门。其间到幽冥地界找阎王，延了员外十二年阳寿，把他带回阳间。员外从棺材爬出，磕头称谢。又安排筵席款留唐僧，唐僧取经心切不敢逗留，辞别众人继续西行。

我们在上一篇讲了，唐僧找到了自己心中那个黑点，每个人都有个黑点在心里面，只不过自己不愿接受。其实你的黑点也许是别人的白点，可是我们生活在自己的世界里，自己的黑点很难释放出来。我们做事时，黑白两点具足以后，坚定自己这颗心，达到这一步什么都明白了，什么都不用怕。

寇员外许愿斋僧一万，差四个就圆满了，圆满意味着什么？拿笔者举例，笔者想考记忆大师，付出很多努力，通过以后，突然之间有一种没有目标的感觉，心里空落落的。我们回想，唐僧这一路是不是非常精彩？取经取的就是一种经历，而不是最后的一个目标。

这难你认为他不应该理这些妖怪，应当一直前行；这难你认为他应该慢下来欣赏周围的风景……其实就是阴阳两面，本没有对错，就像我们身边的朋友，他只是按自己的想法做事，对他来讲当下就是对的，只不过对你来讲他当下是错的。也许对于我当下是错的，对于你可能还是对的。所以黑点、白点是相互转换的过程。

转换的原则是什么？我们共同来看一下《道德经》第七十六章："人之生也柔弱，其死也坚强。万物草木之生也柔脆，其死也枯槁。故坚强者死之徒，柔弱者生之徒。是以兵强则不胜，木强则兵。强大处下，柔弱处上。”

先看简单字面解释：人活着的时候躯体柔软，死亡后躯体僵硬。万物草木活着生长时柔软脆弱，死了就干硬枯槁。所以坚强从属于死亡，柔弱从属于生存。因此，用兵逞强就会灭亡，树木强大会被砍伐。强大的事物处于下位，柔弱的事物处于上位。

这下我们就明白了。还举前面的例子，当成为世界记忆大师的时候，是强的状态，所以感觉目标没有了。同样，还不是记忆大师的时候，处于柔弱的状态，反而居于上位，可以更好地生长。

我们回到《西游记》，寇员外斋完师徒四人后，吹拉弹唱把他们送走，也是处于高位，那么离“死”就不远了。反过来讲，这种“死”并不代表人生的死，而是一种精神。我们在学校求学，一直往上走，处于柔弱的状态。寿命长的人心态好，他总是处于下位。柔弱，寿命才会长。

人活着的时候，身体是柔软的；草木生长的时候柔软脆弱。斋僧满一万大摆筵席相送圣僧这一刻是很出名的状态，要重新变成柔软的状态，因为当事情达到顶峰的时候，其实是生即是死、死即是生，需要新的东西生出来。

唐僧如果有新东西生出来，是走新的路还是重回老路呢？唐僧看似是被监禁了，其实是监禁了自己这颗心，那么正好靠这一夜好好去悟一下。有些人认为心死了，其实并不是心死了，是你硬了起来，很多事情放开了，软了，就过去了。就像《道德经》这章讲的，人之生也柔弱，其死也坚强；草木之生也柔脆，其死也枯槁。你软下来之后就能更好地前行。

唐僧在这一难中黑、白两点已经都找到了。同样的，当我们也像唐僧一样找到了黑、白两点的时候，我们也能重新软下来，更好地提升。唐僧在之前肯定还有一些事情没有做，需要去做一个了结，这时候其实他只需要在脑中把这些做一个了结就可以了。同样的，当我们有新的路要走的时候，肯定也需要了结一些以前路上的事，所以说，把以前答应别人的事情做好，你就可以更好地往前行进了。

当我们想去走一条新路的时候，会发现老路上有些事情还没有了结，这时候就要用点时间，把老路上的一些东西做一个了结，了结以后就可以脱胎换骨进入新的道路。了结老路的时候，新的已经成型了。老路中你的过去，也可以留一个牵绊，让过去和现在包括未来留下一个连接，这也符合人的道。如果你放下所有的过去，情就没有了，人生中最重要的就是情和爱。那么我们看看唐僧之前还有什么没有了结，对应的《道德经》又如何解释。我们共同期待下一难。

《道德经》第七十六章原文：

人之生也柔弱，其死也坚强。万物草木之生也柔脆，其死也枯槁。故坚强者死之徒，柔弱者生之徒。是以兵强则不胜，木强则兵。强大处下，柔弱处上。

《道德经》第七十六章释义：

人活着的时候躯体柔软，死亡后躯体僵硬。万物草木活着生长时柔软脆弱，死了就干硬枯槁。所以坚强从属于死亡，柔弱从属于生存。因此，用兵逞强就会灭亡，树木强大会被砍伐。强大的事物处于下位，柔弱的事物处于上位。

第七十七篇　黑河沉没

我们继续看《西游记》第七十七难：黑河沉没。这一难和随后的棘林吟咏、稀柿拜秽属于补记。关于顺序，在此统一做个说明。

《西游记》八十一难，是以唐僧为主角、以西行取经为主线展开的。其中前四难，发生在取经之前，金蝉遭贬、出胎几杀、满月抛江、寻亲报仇。后面七十七难发生在取经途中，一共是四十几个故事，并不是一个故事一难，大家看到这里，也都很清楚这一点了。每个故事拆成几难，包括八十一难的顺序，各个版本的《西游记》是有出入的。我们采用人民文学出版社2010年10月第三版，第九十九回中，一路跟随保护唐僧取经的护法向观音菩萨呈上了灾难簿子，按顺序记录了唐僧经历的八十难。灾难簿子记录的顺序和正文中的顺序，也有一些出入。形成这些出入的原因，主要还是历史上《西游记》各个版本的不同造成的，研究西游记的专家学者也没有达成最终统一的版本。这一点，我们不展开了，有兴趣的朋友可以自己深入研究。

正文和目录差异较大的有三难，黑河沉没、棘林吟咏、稀柿拜秽。另外还有六七难顺序虽有差异，但差异并不大。在和《道德经》对应的时候，我们将这差异较大的三难，黑河沉没、棘林吟咏、稀柿拜秽统一放在最后（凌云渡脱胎之前）补记。《道西游》的初衷，是两本经典双解、互解，不同版本的顺序，对双解没有影响，《道德经》各个版本的顺序也是不同的，没有作为标准的统一版本。不同的顺序，相当于不同的案例、不同的角度，都能帮助我们更好地理解经典。

我们回到这一难，黑河沉没。

此前讲了，唐僧还要了结一些事情，之前最难缠的事情莫过于红孩儿，红孩儿一难“过了”之后，他的叔叔、母亲、父亲等都出来了。同样，我们看黑河沉没，也是此前遗留的问题所致。

行至黑水河，唐僧被水妖摄入水府。这水妖正是泾河龙王的小儿子，他的母亲是西海龙王的妹妹。当年泾河龙王错行了风雨，被天曹降旨丞相魏徵在梦里斩了。其寡妻无处安身，回到哥哥西海龙王这里生活，两年前也去世了。

泾河龙王的事，发生在取经之前，但取经之前不代表不在八十一难中。唐僧出生时已经是第二难（出胎几杀），第一难是金蝉遭贬，所以周围所发生的一切灾难，既是别人的灾难，亦是自己的灾难，所以《道德经》讲“圣人无常心，以百姓心为心”。外面所发生的一切，都是内心的显化。

我们继续往后看。她的前八个儿子都有功名，各司其职。最小的第九个儿子小鼍龙当时尚年幼没有安排职位，大了后西海龙王派他到黑水河养性，以后调用。谁知他占了黑水河神官邸在此作妖怪。小鼍龙打不过孙悟空，躲在水府不出来。悟空去西海找龙王，龙王派太子去黑水河拿下小鼍龙，救出了唐僧。

我们看一下《道德经》第七十七章：“天之道，其犹张弓与！高者抑之，下者举之；有余者损之，不足者补之。天之道，损有余而补不足。人之道则不然，损不足以奉有余。孰能有余以奉天下？唯有道者。是以圣人为而不恃，功成而不处。其不欲见贤。”

先看简单字面解释：天之道，不正像张弓射箭吗？高了就压低点，低了就举高点；过满了就放松点，不足就补充点。天之道，减损有余的补给不足的，天下公平。人之道却不是这样，减损不足的，奉顺给有余的，贫者愈贫富者愈富。谁能把自己有余的奉顺天下？只有得道之人。因此，圣人有所作为而不占有，有所成就而不居功，不想显示自己的贤德。

正所谓龙生九子各有不同，一个班里有学习好的，就有学习不好的；所谓学习好的，是因为有学习不好的衬托。企业也是如此，高中低，上中下，完全是以自己的状态去认定的。你很高，你看到其他人都是中下的；你很低，你看其他人都很高。

所以我们要像第七十七章讲的，像张弓一样，高了往下压点，低了往上抬点。有余者损点，不足者补点，这样才符合天之道。

“圣人为而不恃，功成而不处”。有的人做了很多事情，然后居功，其实这样会很累。把功让出去，让给谁呢？比如学《道德经》的智慧，我们做成一些事情，把这个功归于《道德经》。《道德经》讲了不居功的状态，“夫唯不争，故天下莫能与之争”。很多名人看《道德经》之后有所感悟，有所成就，可能只是因为其中的一两句话。《道德经》并没有教你什么，可它被誉为万经之王，原因就在这里。

我们看，经历八十一难生出的那些心，不开心、不快乐的心，都会有妖怪显化。只能去求老师、求长辈来帮忙。如果我们后面的生活是开心、幸福的，前面就必须经历八十一难。

就拿孩子来说，现在社会公认要去学习，我们就得去学习，文化类的、才艺类的、体育类的，都要接触一点，每个领域都是一"难"，要经历以后，才有未来幸福的生活。

苦练七十二变，笑对八十一难，七十二变都不是它自己，都是变的。简化成九难也可以，九九八十一，九是一个最大的数，所以我们看到，唐僧这八十一难都是循环，当你经历并过了九个难，也就通过了。

我们对这一难做个小结。这一难教我们如何把人做好，不用把自己举得很高，太高就下不来了；同样也不能把自己放得很低。只需要做自己，当下应该去做的，做好就可以了。达到这一步之前，肯定需要先经历这八十一难，去除自己的分别心，之后自然可以过好属于自己的一生。

唐僧还有什么没有解决好呢？我们共同期待下一难。

《道德经》第七十七章原文：

天之道，其犹张弓与！高者抑之，下者举之；有余者损之，不足者补之。天之道，损有余而补不足。人之道则不然，损不足以奉有余。孰能有余以奉天下？唯有道者。是以圣人为而不恃，功成而不处。其不欲见贤。

《道德经》第七十七章释义：

天之道，不正像张弓射箭吗？高了就压低点，低了就举高点；过满了就放松点，不足就补充点。天之道，减损有余的补给不足的，天下公平。人之道却不是这样，减损不足的，奉顺给有余的，贫者愈贫，富者愈富。谁能把自己有余的奉顺天下？只有得道之人。因此，圣人有所作为而不占有，有所成就而不居功，不想显示自己的贤德。

第七十八篇　棘林吟咏

唐僧师徒路一路西行，路遇八百里荆棘岭阻住去路，八戒显能，长大二十丈高身躯，披荆斩棘开出一条路，师徒跟着八戒行了两日，天晚见一古庙，一老头跪地向悟空说自己是荆棘岭土地，被大圣识破，老头弄一阵阴风把唐僧卷走。原来老头是荆棘岭的松树精，把唐僧摄走也没有歹意，只是想听唐僧讲经说法。另外还有柏树精、桧树精、竹竿精、枫树精、杏树精、丹桂腊梅精等，一众树精与唐僧谈诗论经，雅颂清虚，风月无边。杏仙看中唐僧想跟他成亲，唐僧情急之下喊出声，悟空三兄弟寻声找到了师父。八戒把这些树连根耙掉，树根下鲜血淋漓。

这一难树精、花精阻住去路，告诉我们，非常美的风景也会阻挡我们前进。他们并没有恶意，只是请唐僧去讲经，人生当中的风景，也是要经历的。

我们看一下对应的《道德经》第七十八章："天下莫柔弱于水，而攻坚强者莫之能胜，其无以易之。弱之胜强，柔之胜刚。天下莫不知，莫能行。是以圣人云，受国之垢，是谓社稷主；受国不祥，是为天下王。正言若反。"

我们看一下字面解释：天下最柔弱的东西莫过于水，而攻克坚强却没有什么东西可以胜过水。弱胜强，柔胜刚。天下没有人不知道，但是没有人能践行。所以圣人说："能承担国家的屈辱，才能成为社稷之主；能承担国家的重担，才能成为天下的君王。"看似反常的语言，却是正论。

我们先分析为什么树精可以留住唐僧讲经。回想两界山之前，唐僧在刘伯钦家，给刘伯钦去世的父亲诵经超度，由于这个功德，老父亲投身到一个非常好的人家。这么来看唐僧说话是有能量的，听唐僧讲经说法，树精、花精的能量会增加很多，道行也会增加很多。

人生也是如此，我们不断给别人输送能量，也从别人那里不断汲取能量，这本身无可厚非。从《西游记》这里看，杏仙要和唐僧成亲就不对了，也就是说，听他讲经说法可以，不要心生另外一种意思，这样反而会断了前面的缘分，断了前面美好的东西。

做事也是一样，当我们去什么地方做什么事的时候，一心一意把你想去做的事做好就行。很多时候，就是因为到了一个地方去做事，突然又有了另外的想法，这些想法原本是没有的，导致事情失去了原来的方向，可能连原来的事情都做得不尽如人意。

这里也是告诉我们，人在行进的时候，周围的花草树木也在生长，它们也有灵性，我们的一言一行，是正能量的话，花草树木也会喜欢，慢慢地生活周围都是一种美好的状态。反之亦然。

树精为什么请唐僧吟诗讲经？因为唐僧是圣僧，精通经典。人也一样，我们喜欢听入心的话，入心的话常常有出处，最好的出处就是国学经典。

当孩子读国学经典，读了一段时间以后，他不由自主地会在某个相应的场景，把某句话说出来，这就是书读百遍，其义自现。如果一家人去读一本国学经典，这本国学经典就是这家人连通的道。这家人生活就会和睦，减少很多不必要的麻烦，做事的时候也更容易心齐。

这一章告诉我们一个道理，我们像水一样，“攻坚强者莫之能胜”。这些妖怪把唐僧卷走后，他们是以礼相待的，处于“下”的位置。唐僧当时肯定是很害怕的状态，但对方处于“下”的位置，唐僧就愿意给它们讲经。无论身处什么地位，想学东西，只要处于“下”的位置，都有机会找到真正有能量的人给我们讲。我们只需做好自己，不要像这难的花精，生出非分之心。

这一难唐僧靠自己顺利渡过了。这一难也是告诉唐僧，他自己是有能力渡过难关的。

我们会发现唐僧在经历这些“难”的时候，有一个问题，“怕”，他总是怕。人做事也是一样的，因为怕，所以思想在前面，行动却在后面。我们要去除怕的状态。就像太极图，我们能更好地找到那个黑点，怕本身是心“白”了，我们可以理解为太极图整个是白的，找到黑点就能更好地校准，然后往前行进。

有人说黑点是负能量，做事总怕，是“白”的状态，但是不能前行。比如一个胆小怯懦的人，如果有人侮辱了他，并且这个人他非常在乎，“黑点”就出来了，憋着气就往前行了。

人生中各种事情的出现是必然的，不能说对与错。这一难唐僧渡过得比较轻松，我们通过这一难，通过《道德经》的智慧学会了，如果想学习，就要处于一个低的位置，这样高的能量才能很好地流入。

《道德经》第七十八章原文：

天下莫柔弱于水，而攻坚强者莫之能胜，其无以易之。弱之胜强，柔之胜刚。天下莫不知，莫能行。是以圣人云，受国之垢，是谓社稷主；受国不祥，是为天下王。正言若反。

《道德经》第七十八章释义：

天下最柔弱的东西莫过于水，而攻克坚强却没有什么东西可以胜过水。弱胜强，柔胜刚。天下没有人不知道，但是没有人能践行。所以圣人说："能承担国家的屈辱，才能成为社稷之主；能承担国家的重担，才能成为天下的君王。"看似反常的语言，却是正论。

第七十九篇　稀柿拜秽

唐僧师徒西行至陀罗庄，扣柴扉借宿。老者道：此村西去三十余里，有一条稀柿同，长八百里，满山柿子树，每年熟烂柿子落在路上，经霉过夏，一路污秽。人称稀屎衕，秽气恶臭难闻，亘古无人能过。几年前来一妖怪，经常吃人、吃羊马，祸害庄人。

悟空领八戒去降妖，是一条红鳞大蟒蛇，不会说话，想来还未归人道。那怪把悟空吞下肚子，正好悟空在肚内乱打一顿，除了妖怪，破洞而出。八戒变作一头大猪，把稀屎衕拱开，将八百里污秽之胡同，洗净为逍遥大道。

我们看八戒这个能力，真是有点净坛使者的功力，其实每个人在最后成为什么，完全是看前面每一段路中经历了什么。每个人都在成长，但是江山易改，本性难移，所以我们不断修正自己，修正我们本性中的不足之处。

我们看《道德经》第七十九章："和大怨，必有余怨，安可以为善？是以圣人执左契，而不责于人。有德司契，无德司徹。天道无亲，常与善人。"

看看字面解释：调和深重的仇怨，必然会残留余怨，怎能算是妥善的办法呢？因此，圣人保存借据的存根，但并不强迫别人偿还债务。有德之人就像持有借据的圣人那样宽容，无德之人专注于别人的行迹，以察他人之过。天道对万物没有亲疏远近之分，永远与人为善。

从这一难看，猪八戒还是很有作用的，这里就立了头功。就像我们身体的每个器官，都是有作用的一样。八戒食肠宽大，就像人的胃，可以消化食物，我们要保护我们的胃。它一直跟着我们前行，就像《西游记》里孙悟空、猪八戒、沙和尚和白龙马一路跟着唐僧前行一样。

形形色色的人，所展现的七情六欲，也是内脏给他们的显现。当我们去认同它的时候，也是间接认同它的全部，做到了"和大怨"，让我们心更宽。

这难中的妖怪，孙悟空和猪八戒配合起来，很容易就解决了。孙悟空大多数时候都是和猪八戒配合的，若把孙悟空当作心、猪八戒当作胃，民以食为天，心里想我要吃这个，胃就接受了。有时候吃了想吃的东西，吃完之后胃疼，说明胃是不接受的。我们一直说心脑合一，心和胃也要合一。且不说民以食为天，单说病从口入，为了身体健康，我们也得练心和胃合一。怎么练？多看一些养生书籍，冬天要如何做，夏天如何做，等等。

这里讲的也是健康，唐僧一路西行，靠的是身体，身体不行的话，一切都等于零。特别是现代的我们，健身很关键。现在的生活方式，出门开车、打车，夏天空调、冬天暖气，很少运动，久而久之身体就懈怠了，精力就不如以前充沛了。健身是很好的恢复活力的方式。

“天道无亲，常与善人”，自然规律，对任何人都没有偏爱，永远帮助有德的善人。“和大怨，必有余怨，安可以为善”，无论有什么余怨，都是一个团队的人，只要向着目标努力前行就好。每个人都不会有缺失，你是什么，最后就得到什么，不会有分别。

生活中，可能会遇到一些事，有人会觉得不公平，干多干少分配一样多，会产生一些怨恨。不妨学习一下《西游记》，大多数工作都是孙悟空做的，猪八戒、沙和尚他们只是跟着。就像五脏六腑，心一直在工作，其他脏腑没一直在工作，你认可吗？都认可啊。同样，这一路上谁获得的比较多？孙悟空和唐僧，收获不只用金钱衡量，还有其他很多东西。你付出了多少，最后总归会有相应的回报。猪八戒这一难也发挥了他的作用，提示我们好好吃饭，好好锻炼身体。越往后越会发现，有了身体这个“一”，才能有后面那无数的“零”。照顾好身体，是重中之重，有好的身体，才能走自己的道路。明白这个道理的时候，离取到真经就只差最后一步了。

《道德经》第七十九章原文：

和大怨，必有余怨，安可以为善？是以圣人执左契，而不责于人。有德司契，无德司徹。天道无亲，常与善人。

《道德经》第七十九章释义：

调和深重的仇怨，必然会残留余怨，怎能算是妥善的办法呢？因此，圣人保存借据的存根，但并不强迫别人偿还债务。有德之人就像持有借据的圣人那样宽容，无德之人专注于别人的行迹，以察他人之过。天道对万物没有亲疏远近之分，永远与人为善。

第八十篇　凌云渡脱胎

我们继续欣赏《西游记》第八十难：凌云渡脱胎。

之前我们说过，只有保护好自己的人身，有这个“一”，才能有后面无数的“零”。细想一下，无论学习还是工作，都是为了完善自身。愿望也好，七情六欲也好，也都是为了完善自身。有人说，我记忆力不好，那就要完善自己的记忆；性格不好，就要完善自己的性格；金钱不足、经验不足，这些外在的东西，其实是满足自己的欲望，依旧要完善自身。

《西游记》到现在第八十难了，已经来到佛国，可以取真经了，这一路的经历其实都是为了完善自身。

到了灵山仙境，见一道活水滚浪飞流八九里宽阔，上面有一独木桥“凌云渡”，从桥上实在很难通过，忽见一人撑一只无底船来，悟空火眼金睛认得是接引佛祖，把师父推上船。见一个人身飘过，唐僧大惊。悟空三兄弟拍手道“可贺可贺！”那人身正是唐僧，至凌云渡脱胎换骨。

过了河到雷音寺，四大金刚引入见了如来佛祖，如来叫阿傩、伽叶领他们去取经书。两位尊者问唐僧要人事（礼物），唐僧实在没有礼物，于是二尊者给了他们无字经书。唐僧师徒发现后又找回来，如来叫尊者传唐僧有字经书，唐僧把出发时唐王御赐的紫金钵盂作为礼物送给尊者，并答应回大唐后定有厚谢。传了五千零四十八卷经，请八大金刚驾云护送。正可谓，见性明心参佛祖，功完行满即飞升。

五千零四十八卷，之前讲过，五万四千里的时候已经走了一半。一半的时候是一个开头，也是一个结尾。《西游记》走了一半后有一个特征，后面的经历，是去弥补以前的问题。每个人也是如此，一直在弥补以前的问题。以前的什么问题？无论是外在还是内在，都是我们人生的问题，包括大脑所想、心中所念、五脏六腑的运动。通过八十一难的学习，有去除七情六欲的，有去除分别心的，都是为了让我们更好地前行。

我们共同看一下《道德经》第八十章：“小国寡民，使有什伯之器而不用，使民重死而不远徙。虽有舟舆，无所乘之；虽有甲兵，无所陈之；使人复结绳而用之。甘其食，美其服，安其居，乐其俗。邻国相望，鸡犬之声相闻，民至老死不相往来。”

此前讲《道德经》的时候笔者讲过，这一章，对应的是人的身体，笔者看过《黄帝内经》，所以《道德经》常常从人的身体角度来讲。我们看这一章的智慧，每个人五脏六腑对应七情六欲。五脏六腑虽然在一起，但它们有一个自然壁垒，并没有相互往来，可它们之间又是协同合作的状态。

身体在前行，在心所选择的道路上前行，心决定前行的道路。没有恐惧心的时候，做任何事都没有恐惧；有恐惧心的时候，做任何事都是恐惧的。

同样的，通过《西游记》八十一难的学习，尤其是第八十难的智慧，我们学到这样的道理，开始是无字经，无字经就像我们的身体，我们只能看到外在，看不到内在，这就是无字状态。

我们看不到自己，是一个“无”。反过来想，看不见自己什么地方？只是看不见自己的头，也就是没有目标。有一句话叫相由心生，当我们找到目标的时候，相貌就开始发生变化。更多人被你吸引，愿意和你在一起。人生中，看似去掉七情六欲，其实七情六欲只是一个考验，考验你是不是在乎它。你身体的每个位置，身体发肤，受之父母，你是不是在乎它。如果你在乎身体的每一个部位、每一个存在，再去做任何事情，都能很容易地实现目标，达到心满意足的状态。

刚才讲了只有头看不见，所以我们才能创造一个头，也就是目标。我们可以借助身体十分之九的位置，去达到十分之一的位置，其实很容易，只要重视它、认可它。认可它的时候，就是认可任何外界所有，它们就可以让我们更好地去达成相应的目标。你会发现不知不觉中时间好像加速了。

当他们经历了八十难的时候，取得了真经，非常高兴。同样的，我们都知道需要经历八十一难，九九归一，我们也知道下一难将会发生什么，看过《西游记》的读者都知道。付出这么多年的努力此刻一定是非常高兴的，但这之后又要发生什么呢？就好像我们每个人找到这个目标以后，非常兴奋，后面会发生什么呢？我们共同期待下一难。

《道德经》第八十章原文：

小国寡民，使有什伯之器而不用，使民重死而不远徙。虽有舟舆，无所乘之；虽有甲兵，无所陈之；使人复结绳而用之。甘其食，美其服，安其居，乐其俗。邻国相望，鸡犬之声相闻，民至老死不相往来。

《道德经》第八十章释义：

国土小人口少，有兵器并不使用。人民重视生命不远徙。虽然有船舶车辆，但没有必要乘坐；虽然有武器装备，但没有必要陈列；回复远古结绳记事的自然状态。吃得香甜，穿得漂亮，住得安适，过得快乐。邻国之间互相望得见，鸡犬的叫声听得见，百姓从生到死，也不互相往来。

第八十一篇　通天河落水

我们继续《西游记》最后一难：通天河落水。

唐僧师徒历经一十四年，五千零四十日取得真经一藏，五千零四十八卷，菩萨叫八大金刚送圣僧八日内回东土，也满五千零四十八日。奉观音菩萨旨意暗中保护唐僧的五方揭谛、四值功曹、六丁六甲、护教伽蓝来向菩萨交旨，把记录唐僧一路行来经历各难的灾难簿子给菩萨过目。菩萨看完，急传“佛门中讲究‘九九’归真。圣僧历受八十难，还少一难，不得完成此数”，即令揭谛赶上金刚，再生一难。

揭谛赶上金刚附耳低言，金刚闻言刷地把风按下，将师徒坠落通天河西岸。沙僧说师父凌云渡已脱凡胎，可驾云过河。悟空心里明白师父九九之数未完，还该有一难。

忽听有人叫道：“唐圣僧，这里来！”却是大白赖头鼋，老鼋驮他们乘风破浪快到东岸时，问唐僧此前答应问佛祖自己年寿的事，唐僧到西天专心拜佛忘记问了，无言以对。老鼋把身子一沉，师徒连经书都落入水中。

上岸后，狂风走石，阴魔作号，欲夺经书。唐僧正法身压住，悟空护持。

太阳高照，师徒几人晒经书，《佛本行经》被沾住了几卷，至今不全，也是应天地本不全之奥妙。陈家庄全庄人家轮流争抢请吃斋，师徒不留恋趁夜深出了陈家庄，早有八大金刚等候，随金刚驾风望东土而去，回到长安。

一句老话，乐极生悲，特别高兴的时候，仍然要做到《道德经》第六十四章讲的“民之从事常于几成而败之，慎终如始则无败事”。细想想，看看有什么事情答应别人了但没有做到。这一难中落水了，因为曾经答应了老鼋向佛祖问它的一些事情，而唐僧忘记了。

我们也是如此，很多事情前进不了的时候，想想过去答应别人的事情有什么没有做到的，把没有做到的事情补了，也能更好地前行。

通天河五万四千里，已经是一半了，这里讲了另外一个道理，当事情已经做到头的时候，会回到中间，然后再回到起始。为什么要回到中间？做一件事情的时候，尤其到中间是很困难的，因为上不来下不去。就好像很多人体力不好去爬山，爬到中途，只有两种选择，一种是下山，一种是上山，下山心不甘，上山又很累，真正到达山顶的时候会发现，只要一步一步走，很快就能完成。

为什么讲到终点以后要小心。举个例子，你要到一个风景非常美的地方，正赶上大雨，你会非常小心，拿着雨伞，尽量让自己不踩到水里。到了终点，看到景色就在眼前，此刻只会往前、往高看，然后肯定会踩到水。为什么会这样呢？因为你认为非常美好的地方也是别人认为非常美好的地方，门槛已经被踩得凹进去了，必然积水，我们只顾往前走，忘了脚底下。

所以等到事情结束的时候，再想一想我们曾经答应过别人的事情还有没有没完成的。完成之后才是真的圆满。

这一难中，唐僧在最后的时候，也知道了做任何事都要小心谨慎。同样的，这颗心，会一直陪着他。孙悟空一直都知道唐僧要发生什么，而且知道唐僧没有事情，任何事情都是自己的显化，任何恐惧都是自己内在给自己编排出来的。所以孙悟空作为唐僧的心，这一路他都可以去破除。

我们看一下《道德经》第八十一章："信言不美，美言不信；善者不辩，辩者不善；知者不博，博者不知。圣人不积，既以为人，己愈有；既以与人，己愈多。天之道，利而不害。圣人之道，为而不争。"

先看简单字面解释：有益可信的言辞不华美，华美的言辞不一定真实。善良的人不巧辩，巧辩的人不一定善良；知"道"之人不一定博学，博学之人不一定知"道"。圣人不存占有之心，全心为他人，自己反而拥有更多；他尽力给予别人，自己反而更富足。天之道利益万物而不伤害，圣人之道利益众人而不争。

我们只有有了人身这个"一"，然后才能有后面的"零"，人身难得，要懂得感恩。感恩有这个人身，可以去看到、听到、闻到、体验到、感受到。

我们现在统一做个总结。八十一难，只需要经历一次就可以了。在这期间我们只有用好自己的心，才能更好地前行。这期间不分对错，并不是因为唐僧赶路碰见妖怪，也不是因为唐僧不赶路而碰见妖怪，不是因为他犯了种种错而碰见妖怪。

有一个非常好的身体，才能去走这十万八千里。当他认为身体是最重要的时候，也就放下了身体。当我们真正经历八十一难的时候，就已经开始悟道了。当自己悟道的时候会发现，帮助别人，就是帮助自己；成就别人，也是成就自己。

走完这八十一难，《道西游》也就完成了。

笔者写《道西游》的初衷，是借《西游记》的八十一难对应《道德经》的八十一章，让读者对《西游记》有更多了解，更好地学习《道德经》。诵读国学经典，传承国学能量，能对您有一份帮助，能为您的生活添一抹美丽色彩，笔者也会非常开心！

《西游记》是一部非常经典的著作，《道德经》是万经之王，我们读《道德经》《西游记》的时候，可以结合起来相互学习。希望每个人都可以顺利通过八十一难，走出属于自己的人生之道。

《道德经》第八十一章原文：

信言不美，美言不信；善者不辩，辩者不善；知者不博，博者不知。圣人不积，既以为人，己愈有；既以与人，己愈多。天之道，利而不害。圣人之道，为而不争。

《道德经》第八十一章释义：

有益可信的言辞不华美，华美的言辞不一定真实。善良的人不巧辩，巧辩的人不一定善良；知“道”之人不一定博学，博学之人不一定知“道”。圣人不存占有之心，全心为他人，自己反而拥有更多；他尽力给予别人，自己反而更富足。天之道利益万物而不伤害，圣人之道利益众人而不争。

《道德经》全文

01. 道可道，非常道；名可名，非常名。无名天地之始，有名万物之母。故常无欲，以观其妙；常有欲，以观其徼。此两者同出而异名，同谓之玄，玄之又玄，众妙之门。
02. 天下皆知美之为美，斯恶已；皆知善之为善，斯不善已。故有无相生，难易相成，长短相较，高下相倾，音声相和，前后相随。是以圣人处无为之事，行不言之教，万物作焉而不辞，生而不有，为而不恃，功成而弗居。夫唯弗居，是以不去。
03. 不尚贤，使民不争；不贵难得之货，使民不为盗；不见可欲，使民心不乱。是以圣人之治，虚其心，实其腹；弱其志，强其骨。常使民无知无欲，使夫智者不敢为也。为无为，则无不治。
04. 道冲而用之或不盈，渊兮似万物之宗。挫其锐，解其纷，和其光，同其尘。湛兮似或存，吾不知谁之子，象帝之先。
05. 天地不仁，以万物为刍狗；圣人不仁，以百姓为刍狗。天地之间，其犹橐籥乎？虚而不屈，动而愈出。多言数穷，不如守中。
06. 谷神不死，是谓玄牝，玄牝之门，是谓天地根。绵绵若存，用之不勤。
07. 天长地久。天地所以能长且久者，以其不自生，故能长生。是以圣人后其身而身先，外其身而身存。非以其无私邪？故能成其私。
08. 上善若水。水善利万物而不争，处众人之所恶，故几于道。居善地，心善渊，与善仁，言善信，正善治，事善能，动善时。夫唯不争，故无尤。
09. 持而盈之，不如其已。揣而锐（棁）之，不可长保。金玉满堂，莫之能守。富贵而骄，自遗其咎。功遂身退，天之道。
10. 载营魄抱一，能无离乎？专气致柔，能婴儿乎？涤除玄览，能无疵乎？爱民治国，能无知乎？天门开阖，能无雌乎？明白四达，能无为乎？生之、畜之，生而不有，为而不恃，长而不宰，是谓玄德。
11. 三十辐共一毂，当其无，有车之用。埏埴以为器，当其无，有器之用。凿户牖以为室，当其无，有室之用。故有之以为利，无之以为用。

12. 五色令人目盲，五音令人耳聋，五味令人口爽，驰骋畋猎令人心发狂，难得之货令人行妨。是以圣人为腹不为目，故去彼取此。
13. 宠辱若惊，贵大患若身。何谓宠辱若惊？宠为下，得之若惊，失之若惊，是谓宠辱若惊。何谓贵大患若身？吾所以有大患者，为吾有身，及吾无身，吾有何患！故贵以身为天下，若可寄天下；爱以身为天下，若可托天下。
14. 视之不见名曰夷，听之不闻名曰希，抟之不得名曰微。此三者不可致诘，故混而为一。其上不皦，其下不昧，绳绳不可名，复归于无物，是谓无状之状、无物之象。是谓惚恍。迎之不见其首，随之不见其后。执古之道，以御今之有，能知古始，是谓道纪。
15. 古之善为士者，微妙玄通，深不可识。夫唯不可识，故强为之容。豫焉若冬涉川，犹兮若畏四邻，俨兮其若容，涣兮若冰之将释，敦兮其若朴，旷兮其若谷，混兮其若浊。孰能浊以静之徐清？孰能安以久动之徐生？保此道者不欲盈，夫唯不盈，故能蔽不新成。
16. 致虚极，守静笃，万物并作，吾以观复。夫物芸芸，各复归其根。归根曰静，是谓复命。复命曰常，知常曰明。不知常，妄作，凶。知常容，容乃公，公乃王，王乃天，天乃道，道乃久。没身不殆。
17. 太上，下知有之。其次，亲而誉之。其次，畏之。其次，侮之。信不足，焉有不信焉。悠兮其贵言。功成事遂，百姓皆谓我自然。
18. 大道废，有仁义；慧智出，有大伪；六亲不和，有孝慈；国家昏乱，有忠臣。
19. 绝圣弃智，民利百倍；绝仁弃义，民复孝慈；绝巧弃利，盗贼无有。此三者，以为文不足，故令有所属，见素抱朴，少私寡欲。
20. 绝学无忧。唯之与阿，相去几何？善之与恶，相去若何？人之所畏，不可不畏。荒兮其未央哉！众人熙熙，如享太牢，如春登台。我独泊兮其未兆，如婴儿之未孩。儽儽兮若无所归。众人皆有余，而我独若遗。我愚人之心也哉！沌沌兮！俗人昭昭，我独昏昏；俗人察察，我独闷闷。淡兮其若海，飂兮若无止。众人皆有以，而我独顽似鄙。我独异于人，而贵食母。
21. 孔德之容，惟道是从。道之为物，惟恍惟惚。惚兮恍兮，其中有象；恍兮惚兮，其中有物。窈兮冥兮，其中有精；其精甚真，其中有信。自古及今，其名不去，以阅众甫。吾何以知众甫之状哉？以此。
22. 曲则全，枉则直，洼则盈，敝则新，少则得，多则惑。是以圣人抱一，为天下式。不自见故明，不自是故彰，不自伐故有功，不自矜故长。夫唯不争，故天下莫能与之争。古之所谓曲则全者，岂虚言哉！诚全而归之。

23. 希言自然。故飘风不终朝，骤雨不终日。孰为此者？天地。天地尚不能久，而况于人乎？故从事于道者，道者同于道，德者同于德，失者同于失。同于道者，道亦乐得之；同于德者，德亦乐得之；同于失者，失亦乐得之。信不足焉，有有不信焉。

24. 企者不立，跨者不行，自见者不明，自是者不彰，自伐者无功，自矜者不长。其在道也，曰余食赘形。物或恶之，故有道者不处。

25. 有物混成，先天地生，寂兮寥兮，独立不改，周行而不殆，可以为天下母。吾不知其名，字之曰道，强为之名曰大。大曰逝，逝曰远，远曰反。故道大，天大，地大，王亦大。域中有四大，而王居其一焉。人法地，地法天，天法道，道法自然。

26. 重为轻根，静为躁君，是以圣人终日行不离辎重。虽有荣观，燕处超然，奈何万乘之主，而以身轻天下？轻则失本，躁则失君。

27. 善行无辙迹，善言无瑕谪，善数不用筹策，善闭无关楗而不可开，善结无绳约而不可解。是以圣人常善救人，故无弃人；常善救物，故无弃物，是谓袭明。故善人者，不善人之师；不善人者，善人之资。不贵其师，不爱其资，虽智大迷，是谓要妙。

28. 知其雄，守其雌，为天下谿。为天下谿，常德不离，复归于婴儿。知其白，守其黑，为天下式。为天下式，常德不忒，复归于无极。知其荣，守其辱，为天下谷。为天下谷，常德乃足，复归于朴。朴散则为器，圣人用之则为官长。故大制不割。

29. 将欲取天下而为之，吾见其不得已。天下神器，不可为也。为者败之，执者失之。故物或行或随，或歔或吹，或强或羸，或挫或隳。是以圣人去甚，去奢，去泰。

30. 以道佐人主者，不以兵强天下，其事好还。师之所处，荆棘生焉。大军之后，必有凶年。善有果而已，不敢以取强。果而勿矜，果而勿伐，果而勿骄，果而不得已，果而勿强。物壮则老，是谓不道，不道早已。

31. 夫佳兵者，不祥之器。物或恶之，故有道者不处。君子居则贵左，用兵则贵右。兵者，不祥之器，非君子之器。不得已而用之，恬淡为上，胜而不美。而美之者，是乐杀人。夫乐杀人者，则不可以得志于天下矣。吉事尚左，凶事尚右。偏将军居左，上将军居右，言以丧礼处之。杀人之众，以哀悲泣之。战胜，以丧礼处之。

32. 道常无名，朴虽小，天下莫能臣也。侯王若能守之，万物将自宾。天地相合以降甘露，民莫之令而自均。始制有名，名亦既有，夫亦将知止。知止可以不殆。譬道之在天下，犹川谷之于江海。

33. 知人者智，自知者明。胜人者有力，自胜者强。知足者富，强行者有志，不失其所者久，死而不亡者寿。

34. 大道汜兮，其可左右。万物恃之而生而不辞，功成不名有，衣养万物而不为主。常无欲，可名于小；万物归焉而不为主，可名为大。以其终不自为大，故能成其大。

35. 执大象，天下往；往而不害，安平太。乐与饵，过客止。道之出口，淡乎其无味，视之不足见，听之不足闻，用之不足既。

36. 将欲歙之，必固张之；将欲弱之，必固强之；将欲废之，必固兴之；将欲夺之，必固与之，是谓微明。柔弱胜刚强。鱼不可脱于渊，国之利器不可以示人。

37. 道常无为，而无不为，侯王若能守之，万物将自化。化而欲作，吾将镇之以无名之朴。无名之朴，夫亦将无欲。不欲以静，天下将自定。

38. 上德不德，是以有德；下德不失德，是以无德。上德无为而无以为，下德为之而有以为。上仁为之而无以为，上义为之而有以为，上礼为之而莫之应，则攘臂而扔之。故失道而后德，失德而后仁，失仁而后义，失义而后礼。夫礼者，忠信之薄而乱之首。前识者，道之华而愚之始。是以大丈夫处其厚，不居其薄；处其实，不居其华。故去彼取此。

39. 昔之得一者，天得一以清，地得一以宁，神得一以灵，谷得一以盈，万物得一以生，侯王得一以为天下贞。其致之。天无以清将恐裂，地无以宁将恐发，神无以灵将恐歇，谷无以盈将恐竭，万物无以生将恐灭，侯王无以贵高将恐蹶。故贵以贱为本，高以下为基。是以侯王自谓孤寡不谷。此非以贱为本邪？非乎？故致数舆无舆。不欲琭琭如玉，珞珞如石。

40. 反者，道之动；弱者，道之用。天下万物生于有，有生于无。

41. 上士闻道，勤而行之；中士闻道，若存若亡；下士闻道，大笑之，不笑不足以为道。故建言有之：明道若昧，进道若退，夷道若颣。上德若谷，大白若辱，广德若不足，建德若偷，质真若渝。大方无隅，大器晚成，大音希声，大象无形。道隐无名，夫唯道善贷且成。

42. 道生一，一生二，二生三，三生万物。万物负阴而抱阳，冲气以为和。人之所恶，唯孤寡不谷，而王公以为称。故物，或损之而益，或益之而损。人之所教，我亦教之。强梁者不得其死，吾将以为教父。

43. 天下之至柔，驰骋天下之至坚，无有入无间，吾是以知无为之有益。不言之教，无为之益，天下希及之。

44. 名与身孰亲？身与货孰多？得与亡孰病？是故甚爱必大费，多藏必厚亡。知足不辱，知止不殆，可以长久。

45. 大成若缺，其用不弊；大盈若冲，其用不穷。大直若屈，大巧若拙，大辩若讷。躁胜寒，静胜热，清静为天下正。

46. 天下有道，却走马以粪；天下无道，戎马生于郊。祸莫大于不知足，咎莫大于欲得，故知足之足，常足矣。

47. 不出户，知天下；不阙牖，见天道。其出弥远，其知弥少。是以圣人不行而知，不见而明，不为而成。

48. 为学日益，为道日损。损之又损，以至于无为，无为而无不为。取天下常以无事，及其有事，不足以取天下。

49. 圣人无常心，以百姓心为心。善者，吾善之；不善者，吾亦善之，德善。信者，吾信之；不信者，吾亦信之，德信。圣人在天下，歙歙为天下浑其心。（百姓皆注其耳目焉，）圣人皆孩之。

50. 出生入死。生之徒十有三，死之徒十有三。人之生动之死地，亦十有三。夫何故？以其生生之厚。盖闻善摄生者，陆行不遇兕虎，入军不被甲兵，兕无所投其角，虎无所措其爪，兵无所容其刃。夫何故？以其无死地。

51. 道生之，德畜之，物形之，势成之。是以万物莫不尊道而贵德。道之尊，德之贵，夫莫之命而常自然。故道生之，德畜之：长之、育之、亭之、毒之、养之、覆之。生而不有，为而不恃，长而不宰，是谓玄德。

52. 天下有始，以为天下母。既得其母，以知其子；既知其子，复守其母，没身不殆。塞其兑，闭其门，终身不勤。开其兑，济其事，终身不救。见小曰明，守柔曰强。用其光，复归其明，无遗身殃，是为习常。

53. 使我介然有知，行于大道，唯施是畏。大道甚夷，而民好径。朝甚除，田甚芜、仓甚虚。服文彩，带利剑，厌饮食，财货有余，是谓盗夸。非道也哉！

54. 善建者不拔，善抱者不脱，子孙以祭祀不辍。修之于身，其德乃真；修之于家，其德乃余；修之于乡，其德乃长；修之于国，其德乃丰。修之于天下，其德乃普。故以身观身，以家观家，以乡观乡，以国观国，以天下观天下。吾何以知天下然哉？以此。

55. 含德之厚，比于赤子。蜂虿虺蛇不螫，猛兽不据，攫鸟不搏。骨弱筋柔而握固，未知牝牡之合而全作，精之至也。终日号而不嗄，和之至也。知和曰常，知常曰明，益生曰祥，心使气曰强。物壮则老，谓之不道，不道早已。

56. 知者不言，言者不知。塞其兑，闭其门，挫其锐；解其分，和其光，同其尘，是谓玄同。故不可得而亲，不可得而疏；不可得而利，不可得而害；不可得而贵，不可得而贱，故为天下贵。

57. 以正治国，以奇用兵，以无事取天下。吾何以知其然哉？以此。天下多忌讳，而民弥贫；民多利器，国家滋昏；人多伎巧，奇物滋起；法令滋彰，盗贼多有。故圣人云，我无为而民自化，我好静而民自正，我无事而民自富，我无欲而民自朴。

58. 其政闷闷，其民淳淳；其政察察，其民缺缺。祸兮福之所倚，福兮祸之所伏。孰知其极？其无正？正复为奇，善复为妖，人之迷，其日固久。是以圣人方而不割，廉而不刿，直而不肆，光而不燿。

59. 治人事天莫若啬。夫唯啬，是谓早服。早服谓之重积德，重积德则无不克，无不克则莫知其极，莫知其极，可以有国。有国之母，可以长久。是谓深根固柢，长生久视之道。

60. 治大国若烹小鲜。以道莅天下，其鬼不神。非其鬼不神，其神不伤人；非其神不伤人，圣人亦不伤人。夫两不相伤，故德交归焉。

61. 大国者下流。天下之交，天下之牝。牝常以静胜牡，以静为下。故大国以下小国，则取小国；小国以下大国，则取大国。故或下以取，或下而取。大国不过欲兼畜人，小国不过欲入事人，夫两者各得其所欲，大者宜为下。

62. 道者万物之奥，善人之宝，不善人之所保。美言可以市，尊行可以加人。人之不善，何弃之有！故立天子，置三公，虽有拱璧以先驷马，不如坐进此道。古之所以贵此道者何？不曰以求得，有罪以免耶？故为天下贵。

63. 为无为，事无事，味无味。大小多少，报怨以德。图难于其易，为大于其细。天下难事必作于易，天下大事必作于细，是以圣人终不为大，故能成其大。夫轻诺必寡信，多易必多难，是以圣人犹难之。故终无难矣。

64. 其安易持，其未兆易谋，其脆易泮，其微易散。为之于未有，治之于未乱。合抱之木，生于毫末；九层之台，起于累土；千里之行，始于足下。为者败之，执者失之。是以圣人无为，故无败；无执，故无失。民之从事，常于几成而败之。慎终如始，则无败事。是以圣人欲不欲，不贵难得之货。学不学，复众人之所过，以辅万物之自然，而不敢为。

65. 古之善为道者，非以明民，将以愚之。民之难治，以其智多。故以智治国，国之贼；不以智治国，国之福。知此两者，亦稽式。常知稽式，是谓玄德。玄德深矣，远矣，与物反矣，然后乃至大顺。

66. 江海所以能为百谷王者，以其善下之，故能为百谷王。是以圣人欲上民，必以言下之；欲先民，必以身后之。是以圣人处上而民不重，处前而民不害，是以天下乐推而不厌。以其不争，故天下莫能与之争。

67. 天下皆谓我道大，似不肖。夫唯大，故似不肖。若肖，久矣其细也夫。我有三宝，持而保之。一曰慈， 二曰俭，三曰不敢为天下先。慈，故能勇；俭，故能广；不敢为天下先，故能成器长。今舍慈且勇，舍俭且广，舍后且先，死矣！夫慈，以战则胜，以守则固，天将救之，以慈卫之。

68. 善为士者不武，善战者不怒，善胜敌者不与，善用人者为之下。是谓不争之德，是谓用人之力，是谓配天古之极。

69. 用兵有言，吾不敢为主而为客，不敢进寸而退尺。是谓行无行，攘无臂，扔无敌，执无兵。祸莫大于轻敌，轻敌几丧吾宝。故抗兵相加，哀者胜矣。

70. 吾言甚易知，甚易行，天下莫能知，莫能行。言有宗，事有君。夫唯无知，是以不我知。知我者希，则我者贵，是以圣人被褐怀玉。

71. 知不知，上；不知知，病。夫唯病病，是以不病。圣人不病，以其病病，是以不病。

72. 民不畏威，则大威至。无狎其所居，无厌其所生。夫唯不厌，是以不厌。是以圣人自知，不自见；自爱，不自贵。故去彼取此。

73. 勇于敢则杀，勇于不敢则活。此两者，或利或害。天之所恶，孰知其故？是以圣人犹难之。天之道，不争而善胜，不言而善应，不召而自来，绰然而善谋。天网恢恢，疏而不失。

74. 民不畏死，奈何以死惧之！若使民常畏死，而为奇者吾得执而杀之，孰敢？常有司杀者杀，夫代司杀者杀，是谓代大匠斲。夫代大匠斲者，希有不伤其手矣。

75. 民之饥，以其上食税之多，是以饥。民之难治，以其上之有为，是以难治。民之轻死，以其求生之厚，是以轻死。夫唯无以生为者，是贤于贵生。

76. 人之生也柔弱，其死也坚强。万物草木之生也柔脆，其死也枯槁。故坚强者死之徒，柔弱者生之徒。是以兵强则不胜，木强则兵。强大处下，柔弱处上。

77. 天之道，其犹张弓与！高者抑之，下者举之；有余者损之，不足者补之。天之道，损有余而补不足。人之道则不然，损不足以奉有余。孰能有余以奉天下？唯有道者。是以圣人为而不恃，功成而不处，其不欲见贤。

78. 天下莫柔弱于水，而攻坚强者莫之能胜，其无以易之。弱之胜强，柔之胜刚，天下莫不知，莫能行。是以圣人云，受国之垢，是谓社稷主；受国不祥，是为天下王。正言若反。

79. 和大怨，必有余怨，安可以为善？是以圣人执左契，而不责于人。有德司契，无德司徹。天道无亲，常与善人。

80. 小国寡民，使有什伯之器而不用，使民重死而不远徙。虽有舟舆，无所乘之；虽有甲兵，无所陈之；使人复结绳而用之。甘其食，美其服，安其居，乐其俗。邻国相望，鸡犬之声相闻，民至老死不相往来。

81. 信言不美，美言不信；善者不辩，辩者不善；知者不博，博者不知。圣人不积，既以为人，己愈有；既以与人，己愈多。天之道，利而不害。圣人之道，为而不争。

致谢

《道西游》出版过程中，得到导师、家人和朋友的支持，在此表示衷心感谢！感谢王洪礼老师，您母亲般的圣洁光辉，温暖着每一位学生，帮助他们实现心中理想。感谢赵宏志老师，您对教育工作的由衷热爱、盼望富国强民的博大情怀、弘扬中华优秀传统文化的鸿鹄之志，推动《道西游》在更大的平台跟读者见面。感谢在网络版发布过程中做出贡献的王光宇、蔡奕琳。感谢力量的源泉，始终在背后默默支持的家人徐晶晶、李嫣然。

《道西游》献给所有喜欢它的朋友，献给默默奉献的你们。